P9-DXK-174

Берингово море

Северный Ледовитый океан

Магадан

КАМЧАТКА

Охотское море

СИБИРЬ

О. САХАЛИН

КАЯ ФЕДЕРАЦИЯ

ДАЛЬНИЙ ВОСТОК

осибирск

Хабаровск

озеро Байкал

Иркутск

Владивосток

Голоса

Голоса

A Basic Course in Russian

Book 1
Second Edition

Richard Robin
The George Washington University

Joanna Robin
The George Washington University

Kathryn Henry
University of Iowa

Prentice Hall
Upper Saddle River, New Jersey 07458

Library of Congress Cataloging-in-Publication Data

Robin, Richard M.
    Golosa : a basic course in Russian / Richard Robin, Joanna Robin,
Kathryn Henry. —2nd ed.
      v. cm.
    English and Russian
    Vol. 1– includes index.
    ISBN 0-13-895038-5 (bk. 1)
     1. Russian language—Textbooks for foreign speakers—English.
    1. Robin, Joanna.   II. Henry, Kathryn.   III. Title.
    PG2129.E5R63   1997
    491.782'421—dc21   97-17336
                                        CIP

Editor in Chief: Rosemary Bradley
Associate Editor: María F. García
Assistant Editor: Heather Finstuen
Editorial Assistant: Sara James
Managing Editor: Deborah Brennan
Cover and Interior Design: Ximena Piedra Tamvakopoulos
Cover Photo: Larry Fried/Image Bank
Manufacturing Buyer: Tricia Kenny
Senior Marketing Manager: Chris Johnson

 ©1998 by Prentice-Hall, Inc.
Simon & Schuster/A Viacom Company
Upper Saddle River, New Jersey 07458

Printed in the United States of America
10 9 8 7 6 5 4 3 2 1

ISBN   013-895038-5

PRENTICE-HALL INTERNATIONAL (UK) LIMITED, *London*
PRENTICE-HALL OF AUSTRALIA PTY. LIMITED, *Sydney*
PRENTICE-HALL CANADA INC., *Toronto*
PRENTICE-HALL HISPANOAMERICANA, S.A., *Mexico*
PRENTICE-HALL OF INDIA PRIVATE LIMITED, *New Delhi*
PRENTICE-HALL OF JAPAN, INC., *Tokyo*
SIMON & SCHUSTER ASIA PTE. LTD., *Singapore*
EDITORA PRENTICE-HALL DO BRASIL, LTDA., *Rio de Janeiro*

Contents

Scope and Sequence

В помощь учащимся

The Russian alphabet and sound system
The letters in the Cyrillic alphabet in print, italic, and cursive
Vowel reduction
Palatalization
Devoicing of consonants at the end of a word
Consonant assimilation

В помощь учащимся

The pronouns **ты** and **вы**
Introduction to gender and case
В + prepositional case for location
Absence of the verb *to be* in Russian present tense sentences

Workbook: Numbers 1–10, 1000–10,000; Intonation
contour 1 (IC–1); Unstressed **o** and **e**

Между прочим

Russian names and greeting habits
Changes in the former Soviet Union

В помощь учащимся

Grammatical gender
Nominative plural of nouns
The 5- and 7-letter spelling rules
Pronouns **он, она́, оно́,** and **они́**
Possessive pronouns **чей, мой, твой, наш, ваш, его́, её,** and **их**
Nominative case of adjectives
  Что vs. **Како́й**
  э́то vs. **э́тот, э́то, э́та, э́ти**
  Having: **У меня́ (тебя́, вас) есть**

Workbook: Numbers 11–20, 100–900; Intonation of questions
with question words (IC–2)

Между прочим

Passing through Russian customs
Reading Russian telephone numbers

В помощь учащимся

Verb conjugation
Position of adverbial modifiers
Prepositional case of singular modifiers and nouns
Languages: **ру́сский язы́к** vs. **по-ру́сски**
Conjunctions: **и, а, но**

Workbook: Numbers 21–30; Intonation of yes-no
questions (IC–3)

Между прочим

Nationalities
Responding to compliments

В помощь учащимся

Учи́ться vs. **изуча́ть (что)**
The 8-letter spelling rule
На како́м ку́рсе…?
На + prepositional case for location
Accusative case of modifiers and nouns
Conjunctions: **где, что, как, потому́ что**

Workbook: Numbers 31–50

Между прочим

Higher education in Russia: universities and institutes
Russian diplomas
Using the 24-hour clock for schedules

В помощь учащимся

В + accusative case for clock time and days of the week
Утром, днём, ве́чером, and **но́чью**
Занима́ться vs. **учи́ться** vs. **изуча́ть**
Going: **идти́** vs. **е́хать; идти́** vs. **ходи́ть**
Questions with **где** and **куда́**
В/на + accusative case for direction
Expressing necessity: **до́лжен, должна́, должны́**
Introduction to past tense for reading

Workbook: Consonant devoicing and assimilation

Между прочим

The Russian calendar
Russian students' daily schedule

В помощь учащимся

Colors
Verbs of location: **виси́т/вися́т, лежи́т/лежа́т, стои́т/стоя́т**
Хоте́ть
Soft-stem adjectives
Genitive case of pronouns, question words, and singular modifiers and nouns
Uses of the genitive case:
  у кого́ + есть
  nonexistence: **нет чего́**
  possession and attribution ("of")
  at someone's place: **у кого́**

Workbook: Numbers 51–99; Intonation of exclamations (IC–5)

Между прочим

Ты и вы
Russian apartments and furniture
Russian dormitories
Dachas

В помощь учащимся

Люби́ть
Stable vs. shifting stress in verb conjugation
Роди́лся, вы́рос
Expressing age—the dative case of pronouns
Specifying quantity:
   год, го́да, лет in expressions of age
   Ско́лько дете́й, бра́тьев, сестёр?
Зову́т
Accusative case of pronouns and masculine animate singular
   modifiers and nouns
О(б) + prepositional case
Prepositional case of question words, personal pronouns, and
   plural modifiers and nouns
Workbook: Review of numbers 1–100,000; IC–2 for emphasis

Между прочим

Russian families
Teachers vs. professors

В помощь учащимся

Past tense
Был
Past tense of **есть** and **нет**
Ходи́л vs. **пошёл**
Dative case of modifiers and nouns
Uses of the dative case:
   expressing age
   indirect objects
   the preposition **по**
   expressing necessity and possibility: **ну́жно, на́до, мо́жно**
Review of question words and pronouns
Workbook: Soft consonants [д], [т], [л], [н]; IC–3 and pauses

Между прочим

Russian stores
Shopping etiquette
Metric clothing sizes
Evgeny Zamyatin

В помощь учащимся

Conjugation of the verbs **есть** and **пить**
Instrumental case with **с**
Subjectless expressions: **нельзя́, невозмо́жно, легко́, тру́дно**
The future tense
Introduction to verbal aspect
Workbook: Prices in thousands: long and short forms
          Vowel reduction: **о, а, ы**

Между прочим

Russian food stores
Russian restaurants, cafés, and
   cafeterias
The metric system: pounds vs.
   kilograms; measurements of
   liquids

В помощь учащимся

Expressing resemblance: **похо́ж (-а, -и) на кого́**
Comparing ages: **моло́же/ста́рше кого́ на ско́лько лет**
Expressing location: **на ю́ге (се́вере, восто́ке, за́паде) (от) чего́**
Entering and graduating from school: **поступа́ть/поступи́ть куда́; око́нчить что**
Time expressions: **в како́м году́, че́рез, наза́д**
Verbal aspect: past tense
Ездил vs. **пое́хал**
Present tense in *have been doing* constructions
Workbook: IC–4 in questions asking for additional information

Между прочим

Location of some major Russian cities
Russian educational system
Andrei Dmitrievich Sakharov

Preface

Голоса: *A Basic Course in Russian, Second Edition,* is a revised introductory Russian-language program that strikes a true balance between communication and structure. It takes a contemporary approach to language learning by focusing on the development of functional competence in the four skills (listening, speaking, reading, and writing), as well as the expansion of cultural knowledge. It also provides comprehensive explanations of Russian grammar along with the structural practice students need to build accuracy.

Голоса is divided into two books of ten units each. Each book is accompanied by a fully integrated Lab manual/Workbook, Audioprogram, a Graphical Computer Supplement, and a page on the World Wide Web to provide instant updates and other supplements. The units are organized thematically, and each unit contains dialogs, texts, exercises, and other material designed to enable students to read, speak, and write about the topic, as well as to understand simple conversations. The systematic grammar explanations and exercises in **Голоса** enable students to develop a conceptual understanding and partial control of all basic Russian structures, including the declensions of nouns, adjectives, and pronouns; verb conjugation; and verb aspect. This strong structural base enables students to accomplish the linguistic tasks in **Голоса** and prepares them for further study of the language. Students successfully completing Books 1 and 2 of **Голоса** will be able to perform the following skill-related tasks.

Listening. Understand simple face-to-face conversations about daily routine, home, family, school, and work. Understand simple airport announcements, radio and television advertisements, and brief news items such as weather forecasts. Get the gist of more complicated scripts such as short lectures and news items.

Speaking. Use complete sentences to express immediate needs and interests. Hold a simple face-to-face conversation consisting of questions and answers with a Russian interlocutor about daily routine, home, family, school, and work. Discuss basic likes and dislikes in literature and the arts. Manage simple transactional situations in stores, post offices, hotels, dormitories, libraries, and so on.

Reading. Read signs and public notices. Understand common printed advertisements and announcements. Understand simple personal and business correspondence. Get the gist of important details in brief articles of topical interest such as news reports on familiar topics, weather forecasts, and entries in reference books. Understand significant parts of longer articles on familiar topics and brief literary texts.

Writing. Write short notes to Russian acquaintances, including invitations, thank you notes, and simple directions. Write longer letters providing basic biographical information. Write simple compositions about daily routine, home, family, school, and work.

Culture. Grasp the essentials of small-c culture necessary for active and receptive skills: background information on the topics covered in each unit. Control sociolinguistic aspects of Russian necessary for basic interaction, such as forms of address, greeting and leave-taking, giving and accepting compliments and invitations, and telephone etiquette. Become familiar with some of Russia's cultural heritage: famous writers and their works, as well as other figures in the arts.

Features of the **Голоса** program

❖ **Goals**
Objectives are stated explicitly for each book and unit in terms of language tools (grammar and lexicon), skills, and cultural knowledge.

❖ **Focused attention to skills development**
Each language skill (speaking, reading, writing, and listening) is addressed in its own right. Abundant activities are provided to promote the development of competence and confidence in each skill area. The second edition focuses more attention on the comprehension of connected prose, both written and aural.

❖ **Modularity**
Голоса incorporates the best aspects of a variety of methods, as appropriate to the material. All skills are presented on an equal footing, but instructors may choose to focus on those that best serve their students' needs without violating the structural integrity of individual units or the program as a whole.

❖ **Authenticity and cultural relevance**
Each unit contains authentic materials and realistic communicative activities for all skills. In addition, the Golosa Web Page updates materials to account for fast-changing events in Russia.

❖ **Spiraling approach**
Students are exposed repeatedly to similar functions and structures at an increasing level of complexity. Vocabulary and structures are consistently and carefully recycled. Vocabulary patterns of reading texts are recycled into subsequent listening scripts.

❖ **Learner-centered approach**
Each unit places students into communicative settings to practice the four skills. In addition to core lexicon, students acquire personalized vocabulary to express individual needs.

❖ **Comprehensive coverage of beginning grammar**
Голоса gives students conceptual control of the main points of Russian grammar. By the end of Book 1, students have had meaninful contextual exposure to all the cases and tense/aspects. Book 2 spirals out the basic grammar and fills in those items needed for basic communication.

❖ **Abundance and variety of exercise material: on-paper, audio, graphical computer, and the World Wide Web**
Oral drills and written exercises progress from mechanical to contextualized to personalized, open-ended activities. The wide variety in exercises and activities ensures that a range of learning styles is served. Updated exercises are available on the Golosa Web Page (http://www.gwu.edu/~slavic/golosa.htm).

◈ **Learning strategies**
Students acquire strategies that help them develop both the productive and receptive skills. This problem-solving approach leads students to become independent and confident in using the language.

◈ **Phonetics and intonation**
Pronunciation is fully integrated and practiced with the material in each unit rather than covered in isolation. Intonation training includes requests, commands, nouns of address, exclamations, and non-final pauses, in addition to declaratives and interrogatives.

Organization of the Student Texts

The **Голоса** package consists of three components: Textbooks, Lab manuals/Workbooks, and Audioprograms. The course is divided into two books. Every unit maintains the following organization.

Overview

The opening page of each unit provides a clear list of the communicative tasks the unit contains, of the grammatical material it introduces, and of the cultural knowledge it conveys.

Точка отсчёта

О чём идёт речь? This warm-up section uses illustrations and simple contexts to introduce the unit vocabulary. A few simple activities provide practice of the new material, thereby preparing students for the taped **Разговоры,** which introduce the unit topics. Simple questions in English help students understand these introductory conversations. Students learn to grasp the gist of what they hear, rather than focus on every word.

Язык в действии

Диалоги. Also recorded on cassette, these shorter versions of the preceding **Разговоры** provide the basic speech models for the new vocabulary and grammar of the unit. The accompanying exercises provide contextualized and personalized practice to activate the new material.

Давайте поговорим. This section is devoted to developing the conversational skills based on the **Диалоги.** Among these are the following:

◈ **Подготовка к разговору.** Students use lexical items from the **Диалоги** in short sentences with meaningful context.

◈ **Игровые ситуации.** Students perform role plays in which they use new vocabulary and structures in simple conversational situations.

◈ **Устный перевод.** Students provide face-to-face oral interpretation in situations based on the **Диалоги**.

Давайте почитаем. Authentic reading texts are supplemented with activities that direct students' attention to global content. Students learn strategies for guessing unfamiliar vocabulary from context and for getting information they might consider too difficult. The variety of text types included in **Давайте почитаем** ensures that students gain extensive practice with many kinds of reading material: official forms and documents, daily schedules, menus, shopping directories, maps, newspaper advertisements, TV and movie schedules, weather reports, classified ads, brief messages, newspaper articles, poetry, and short stories. Verbal adjectives and adverbs are introduced and practiced in this section in Book 2.

Давайте послушаем. Guided activities teach students strategies for developing global listening skills. Questions in the textbook accompany texts on the audioprogram (scripts appear in the Instructor's Manual). Students learn to get the gist of and extract important information from what they hear, rather than trying to understand every word. They are exposed to a great variety of aural materials, including messages recorded on telephone answering machines, public announcements, weather reports, radio and TV advertisements, letters on cassette, brief speeches, conversations, interviews, news features and reports, and poems.

В помощь учащимся

This section contains grammatical presentations designed to encourage students to study the material at home. They feature clear, succinct explanations, charts and tables for easy reference, and numerous examples. Important rules and tricky points are highlighted in special boxes. Simple exercises follow each grammar explanation, for use in class. Additional practice is provided by taped oral pattern drills and written exercises in the Lab Manual/Workbook, for homework.

Обзорные упражнения

Located at the end of each unit, these activities present situations that call for students to integrate several skills. For example, students scan part of a newspaper to find out what weather to expect. Based on the weather report they then call to invite a friend to either a movie or a picnic. When they cannot get hold of the friend on the phone, they leave a note. Many writing exercises that fulfill real communicative needs are included in this section.

Новые слова и выражения

The vocabulary list includes all new active words and expressions presented in the unit, and provides space for students to write in additional personalized vocabulary items.

Additional Components of the Голоса Program

Lab manual/Workbook
The fully integrated Lab manual/Workbook includes exercises on listening to numbers (**Числительные**) and pronunciation (**Фонетика и интонация**) with taped exercises involving imitation and cognitive activities such as marking intonation patterns, reduced vowels, and so on. **Устные упражнения** are oral pattern drills, recorded on tape. They are keyed numerically to the grammar presentations in the textbook. **Письменные упражнения** are written exercises designed to be turned in as homework. They are numerically keyed to the grammar presentations in the textbook. Mechanical, meaningful, communicative, and personalized exercises are included.

Audioprogram (indicated by ▭)
Recorded on cassettes are the **Разговоры** (at normal conversational tempo for listening practice), **Диалоги** (at a slightly slower tempo to allow for easier perception and repetition), **Давайте послушаем** (authentic tempo), audio portions of the **Обзорные упражнения**, as well as activities from the Lab manual/Workbook: practice listening to numbers, **Фонетика и интонация**, and **Устные упражнения** (oral pattern practice). All parts of the recorded supplement that are meant for active use include pauses for repetition.

Graphical Computer Supplement
Available on CD-ROM, the Rusek computer supplement draws heavily from the active exercises of the textbook itself as well as the written and oral exercises of the textbook.

World Wide Web page
The Golosa Web Page (http://www.gwu.edu/~slavic/golosa.htm) provides updates on cultural material, supplemental exercises, an interactive teacher/student forum, and links to other Russian pages throughout the world.

Instructor's Resource Manual
The Instructor's Resource Manual contains teaching suggestions for curriculum layout and sample units, sample quizzes and tests, and the scripts for all recorded material: **Разговоры, Числительные, Фонетика и интонация, Давайте послушаем,** and audio portions of the **Обзорные упражнения**.

Acknowledgments

The authors would like especially to thank Irene Thompson of the George Washington University. It was her pioneering work in the methodology of teaching Russian that paved the way for this endeavor. But more than that, Professor Thompson has been a mentor to the three of us. Over the many years that she has known us, she has watched each of us grow. As work on this project progressed, she guided us, challenged us, cajoled us, and inspired us. We owe her unrepayable debt of gratitude for her personal encouragement, vision, and light in darkest parts of the tunnel.

We would like to thank our reviewers, who helped in the initial stages of the manuscript:

Olga Kagan, University of California, Los Angeles
Marina Balina, Illinois Wesleyan University
Jack Blanshei, Emory University
Cynthia A. Ruder, University of Kentucky
Andrew J. Swensen, Hamilton College
Natalia A. Lord, Howard University
Zeng-min Dong, Washington State University

Голоса

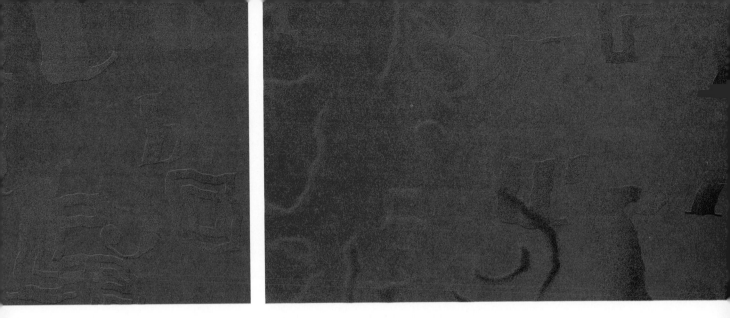

Алфавит

В помощь учащимся

- ◈ The Russian alphabet and sound system
- ◈ The letters in the Cyrillic alphabet in print, italic, and cursive
- ◈ Vowel reduction
- ◈ Palatalization
- ◈ Devoicing of consonants at the end of a word
- ◈ Consonant assimilation

The Russian Alphabet

The Russian alphabet contains 33 characters: 10 vowel letters, 21 consonant letters, and 2 signs. Most Russian letters represent only one or two sounds.

Some Russian letters look and sound somewhat like their English counterparts:

CONSONANTS

LETTER		APPROXIMATE PRONUNCIATION
К	к	like **k** in *skit*
М	м	like **m** in *mother*
С	с	like **s** in *sail* — never like **k**
Т	т	like **t** in *stay,* but with tongue against upper teeth

VOWELS

LETTER		APPROXIMATE PRONUNCIATION
А	а	when stressed, like **a** in *father*
О	о	when stressed, between the **o** in *mole* and the vowel sound in *talk*

 Imitate the speaker's pronunciation of the following words:

ма́ска	(something you might wear to a costume party)
ма́ма	(even adult Russians use this word)
тост	(something you might propose at a party)
кот	(*cat*)
Том	(a man's first name)
Кто?	(*Who?*)

A Note on Stress

Listen to the first two words again: **ма́ска, ма́ма.** You will note that the stressed **a** is pronounced like the **a** in *father,* whereas the unstressed **a** is pronounced like the **a** in *about.* This change in the sound of an unstressed vowel letter, called reduction, is even more noticeable with the vowel letter **o.** Listen to and repeat the Russian name for Moscow — **Москва́,** paying special attention to the pronunciation of the unstressed letter **o.**

Since Russian vowel letters can represent different sounds depending on whether or not they are stressed, it is important to know which syllable in a word is stressed. This textbook includes stress marks on all words that you may need to pronounce (e.g., in dialogs, glossaries, tables). If a word has only one syllable, however (like **кот, кто, Том**), no stress mark is included.

Some Russian letters look like Greek letters, which you may recognize from their use in mathematics or by some student organizations:

LETTER		APPROXIMATE PRONUNCIATION
Г	г	like **g** in *gamma*
Д	д	like **d** in *delta,* but with tongue against upper teeth
Л	л	like **l** in *lambda,* but with tongue against upper teeth
П	п	like **p** in *spot* (looks like Greek *pi*)
Р	р	flapped **r,** similar to trilled **r** in Spanish; similar to **tt** in *better* and *butter* (looks like Greek *rho*)
Ф	ф	like **f** in *fun* (looks like Greek *phi*)
Х	х	like **ch** in *Loch Ness* (looks like Greek *chi*)

Imitate the speaker's pronunciation of the following words:

глаго́л	(*verb*)
го́лос	(*voice*)
голоса́	(*voices*)
да	(what Russians say to agree)
Да́ллас	(a U.S. city)
дом	(*building, house*)
ла́мпа	(you turn this on to read at night)
па́па	(even adult Russians use this word)
па́спорт	(a document to travel to another country)
фо́то	(*photo*)
фотоаппара́т	(the instrument you use to take pictures)
фото́граф	(*photographer*)
ха́ос	(*chaos*)
ха-ха-ха	(the noise made when one laughs)
хор	(*choir*)

Here are four Russian letters that look but do not sound like English letters:

CONSONANTS

LETTER		APPROXIMATE PRONUNCIATION
В	в	like **v** in *volcano*
Н	н	like **n** in *no,* but with tongue against upper teeth

VOWELS

LETTER		APPROXIMATE PRONUNCIATION
Е	е	when stressed, like **ye** in *yesterday*
У	у	like **oo** in *shoot,* but with extreme lip rounding

Imitate the speaker's pronunciation of the following words:

вода́	(*water*)
вор	(*thief*)
Москва́	(a large city)
Ве́ра	(a woman's name)
Анна	(a woman's name)
но́та	(*a musical note*)
до́нор	(someone who gives blood)
нога́	(*leg*)
нет	(what Russians say to disagree)
Где?	(*Where?*)
кларне́т	(a musical instrument)
профе́ссор	(a profession)
студе́нт	(someone who studies at a college, university, or institute)
Ура́!	(a cheer)
а́вгуст	(the name of a month)

A Note on Stress Marks

Stress marks are not written on capital letters, such as the first letter in the name **Анна** in the list above. If a word begins with a capital letter and no other vowel in the word has a stress mark, the stress is on the initial, capital letter.

When the letter **e** is not stressed, it is pronounced like the **i** in *trick,* as in the Russian name of *Texas* — **Техác.**

Four more Russian consonants are introduced below:

LETTER		APPROXIMATE PRONUNCIATION
З	з	like **z** in *zebra*
Б	б	like **b** in *boy*
Й	й	like **y** in *boy* or *gray*
Ж	ж	like **s** in *measure,* but with tongue further back

 Imitate the speaker's pronunciation of the following words:

Канза́с	(a U.S. state)
Арканза́с	(a U.S. state)
Бо́стон	(a U.S. city)
Небра́ска	(a U.S. state)
бана́н	(a type of fruit)
зе́бра	(an animal)
тромбо́н	(a musical instrument)
перестро́йка	(a policy introduced by Gorbachev)

4 ◈ **Алфавит**

флéйта	(a musical instrument)
Толстóй	(a 19th-century Russian author)
журнáл	(*magazine, journal*)
Брéжнев	(a former leader of the USSR)
Лос-Анджелес	(a U.S. city)

Here are two more vowel letters and the last four Russian consonants:

CONSONANTS

LETTER		APPROXIMATE PRONUNCIATION
Ц	ц	like **ts** in *cats,* but with tongue against upper teeth
Ч	ч	like **ch** in *cheer*
Ш	ш	like **sh** sound in *sure,* but with tongue farther back
Щ	щ	like long **sh** sound in *fresh sherbet,* but with tongue farther forward

VOWELS

LETTER		APPROXIMATE PRONUNCIATION
И	и	usually like **i** in *machine;* after letters **ж, ш, ц,** like **ы** (see page 6)
Ё	ё	like **yo** in *New York;* always stressed

 Imitate the speaker's pronunciation of the following words:

Цинциннáти	(a U.S. city)
Сан-Франци́ско	(a U.S. city)
Цветáева	(a Russian poet)
Достоéвский	(a 19th-century Russian author)
Трóцкий	(a Russian political figure)
Чикáго	(a U.S. city)
Чáрли Чáплин	(a silent film star)
Горбачёв	(the last president of the USSR)
Чёрное мóре	(*The Black Sea*)
матч	(*[sports] match*)
штат	(the U.S. has 50 of these)
Вашингтóн	(the capital of the following country)
США	(the country of which the previous city is the capital)
Пýшкин	(the father of Russian literature)
маши́на	(*car*)
шоколáд	(something to eat for dessert)
Хрущёв	(a former Soviet leader)
щенóк	(*puppy*)

A Note on Stress

Since the letter **ё** is always stressed, no stress mark is written on words containing it. Russian texts normally omit the two dots over this letter, making it indistinguishable from **e**. In this textbook the **ё** is written with the two dots in all words that you may be asked to pronounce (e.g., dialogs, word lists, and tables); it is written **e** in texts that are included strictly for reading purposes (e.g., copies of Russian maps, calendars, newspaper articles).

The last four Russian vowel letters are given below:

LETTER		APPROXIMATE PRONUNCIATION
Ы	ы	between the **a** in *about* and the **ee** in *see*
Э	э	like **e** in *set*
Ю	ю	like **yu** in *yule*
Я	я	when stressed, like **ya** in *yacht*

Imitate the speaker's pronunciation of the following words:

америка́нцы	(*Americans*)
студе́нты	(people who study at a college, university, or institute)
Соединённые	(the full Russian name of the США)
Шта́ты Аме́рики	
сын	(*son*)
Э́рик	(a man's name)
Кто э́то?	(*Who is that?*)
Что э́то?	(*What is that?*)
Ю́та	(a U.S. state)
ю́бка	(*skirt*)
Ю́жная Кароли́на	(a U.S. state: *South...*)
юри́ст	(*lawyer*)
я	(*I*)
я́блоко	(*apple*)
я́года	(*berry*)
я́щик	(*drawer*)

The Russian alphabet also includes the following two symbols, which represent no sound in and of themselves:

Ь ь	(**мя́гкий знак**)	soft sign — indicates that the preceding consonant is palatalized; before a vowel it also indicates a full [y] sound between the consonant and vowel.
Ъ ъ	(**твёрдый знак**)	hard sign — rarely used in contemporary language — indicates [y] sound between consonant and vowel.

These two letters are discussed in the next section, "Palatalization."

➤ *Complete the reading exercise on the next page and Exercises 1–8 in the Workbook.*

Упражнения

Здра́вствуйте! Как вас зову́т? Read the texts to find answers to the questions.

А. Здра́вствуйте! Меня́ зову́т Вади́м Ива́нович Петро́в. Я ру́сский, из Санкт–Петербу́рга. Тепе́рь живу́ в Москве́, рабо́таю профе́ссором в Моско́вском Госуда́рственном Университе́те.

1. What is the person's first name?
___ Boris   ___ Vadim   ___ Peter

2. What is his nationality?
___ Russian   ___ American   ___ Peruvian

3. Where is he from?
___ Yalta   ___ St. Petersburg   ___ Petrov

4. What is his profession?
___ Professor   ___ Engineer   ___ Chemist

5. Where does he work?
___ Institute   ___ Laboratory   ___ University

Б. Здра́вствуйте! Меня́ зову́т Пётр Бори́сович Миха́йлов. Я ру́сский. Живу́ в Ялте, где я рабо́таю инжене́ром в большо́й лаборато́рии.

1. What is the person's first name?
___ Boris   ___ Vadim   ___ Peter

2. What is his nationality?
___ Russian   ___ American   ___ Peruvian

3. Where is he from?
___ Yalta   ___ St. Petersburg   ___ Petrov

4. What is his profession?
___ Professor   ___ Engineer   ___ Chemist

5. Where does he work?
___ Institute   ___ Laboratory   ___ University

B. Здра́вствуйте! Меня́ зову́т Та́ня Кук. Я америка́нка, из Флори́ды. Я хи́мик. Рабо́таю в ма́ленькой фи́рме.

1. What is the person's first name?
    ___ Cookie   ___ Tanya   ___ Kerry
2. What is her nationality?
    ___ Russian   ___ American   ___ Peruvian
3. Where is she from?
    ___ Philadelphia   ___ Pittsburgh   ___ Florida
4. What is her profession?
    ___ Professor   ___ Engineer   ___ Chemist

Palatalization: "Hard" vs. "Soft" Consonants

Most Russian consonant letters represent two different sounds each: one sound that is pronounced with the tongue raised high and forward in the mouth, and another that is pronounced with the tongue low and back in the mouth. Those consonant sounds produced with the tongue close to the roof of the mouth, or palate, are called "palatalized," or "soft." The consonant sounds made with the tongue low in the mouth are called "nonpalatalized," or "hard." The difference between hard and soft consonants plays a fundamental role in the structure of the Russian language.

The pronunciation of four English words will help to illustrate the difference between palatalized (soft) and nonpalatalized (hard) consonants:

NONPALATALIZED (HARD) CONSONANT (tongue low and back in mouth)	PALATALIZED (SOFT) CONSONANT (tongue high and forward in mouth)
moo	**m**usic
nut	o**n**ion

In the English words *music* and *onion* there is a [y] sound immediately following the **m** and (first) **n.** The Russian palatalized **м** and **н** are similar to the English sounds noted in the words *music* and *onion,* except that in Russian the [y] is produced together with, rather than after, the base consonant sound.

In the writing system the letter written after a consonant indicates whether the consonant is hard or soft, as shown in the following chart:

Ø*	а	э	о	у	ы	indicate that the preceding consonant is hard.
ь	я	е	ё	ю	и	indicate that the preceding consonant is soft.

* In grammar tables in this book, the sign Ø indicates that no vowel or soft sign follows a consonant that is the last letter in the word.

 Imitate the pronunciation of the following Russian words with **ь**:

гла́сность	(policy of openness introduced by Gorbachev)
Филаде́льфия	(a U.S. city)
Тайва́нь	(an Asian country)
фильм	(you can watch this at a theater or on television)
Бори́с Ельцин	(a Russian political figure)
соль	(*salt*)

You have learned that the Russian vowel letters **я, е, ё,** and **ю** represent the sounds [ya], [ye], [yo], and [yu], respectively. When these letters are written after a consonant, the [y] sound becomes embedded in the consonant; that is, the consonant becomes soft. The Russian vowel letter **и**, although it does not begin with a [y] sound when it is pronounced alone, also makes a preceding consonant soft.

The Russian vowel letters **а, э, о, у,** and **ы** represent the same vowel sounds as their counterparts but without the initial [y] sound.

 Imitate the pronunciation of the following words:

HARD CONSONANTS		SOFT CONSONANTS	
ма́ма	(you know this word)	**мя́со**	(*meat*)
мэр	(*mayor*)	**мер**	(*measures*)
по́сле	(*after*)	**пёс**	(*dog, hound*)
му́зыка	(something to listen to)	**мюзик-хо́лл**	(a place to listen to **му́зыка**)
журна́лы	(*magazines*)	**портфе́ли**	(*briefcases*)

When **ь** is followed by a soft-series vowel letter (for example: **Нью-Йо́рк**), there is a [y] sound between the soft consonant and the vowel sound. The same thing is true of words with **ъ.**

➤ *Complete Exercise 9 in the Workbook.*

Vowel Reduction

Pronunciation of the letter *o*

IN STRESSED SYLLABLE	IN UNSTRESSED SYLLABLE
[o]	[a] if first letter in word [a] in syllable immediately before stress [ə] elsewhere

The letter **o** is pronounced [o] *only when it is stressed.*

When it is not stressed, the letter **o** is "reduced" and pronounced like the first **a** in *mama* or the **a** in *about,* depending on its position in the word.

Imitate the pronunciation of the following words:

    o → [o] only if stressed

        перестро́йка   Нью-Йо́рк   Ольга   Эсто́ния

    o → [a] in syllable just before stress

        Росси́я   Москва́

    o → [ə] in any other unstressed position

        гла́сность   телеви́зор *(after stress)*

        Горбачёв   конститу́ция *(more than one syllable before stress)*

The following words have **o** in more than one position. Imitate their pronunciation:

        политоло́гия   шокола́д

        профе́ссор   хорошо́ *(good, well)*

        го́лос *(voice)*   голоса́ *(voices)*

Pronunciation of the letter *a*

IN STRESSED SYLLABLE	IN UNSTRESSED SYLLABLE
[a]	[a] in syllable immediately before stress [ə] elsewhere

The letter **a** is pronounced like the **a** in *father* only in the stressed syllable and in the syllable immediately preceding the stress (although the pronunciation is a bit more lax in the unstressed syllable). In other unstressed syllables it is pronounced [ə] like the **a** in *about.*

Imitate the pronunciation of the following words:

а → [a] in stressed syllable and in syllable immediately preceding stress

штат	**Англия**
маши́на	**Кана́да**

а → [ə] elsewhere

ю́бка (skirt)

Ю́жная Кароли́на (a U.S. state, South...)

The following words have **а** in more than one position. Imitate their pronunciation:

ма́ма	**па́па**	**Анна**	**америка́нцы**

Pronunciation of the letter *я*

IN STRESSED SYLLABLE	IN UNSTRESSED SYLLABLE
[ya]	[yə] if last letter in a word
	[yɪ] elsewhere

The letter **я** is pronounced [ya] *only when stressed.* If an unstressed **я** is the last letter in a word, it is pronounced [yə]. In all other unstressed syllables, **я** is pronounced [yɪ].

If the **я** is written after a consonant, the [y] sound will be embedded in the consonant.

 Imitate the pronunciation of the following words:

я → [ya] in stressed syllable

я (I)

я́блоко (an apple)

я → [yə] if unstressed and last letter in word

исто́рия	**хи́мия**	**политоло́гия**	**биоло́гия**
Англия	**Фра́нция**	**Испа́ния**	**Португа́лия**

я → [yɪ] elsewhere

язы́к (language)

мясно́й (meat)

Pronunciation of the letter *e*

IN STRESSED SYLLABLE	IN UNSTRESSED SYLLABLE
[ye]	[yɪ]

The letter **e** is pronounced [ye] only when stressed. In unstressed syllables, **e** is pronounced [yɪ].

If **e** is written after a consonant, the **y** sound will be embedded in the consonant.

 Imitate the pronunciation of the following words:

> **e** → [ye] in stressed syllable
> **профéссор**
> **кларнéт**

> **e** → [yɪ] in unstressed syllable
> **респýблики**
> **литератýра**

The following words have **e** in more than one position. Imitate their pronunciation.

> **Чернéнко**
> **Брéжнев**

One Stress per Word

A Russian word normally has only one stressed syllable, no matter how long the word is. Imitate the Russian pronunciation of the following words, paying particular attention to the single stress and trying to avoid the secondary stress that is common in English.

 Imitate the pronunciation of the following words:

конститýция	Вашингтóн	америкáнцы
журналúст	Филадéльфия	университéт

Voiced vs. Voiceless Consonants

Voiced consonants involve movement of the vocal chords. Voiceless consonants do not involve movement of the vocal chords. Twelve Russian consonants can be arranged in voiced-voiceless pairs, as indicated in the table.

VOICED CONSONANTS	VOICELESS CONSONANTS
Б б	П п
В в	Ф ф
Г г	К к
Д д	Т т
Ж ж	Ш ш
З з	С с

Devoicing of consonants at the end of words

When one of the voiced consonants is written at the end of a word, it is pronounced like its voiceless partner.

 Imitate the pronunciation of the following words:

We write:	We say:
зуб (*tooth*)	зу(п)
Горбачёв	Горбачё(ф)
Санкт-Петербу́рг	Санкт-Петербу́р(к)
шокола́д	шокола́(т)
гара́ж	гара́(ш)
газ	га(с)

Consonant assimilation

When two consonant letters are written next to each other, they are usually both pronounced voiced or voiceless, depending on the quality of the second consonant letter.

 Imitate the pronunciation of the following words:

We write:	We say:
Достое́вский	Достое́(ф)ский
во́дка	во́(т)ка
францу́зский	францу́(с)ский (*French*)

Italic Letters

Although most italicized Russian letters look like their printed counterparts, some are quite different. They are given below.

PRINTED LETTERS	ITALIC LETTERS
В в	*В в*
Г г	*Г г*
Д д	*Д д*
П п	*П п*
Т т	*Т т*

➤ *Complete Exercise 10 in the Workbook.*

Cursive Letters

1. The letters *л, м,* and *я* begin with hooks!

2. There are only two tall lower-case script letters: *б* (**б**) and *в* (**в**).

3. **Мягкий знак** (*ь*) looks like a small six. **Твёрдый знак** (*ъ*) looks like a small six with a tail. Neither letter has anything in common with a script *ы*.

4. The letter *ы*, like **мягкий знак** (*ь*), doesn't extend above the midline.

5. Do not confuse *м* (**м**) with *т* (**т**) or *з* (**з**) with *э* (**э**).

6. The letters *ш, и,* and *й* all terminate on the base line. Don't confuse these letters with the English *w* or *v*. The Russian letters connect from the bottom.

7. The letters connect as follows:

абвгдеёжзийклмнопрстуфхцчшщъыьэюя

➤ *Complete Exercises 11–19 in the Workbook.*

PRINTED LETTER	ITALIC LETTER	CURSIVE LETTER	COMMENTS
А а	*А а*	*А а*	
Б б	*Б б*	*Б б*	
В в	*В в*	*В в*	Note formation of lower-case italic and cursive letters.
Г г	*Г г*	*Г г*	The lower-case cursive letter must be rounded.
Д д	*Д д*	*Д д*	Note formation of lower-case italic and cursive letters. Do not confuse lower-case italic *д* with *б*.
Е е	*Е е*	*Е е*	
Ё ё	*Ё ё*	*Ё ё*	Authentic Russian texts often omit the two dots, making this letter indistinguishable from the one above.
Ж ж	*Ж ж*	*Ж ж*	
З з	*З з*	*З з*	Note indented back, to differentiate from Э, э.
И и	*И и*	*И и*	
Й й	*Й й*	*Й й*	This letter is a consonant; do not confuse it with И, и.
К к	*К к*	*К к*	Lower-case cursive *к* does not extend above midline.

PRINTED LETTER	ITALIC LETTER	CURSIVE LETTER	COMMENTS
Л л	*Л л*	*Л л*	In cursive this letter always begins with a hook.
М м	*М м*	*М м*	In cursive this letter always begins with a hook.
Н н	*Н н*	*Н н*	
О о	*О о*	*О о*	
П п	*П п*	*П п*	Note the formation of the upper-case cursive *П*.
Р р	*Р р*	*Р р*	Cursive letter is not closed.
С с	*С с*	*С с*	
Т т	*Т т*	*Т т*	Note the formation of the upper-case cursive *Т*. Lower-case cursive *т* often has a line drawn over it.
У у	*У у*	*У у*	
Ф ф	*Ф ф*	*Ф ф*	
Х х	*Х х*	*Х х*	
Ц ц	*Ц ц*	*Ц ц*	Tail on *Ц ц* is very short. Do not confuse *Ц ц* with *И и*.
Ч ч	*Ч ч*	*Ч ч*	Do not confuse *Ч* with *У* or *ч* with *г*.

PRINTED LETTER	ITALIC LETTER	CURSIVE LETTER	COMMENTS
Ш ш	*Ш ш*	*Ш ш*	Unlike English W w, this cursive letter cannot end on midline, but must end on baseline: *Ш ш*. Often a line is drawn under the lower-case *ш*.
Щ щ	*Щ щ*	*Щ щ*	Tail on *Щ щ* is very short.
Ъ ъ	*Ъ ъ*	*ъ*	Never begins a word.
Ы ы	*Ы ы*	*ы*	Never begins a word.
Ь ь	*Ь ь*	*ь*	Never begins a word.
Э э	*Э э*	*Э э*	Be sure to differentiate cursive *Э э* from cursive *З з*.
Ю ю	*Ю ю*	*Ю ю*	
Я я	*Я я*	*Я я*	In cursive this letter always begins with a hook.

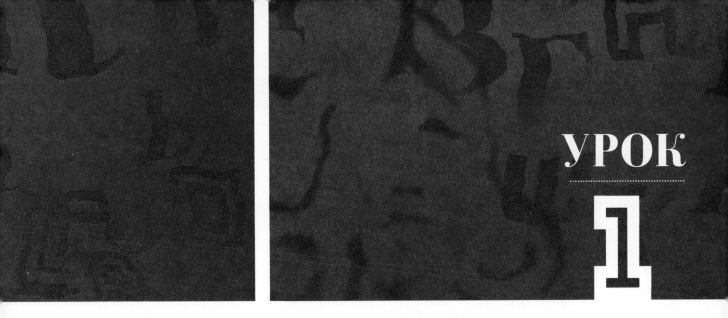

Немного о себе

Коммуникативные задания

❖ Greeting people
❖ Introducing and giving
    information about yourself
❖ Asking for information about someone else

В помощь учащимся

❖ The pronouns **ты** and **вы**
❖ Introduction to gender and case
❖ **В** + prepositional case for location
❖ Absence of the verb *to be* in
    Russian present tense sentences
❖ **Workbook:**   Numbers 1–10, 1000–10,000
                Intonation contour 1 (IC–1)
                Unstressed *o* and *e*

Между прочим

❖ Russian names and greeting habits
❖ Changes in the former Soviet Union

О чём идёт речь?

When greeting each other, Russians say: **Здра́вствуйте** and **Здра́вствуй.**

Other greetings include: **До́брое у́тро, До́брый день, До́брый ве́чер.**

Между прочим

Saying "Hello." Russians greet each other only the first time they meet on a particular day. During subsequent encounters that day they usually just nod or make eye contact.

Physical contact. Russians often embrace if they haven't seen each other for a long time. Men tend to shake hands each time they meet.

A. How would you greet people at the following times of day?

9:00 a.m.	3:00 p.m.
10:00 a.m.	7:00 p.m.
2:00 p.m.	9:00 p.m.

Russians often initiate an introduction by saying **Дава́йте познако́мимся / Дава́й познако́мимся** (*Let's get acquainted*). Then they give their names and conclude by saying **Очень прия́тно** (*Nice to meet you*).

— Дава́йте познако́мимся.
— Ли́за.
— Алексе́й.
— Очень прия́тно.

Use this model to practice getting acquainted with your classmates.

Б.   Что чему́ соотве́тствует? Match the noun referring to a man with the corresponding noun referring to a woman.

1. ру́сский	___ англича́нка
2. америка́нец	___ студе́нтка
3. кана́дец	___ бизнесме́нка
4. студе́нт	___ кана́дка
5. англича́нин	___ америка́нка
6. бизнесме́н	___ ру́сская

Which words would you use to describe yourself?

Я _____.

Я _____.

You will probably always be able to *understand* more Russian than you are able to speak. So, one part of each unit will be devoted to listening to conversations that practice the unit's topic. In the following conversations you will hear the way Russians greet each other and introduce themselves. You will not be able to understand everything you hear. In fact, you shouldn't even try. As soon as you have understood enough information to answer the questions, you have completed the assignment.

Разгово́р 1. Дава́йте познако́мимся!

1. What is the name of the male speaker?
2. What is the name of the female speaker?
3. What nationality is the woman?
4. Where is she from?
5. Where does the man go to school?

You will now hear two more conversations. Here are some suggestions on how to proceed:

· Read the questions first.
· Listen to the whole conversation to get the gist of it.
· Keeping the questions in mind, listen to the conversation again for more detail.
· If necessary, listen one more time to confirm your understanding of what is going on. Don't worry if you don't understand everything. (This cannot be overemphasized!)

Разгово́р 2. Разреши́те предста́виться.

1. What is the American's name?
2. What is the Russian's name?
3. What does she teach?
4. What American cities has the young man lived in?
5. Where does he go to school?

Разгово́р 3. Вы кана́дец?

1. What is the name of the male speaker?
2. What is the name of the female speaker?
3. What is the man's nationality?
4. Where is he from?
5. Where does the woman go to school?

Язык в действии

📼 Диалоги

1. **Здра́вствуйте! Дава́йте познако́мимся!**

— Здра́вствуйте! Дава́йте познако́мимся. Меня́ зову́т Ольга Алекса́ндровна. А как вас зову́т?
— Меня́ зову́т Джейн. Очень прия́тно.
— Вы студе́нтка, Джейн?
— Да, студе́нтка. Я учу́сь в университе́те здесь, в Москве́.
— А в Англии где вы у́читесь?
— В Англии? Я живу́ и учу́сь в Ло́ндоне.

2. **До́брое у́тро!**

— До́брое утро! Дава́й познако́мимся. Меня́ зову́т Ве́ра. А как тебя́ зову́т?
— Меня́? Эван.
— Как ты сказа́л? Эванс?
— Эван. Это и́мя. А фами́лия — Джо́нсон. Я америка́нец.
— Очень прия́тно познако́миться! Ты студе́нт?
— Да.
— Я то́же студе́нтка.

3. **До́брый день!**

— До́брый день! Меня́ зову́т Джейн Па́ркер. Я америка́нка.
— Здра́вствуйте. Красно́ва Ольга Петро́вна. Вы студе́нтка, Джейн?
— Да, студе́нтка. Прости́те, как ва́ше о́тчество?
— Петро́вна.
— Очень прия́тно с ва́ми познако́миться, Ольга Петро́вна.

4.   Добрый ве́чер!

— Добрый ве́чер! Дава́й познако́мимся. Вале́рий.
— Джим. Очень прия́тно.
— Ты кана́дец, да? Где ты живёшь в Кана́де?
— Я живу́ и учу́сь в Квебе́ке.
— Зна́чит, ты студе́нт. Я то́же.
— Пра́вда? А где ты у́чишься?
— Я живу́ и учу́сь здесь, в Ирку́тске.

А.   Go through the dialogs and determine which names qualify as **и́мя,** which as **о́тчество,** and which as **фами́лия.**

Б.   **Запо́лните про́пуски.** Fill in the blanks with the appropriate words and phrases.

1. An older member of a Russian delegation visiting your university wants to get acquainted with you:
   — Здра́вствуйте. Дава́йте _____ . Меня́ _____ Белоу́сова Анна Никола́евна. А _____ _____ зову́т?
   — Меня́? _____ .
   — Очень _____ познако́миться.

2. A fellow student wants to get acquainted with you:
   — До́брое _____ ! Дава́й _____.
   — _____ зову́т Ма́ша. А как _____ зову́т?
   — _____ зову́т _____ .
   — Очень _____ _____ .

В.   **Немно́го о себе́.**

1. Меня́ зову́т _____ . Моя́ фами́лия _____ .
2. Я _____ . Я _____.
   студе́нт, студе́нтка,   америка́нец, америка́нка,
   бизнесме́н, бизнесме́нка   кана́дец, кана́дка, англича́нин, англича́нка
3. Я живу́ в _____.
      Бо́стоне, Вашингто́не, Нью-Йо́рке, Чика́го, Лос-Анджелесе, Сан-Франци́ско, Торо́нто, Квебе́ке, Монреа́ле (*fill in your city*)
4. Я живу́ в _____.
      Миссу́ри, Иллино́йсе, Ога́йо, Нью-Йо́рке, Монта́не, Квебе́ке, Онта́рио (*fill in your state or province*)
5. Я учу́сь в _____.
      шко́ле, университе́те

Давайте поговорим

А. Подготóвка к разговóру. Review the dialogs. How would you do the following?

1. Initiate an introduction.
2. Say what your name is.
3. Ask a person with whom you are on formal terms what his/her name is.
4. Ask a person with whom you are on informal terms what his/her name is.
5. Give your first and last name.
6. State your nationality.
7. Say how pleased you are to meet someone.
8. Tell where you live.
9. Tell where you go to school.
10. Ask someone what his/her patronymic (first name, last name) is.

Б. Develop a short dialog for each picture.

1.

2.

3.

4.
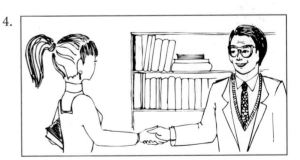

В. Игровы́е ситуа́ции.

This part of the unit gives you the opportunity to use the language you have learned. Read the role-play situations and consider what language and strategies you would use to deal with each one. Do not write out dialogs. Get together with a partner and practice the situations. Then act them out in class.

You are in Moscow:

1. Get acquainted with the following people. Tell them as much as you can about yourself and find out as much as you can about them.

    - your new Russian teacher
    - a student sitting next to you
    - a Russian friend's parents
    - a young Russian at a party in the cafeteria

2. It is your first day of class in Russia. Introduce yourself to the class. Say as much about yourself as you can.

3. Working with a partner, prepare and act out an introduction situation of your own design. Use what you know, not what you don't know.

Г. Устный перево́д.

Here is your chance to act as an interpreter for an English speaker and a Russian. The purpose is to use the linguistic material you are learning. Try to express your client's ideas rather than translating every word.

One student will play the role of the English speaker who knows no Russian. This person's script is given. Your instructor will play the role of the Russian. All students should prepare the interpreter's role by planning how they will express the English speaker's comments in Russian. If you play the interpreter, you will have to give the English version of the Russian's comments as well as the Russian version of the English speaker's comments; those playing the English and Russian speakers must pretend not to know the other language. If the interpreter runs into difficulty, he or she may ask a classmate to help out.

You are in Moscow. A friend who does not know Russian has asked you to help her get acquainted with someone at a party.

ENGLISH SPEAKER'S PART

1. Hello. I'd like to meet you. What's your name?
2. It's nice to meet you. My name is …
3. My last name is … What's your last name?
4. Is that so! I'm a student too.
5. Yes, I am an American.

Давайте почитаем

In each unit you will read Russian documents and other texts to develop specific strategies for reading in Russian. Do not be surprised or frustrated if you do not know many of the words. First, read the initial questions in English, and then read the Russian text silently, trying to find answers to the questions.

A. Визи́тные ка́рточки. Look through these cards and decide whom you would consult if you:

- needed to find out about a video copyright.
- wanted to find out about the banking system.
- were interested in U.S.-Russian trade.
- wanted to inquire about courses in cultural history.
- were interested in socioeconomic issues.

Which of these cardholders are women?

ИНСТИТУТ НЕЗАВИСИМЫХ
СОЦИАЛЬНО-ЭКОНОМИЧЕСКИХ
ИССЛЕДОВАНИЙ

СУХОВИЦКАЯ Елена Львовна
Секретарь - референт
191023, РОССИЯ, Санкт-Петербург,
кан. Грибоедова 34, к.210
тел: (812) 110.5720, факс (812) 110.5751
e-mail: insei@sovamsu.com

Российская ассоциация
интеллектуальной собственности

РОЗАНОВ АЛЕКСАНДР БОРИСОВИЧ
Директор отдела кино- и видеопродукции

Москва, Башиловская ул., 14
Тел.: 261-64-10   Факс: 261-11-78
e-mail: rozanov@rais.su

Валерий Михайлович МОНАХОВ

Российско-Американская Компания

Вице-Президент
международные отношения

199226, САНКТ-ПЕТЕРБУРГ
ГАЛЕРНЫЙ ПРОЕЗД, 3

ТЕЛ. (812) 352 12 49   ФАКС. (812) 352 03 80

МЕЖЭКОНОМСБЕРБАНК
Филиал в г. Санкт-Петербурге

Гущенко
Надежда Александровна
Заместитель главного бухгалтера

196128, г. Санкт-Петербург   тел.: (812) 296-97-55
ул. Благодатная, 6   факс: (812) 296-88-45

Нижегородский государственный
лингвистический
университет имени Н.А. Добролюбова

ЖИВОЛУПОВА
Наталья Васильевна
доцент
кафедры теории и истории культуры

603163, Нижний Новгород
Тел. (3852) 25-13-78
Электронная почта:

Факс 8312-36-20-39
gen@nnifl.nnov.su

Changes in the Former Soviet Union

You may notice some "old" names in the reading materials. **СССР (Союз Советских Социалистических Республик)** disappeared from the map at the end of 1991. The disintegration of the USSR engendered scores of changes in nomenclature, both geographic and bureaucratic. Within a few months, cities, streets, universities, ministries, even entire republics had their names changed.

Russia is now **Российская Федерация,** or just plain **Россия. Ленинград** has had its historic name returned; it's now called **Санкт-Петербург.**

In fact, many of the street signs in Russia still carry the old names, and many people find it hard to break old habits and switch to the new names.

Б.   Визовая анкета. Read through the visa application. Find out the following information:

1. What is the person's name?
2. When was she born?
3. Why is she going to Russia?
4. What cities does she want to visit?
5. What is her arrival date?
6. What is her departure date?
7. What does she do for a living?
8. Where does she work?
9. Where does she live?
10. How long will she be in Russia?
11. What is the date of this visa application?
12. How do Russians write dates?

Страна ＿＿＿＿ Консульство Российской Федерации в США

ВИЗОВАЯ АНКЕТА

Национальность ＿＿ *Русская* ＿＿＿＿＿＿

Гражданство ＿＿ *США* ＿＿＿＿＿＿＿

Фамилия ＿＿ *Сорокина* ＿＿＿＿＿＿

Имя, отчество ＿＿ *Наталья Николаевна* ＿＿

Дата и место рождения ＿ *14.03.61 Ленинград* ＿

Цель поездки ＿＿ *туризм* ＿＿＿＿＿＿

Маршрут следования ＿ *Москва – С. Петербург – Москва*

Дата въезда ＿ *10.03.98* ＿ Дата выезда ＿ *30.03.98* ＿

Профессия ＿ *Преподаватель русского языка* ＿

Место работы ＿ *Нью-Йоркский университет* ＿

Паспорт №- ＿＿ *1534762* ＿＿＿＿＿

Дата ＿＿ *23.07.97* ＿＿＿＿＿＿

Личная подпись ＿＿＿ *Н Сорокина* ＿＿＿＿

1.1 Formal and Informal Speech Situations

Family members and friends normally address each other informally: they call each other by first name and use the **ты** forms of the pronoun *you*. When they first meet, adults normally address each other formally: they may call each other by name and patronymic and use the **вы** forms of the pronoun *you*.

The **вы** forms are also used to address more than one person.

ты FORMS (INFORMAL SINGULAR)	**вы** FORMS (FORMAL AND PLURAL)
Здра́вствуй!	Здра́вствуйте!
Дава́й познако́мимся!	Дава́йте познако́мимся!
Как тебя́ зову́т?	Как вас зову́т?
Как ты сказа́л(а)?	Как вы сказа́ли?
Где ты у́чишься?	Где вы у́читесь?
Где ты живёшь?	Где вы живёте?

Упражнения

А. How would you say hello to the following people?

- your new Russian teacher
- a four-year-old boy
- three little girls
- your next-door neighbor

Б. How would you ask the above people their names?

В. Would you address the people below with **ты** or with **вы**?

1.   2.   3.   4.   5.

Г. The following dialog takes place between people on formal terms (**вы**). Change it to one between people whose relationship is informal.

— Здра́вствуйте! Дава́йте познако́мимся. Меня́ зову́т Ольга. А как вас зову́т?
— Меня́ зову́т Джейн. Очень прия́тно.
— Вы студе́нтка, Джейн?
— Да, студе́нтка. Я учу́сь в университе́те здесь, в Москве́.
— А в Аме́рике где вы у́читесь?
— В Аме́рике? Я живу́ и учу́сь в Лос-Анджелесе.

1.2 Russian Names

Russians have three names: a first name (**и́мя**), a patronymic (**о́тчество**), and a last name (**фами́лия**).

- ИМЯ. This is the given name, the name the parents select when a baby is born. Examples are **Михаи́л, Серге́й, Екатери́на,** and **Ната́лья.** Most names have one or more commonly used nicknames. **Екатери́на** for example, is called **Ка́тя, Ка́тенька,** and **Катю́ша** by close friends and relatives.

- ОТЧЕСТВО. The **о́тчество** is derived from the father's first name by adding a suffix to it (**-овна** for daughters, **-ович** for sons). It means "daughter of ..." or "son of ..." It is part of a Russian's full name as it appears in all documents.

  When Russians reach their twenties, usually when they acquire some degree of status at work, they begin to be addressed by their **и́мя–о́тчество** in formal situations. This carries the semantic weight of "Mr." and "Ms." The literal Russian equivalents of "Mr." (**господи́н**) and "Ms." (**госпожа́**) are used only in the most official of circumstances. The **о́тчество** is used only with the full form of the **и́мя,** never with a nickname.

  Foreigners do not have an **о́тчество.** Unless you are Russian, it is culturally inappropriate for you to introduce yourself using **и́мя–о́тчество.**

- ФАМИЛИЯ. Russian last names are slightly different for males and females: the female form of the last name ends in **-а.** He is **Каре́нин;** she is **Каре́нина;** he is **Петро́в;** she is **Петро́ва.** Women may or may not take their husband's **фами́лия** when they get married.

Note: Call your Russian friends by their first name or nickname. Call all other adults, especially your teacher and individuals with whom you are conducting business negotiations, by their name and patronymic.

Упражнение

Что чему́ соотве́тствует? Match the people on the left to their fathers on the right.

PERSON'S FULL NAME

1. __ Еле́на Ви́кторовна Гусли́стова
2. __ И́горь Петро́вич Ка́спин
3. __ Алексе́й Миха́йлович Ма́рков
4. __ Мари́на Андре́евна Соловьёва
5. __ Ива́н Серге́евич Канды́бин
6. __ Ната́лья Ива́новна Петро́ва

FATHER'S FIRST NAME

а. Ива́н
б. Серге́й
в. Пётр
г. Андре́й
д. Михаи́л
е. Ви́ктор

1.3   Gender — Introduction

Зо́я Ива́новна Петро́ва   Евге́ний Ива́нович Петро́в

Russian women's names end in **-а** or **-я.** Russian men's *full* names end in a consonant. (Many men's *nicknames* end in **-а** or **-я.** For example, a nickname for **Евге́ний** is **Же́ня,** and a nickname for **Па́вел** is **Па́ша.**)

Упражнения

A.   Which of the following are men?

1.   Григо́рий Анто́нович Бо́ский
2.   Мари́я Петро́вна Петро́ва
3.   Ната́лья Петро́вна Ивано́ва
4.   Фёдор Ива́нович Гага́рин
5.   Алекса́ндра Миха́йловна Аксёнова
6.   Алекса́ндр Григо́рьевич Буга́ев
7.   Бори́с Серге́евич Макси́мов
8.   Евге́ния Алекса́ндровна Вознесе́нская
9.   Никола́й Па́влович Зерно́в

Б. Parts of the following list were smeared in the rain. Help restore the names by filling in the missing letters. Note that in official Russian, the **фами́лия** comes first, followed by the **и́мя** and **о́тчество.** They are not separated by commas.

Астáфьев   Мари́я   Ивáновна
Зáйцев   Óльга   Макси́мовна
Монáхов   Сергéй   Михáйлович
Три́шин   Валéрий   Петрóвич
Усти́нов   Алексáндра Андрéевна

В. **Что чему́ соотвéтствует?** Match each full name in the left column with its appropriate nickname in the right column. Two nicknames can be used twice.

1. ___ Пáвел	а.	Натáша
2. ___ Евгéний	б.	Аня
3. ___ Алексáндра	в.	Сáша
4. ___ Мари́я	г.	Бóря
5. ___ Екатери́на	д.	Лéна
6. ___ Бори́с	е.	Пéтя
7. ___ Елéна	ж.	Кáтя
8. ___ Алексáндр	з.	Мáша
9. ___ Пётр	и.	Жéня
10. ___ Ивáн	к.	Ми́тя
11. ___ Анна	л.	Ми́ша
12. ___ Михаи́л	м.	Пáша
13. ___ Евгéния	н.	Вáня
14. ___ Натáлья		
15. ___ Дми́трий		

Г. Which of the above are women's names?

➤ *Complete Oral Drills 3–5 in the Workbook.*

1.4   Case

One way in which Russian differs from English is that Russian nouns, adjectives, and pronouns have endings that indicate their function in a sentence. Consider these two English sentences.

Mother loves Maria.   and   *Maria loves Mother.*

How can you tell which is the subject and which is the object in these sentences? The answer is quite obvious. In English, word order tells you which is which. In Russian, however, endings on nouns and adjectives identify their syntactic roles in sentences. For instance, the Russian sentences

Ма́ма лю́бит Мари́ю.   and   Мари́ю лю́бит ма́ма.

both mean *Mother loves Maria.*

The system of putting endings on nouns, adjectives, and pronouns is called the case system. Russian has six cases: nominative, accusative, genitive, prepositional, dative, and instrumental.

1.5   The Nominative Case

The nominative case is used for naming. Nouns and adjectives given in the dictionary are in the nominative case. The nominative case is used for:

1. The subject of the sentence.
    Джон — америка́нец.   *John* is an American.

2. The predicate complement in an equational sentence (any word that "is" the subject).
    Джон — **америка́нец.**   John is *an American.*

1.6   The Prepositional Case — Introduction

Джон живёт **в** Аме́рик**е.**   *John lives in America.*
Джейн живёт **в** Нью-Йо́рк**е.**   *Jane lives in New York.*
Пол живёт **в** Мичига́н**е.**   *Paul lives in Michigan.*
Энн живёт **в** Калифо́рни**и.**   *Ann lives in California.*

To indicate location, use the preposition **в** followed by a noun in the prepositional case.

If you know the nominative case of the singular noun, you can form its prepositional singular as follows.

If the noun in the nominative case ends in a consonant other than **-й,** add **-e:**

NOMINATIVE	PREPOSITIONAL
Нью-Йóрк	в Нью-Йóрк**е**
Санкт-Петербýрг	в Санкт-Петербýрг**е**

If the noun in the nominative case ends in **-й, -a,** or **-я,** drop that letter and add **-e:**

NOMINATIVE	PREPOSITIONAL
музéй	в музé**е**
Москвá	в Москв**é**
Аня	об Ан**е**

However, never write **-ие** as the last two letters in the prepositional case. Write **-ии** instead:

NOMINATIVE	PREPOSITIONAL
Калифóрния	в Калифóрн**ии**

For foreign words ending in **-o, -и,** or **-y,** the prepositional case looks the same as the nominative case:

NOMINATIVE	PREPOSITIONAL
Колорáдо	в Колорáдо
Миссýри	в Миссýри
Бакý	в Бакý

To say "in an American state," you may put the word **штат** in the prepositional case and then keep the state name in the nominative:

Я живý в Нью-Йóрке.	OR	Я живý в штáте Нью-Йóрк.
Я живý в Мичигáне.	OR	Я живý в штáте Мичигáн.
Я живý в Калифóрнии.	OR	Я живý в штáте Калифóрния.

To say "in an American city," you may put the word **гóрод** in the prepositional case and then keep the city name in the nominative:

Я живý в Нью-Йóрке.	OR	Я живý в гóроде Нью-Йóрк.
Я живý в Анн-Арборе.	OR	Я живý в гóроде Анн-Арбор.

Упражнения

A. Indicate which words are in the nominative case (N) and which ones are in the prepositional case (P).

1. Джон (...) — студе́нт. (...)
2. Джон (...) — америка́нец. (...)
3. Джон (...) у́чится в университе́те (...) в Бо́стоне. (...)
4. Джон (...) живёт в Массачу́сетсе. (...)
5. Бо́стон (...) в Массачу́сетсе. (...)

Б. Где они́ живу́т? Tell where the following people live.

Образе́ц: Кэ́рен — Мичига́н ➡ Кэ́рен живёт в Мичига́не.

1. Джон — Иллино́йс
2. Кэ́рол — Арканза́с
3. Ва́ня — Санкт-Петербу́рг
4. Сью́зан — Индиа́на
5. Курт — Монта́на

6. Са́ша — Москва́
7. Ди́ма — Росси́я
8. Мэ́ри — Калифо́рния
9. Де́ннис — Колора́до
10. Са́ра — Миссиси́пи

В. Где они́ живу́т? If asked where they live, how would people from the following places answer?

Вашингто́н, Квебе́к, Ло́ндон, Пари́ж, Та́мпа, Аризо́на, Аме́рика, Москва́, Сан-Дие́го, Миссу́ри, Сан-Франци́ско, Филаде́льфия, Англия, Фра́нция, Испания, Герма́ния

Г. О себе́. Отве́тьте на вопро́сы. Answer these questions with your own information.

Где вы живёте?
Где вы у́читесь?

➤ *Complete Oral Drills 6–9 and Written Exercises 3–4 in the Workbook.*

1.7 The Verb *to be* in Russian Present Tense Sentences

The verb *to be* and its forms *am, are, is* are absent in Russian in the present tense.

Я студе́нт.	*I am a student.*
Я студе́нтка.	*I am a student.*

In writing, a dash is often used when both the subject and the predicate are nouns.

Ва́ня — студе́нт.	*Vanya is a student.*
Та́ня — студе́нтка.	*Tanya is a student.*

Обзорные упражнения

А.   Расписа́ние. You just arrived in Moscow to study Russian. You have a list of names of the Russian teachers, but you don't know who is teaching what. On the first day of class, the program director reads the schedule to you. Write down the names of the teachers in longhand next to the subjects they teach. The list of teachers is given below.

Па́влова Ири́на Семёновна   Авваку́мов Ива́н Алексе́евич
Купри́н Никола́й Влади́мирович   Каза́нцева Мар на Васи́льевна
Али́ева Мари́на Никола́евна

Заня́тия	Фами́лия, и́мя, о́тчество преподава́теля
1. Грамма́тика	_____
2. Ле́ксика	_____
3. Фоне́тика	_____
4. Литерату́ра	_____
5. Пра́ктика	_____

Б.   Игрова́я ситуа́ция. Act out a situation in which you introduce yourself to one of the teachers in exercise A.

В.   Пресс-конфере́нция. You are an American reporter in Moscow attending a press conference at the Ministry of Foreign Affairs. A government spokesperson is announcing the names of a delegation to an important meeting in Washington. Check them against the list you were given earlier. There are more names on your list than in the announcement.

1. Арбатова Татьяна Алексеевна
2. Борисов Кирилл Петрович
3. Герулайтис Герман Карлович
4. Константинов Евгений Павлович
5. Крапивкина Зоя Дмитриевна
6. Кукуева Нина Георгиевна
7. Курский Евгений Ильич
8. Муратов Ахмед Ашевич
9. Туруханов Сергей Николаевич
10. Шестко Тарас Иванович
11. Чайкин Максим Павлович

Г. **Приглашéние на вéчер.** Listen to the announcer on the tape read the names of the people invited to a party. Check off the names you hear. Could any of the people on the list be brother and sister? Who? How do you know?

Бóский Григóрий Антóнович
Вишéвский Антóн Николáевич
Владúмирова Зинаúда Сергéевна
Гагáрин Фёдор Игнáтьевич
Литвúнова Натáлья Петрóвна
Иванóва Алексáндра Ивáновна
Иванóв Максúм Ильúч
Пáвлов Пётр Петрóвич
Петрóва Марúя Петрóвна
Шукшúн Михаúл Петрóвич

Д. Read the following descriptions. Then check the three people you would most like to meet.

1. Меня́ зову́т Джон. Моя́ фами́лия Эванс. Я студéнт. Я живу́ в Лос-Анджелесе, в штáте Калифóрния. Я учу́сь там в университéте.

2. Меня́ зову́т Боб. Моя́ фами́лия Гóрдон. Я живу́ в штáте Пенсильвáния в гóроде Филадéльфия. Я учу́сь в шкóле.

3. Меня́ зову́т Луúса. Моя́ фами́лия Фернáндес. Я студéнтка. Я живу́ в гóроде Колу́мбус, в штáте Огáйо. Я учу́сь в университéте штáта Огáйо.

4. Меня́ зову́т Сью́зан Дóнальдсон. Я журналúст. Я живу́ в Лóндоне.

5. Меня́ зову́т Крúстофер. Моя́ фами́лия Маккáрти. Я из Англии. Там я живу́ в Лóндоне. Сейчáс я учу́сь в Амéрике. Я учу́сь в университéте в Бóстоне, в штáте Массачу́сетс.

6. Меня́ зову́т Элизабéт. Моя́ фами́лия Мэйпл. Я живу́ в Бóстоне. Я учу́сь в университéте в гóроде Спрúнгфильд, в штáте Массачу́сетс.

7. Меня́ зову́т Пúтер. Моя́ фами́лия Кларк. Я канáдец. Я живу́ и учу́сь в гóроде Торóнто.

8. Меня́ зову́т Стúвен. Моя́ фами́лия Тéйлор. Я учу́сь в университéте в Калифóрнии. Я из Детрóйта, в штáте Мичигáн.

9. Меня́ зову́т Пáмела. Моя́ фами́лия Шмидт. Я из Сиэ́тла, в штате Вашингтóн. Я студéнтка. Я учу́сь в университéте во Флóриде.

Новые слова и выражения

NOUNS

Амéрика	America (*the U.S.*)
америкáнец / америкáнка	American (*person*)
англичáнин / англичáнка	English (*person*)
Англия	England
бизнесмéн / бизнесмéнка	businessperson
гóрод	city
и́мя	first name
институ́т	institute (*institution of post-secondary education*)
Ирку́тск	Irkutsk (*city in Siberia*)
Канáда	Canada
канáдец / канáдка	Canadian (*person*)
Квебéк	Quebec
Лóндон	London
Лос-Анджелес	Los Angeles
Москвá	Moscow
музéй	museum
Нью-Йóрк	New York
óтчество	patronymic
ру́сский / ру́сская	Russian (*person*)
студéнт / студéнтка	student
университéт	university
фами́лия	last name
шкóла	school (*primary or secondary, not post-secondary*)
штат	state

PRONOUNS

я	I
ты	you (*informal, singular*)
вы	you (*formal and plural*)

VERBS

Я живу́...	I live ...
Ты живёшь / Вы живёте...	You live ...
(Вáня) живёт...	(Vanya) lives ...
Я учу́сь...	I study ...
Ты у́чишься / Вы у́читесь...	You study ...

ADVERBS

здесь	here
тóже	also

QUESTION WORDS

где	where
кто	who

CONJUNCTION

а	and *(often used to begin questions or statements in continuing conversation)*

PREPOSITION

в (plus *prepositional case*)	in

PHRASES

да	yes
Дава́й(те) познако́мимся!	Let's get acquainted.
До́брое у́тро.	Good morning.
До́брый день.	Good afternoon.
До́брый ве́чер.	Good evening.
Здра́вствуй(те)!	Hello.
Зна́чит . . .	So . . .
Как вас (тебя́) зову́т?	What's your name?
Как ва́ше о́тчество?	What's your patronymic?
Как ва́ша фами́лия?	What's your last name?
Как ты сказа́л(а)?	What did you say? *(informal)*
Как вы сказа́ли?	What did you say? *(formal and plural)*
Меня́ зову́т . . .	My name is . . .
Немно́го о себе́.	A bit about myself *(yourself)*.
О́чень прия́тно (с ва́ми / с тобо́й) познако́миться.	Pleased to meet you.
Пра́вда?	Really?
Прости́те.	Excuse me.

NUMBERS

1–10, 1000–10,000 *(for understanding)*

PERSONALIZED VOCABULARY

_____

_____

_____

_____

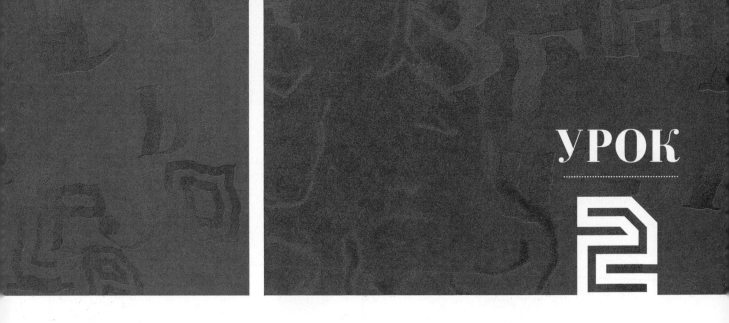

УРОК

2

Что у меня есть?

Коммуникативные задания

- ❖ Naming common objects
- ❖ Passing through customs
- ❖ Greeting friends at the airport
- ❖ Reading and listening to ads

В помощь учащимся

- ❖ Grammatical gender
- ❖ Nominative plural of nouns
- ❖ The 5- and 7-letter spelling rules
- ❖ Pronouns он, она́, оно́, and они́
- ❖ Possessive pronouns чей, мой, твой, наш, ваш, его́, её, and их
- ❖ Nominative case of adjectives
- ❖ что vs. како́й
- ❖ э́то vs. э́тот, э́то, э́та, э́ти
- ❖ Having: у меня́ (тебя́, вас) есть
- ❖ **Workbook:** Numbers 11–20, 100–900
  Intonation of questions with question words (IC–2)

Между прочим

- ❖ Passing through Russian customs
- ❖ Reading Russian telephone numbers

О чём идёт речь?

А. Оде́жда.

пла́вки

га́лстук

пиджа́к

руба́шка

футбо́лка

ю́бка

пла́тье

купа́льник

колго́тки

блу́зка

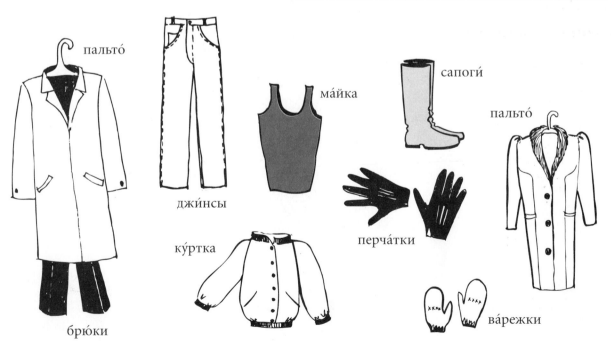

пальто́

джи́нсы

ма́йка

сапоги́

пальто́

ку́ртка

перча́тки

брю́ки

ва́режки

костю́м

ту́фли

часы́

сви́тер

костю́м

носки́

ту́фли

кроссо́вки

очки́

сапоги́

ко́фточка

ша́пка

1. Classify the clothing into related groups such as casual–formal, top–bottom,
   winter–summer, things you have–things you don't have, men's–women's.
2. You are going to visit a friend for three days. What will you take?

Б. Техника. A lot of Russian technical terminology is borrowed from English. Match the pictures with the words. Are there any words you do not recognize? Which items do you own?

1. ___ радио (радиоприёмник)
2. ___ телевизор
3. ___ компьютер
4. ___ фотоаппарат
5. ___ кассетный магнитофон (кассетник)
6. ___ машина
7. ___ видеомагнитофон
8. ___ принтер

а.

б.

в.

г.

д.

е.

ж.

з.

В. Что чему соответствует? Which words go together?

1. ___ компьютер
2. ___ фотоаппарат
3. ___ видеомагнитофон
4. ___ магнитофон
5. ___ радиоприёмник

а. видеокассета
б. дискетка
в. аудиокассета
г. слайд
д. антенна

Г. **Печа́ть.** Here are some things that people read.

| кни́га | докуме́нты | газе́та | письмо́ | журна́л | слова́рь |

Д. Here are some useful adjectives. Organize the Russian words into pairs of opposites. It will be easier to remember them that way.

но́вый	*new*	хоро́ший	*good*
большо́й	*large*	ма́ленький	*small*
ста́рый	*old*	плохо́й	*bad*
краси́вый	*beautiful*	некраси́вый	*ugly*

 Е. **Разгово́ры.**

Разгово́р 1. **На тамо́жне.**
Разгова́ривают америка́нец и рабо́тник тамо́жни.

1. What documents is the customs official interested in?
2. What is the American bringing in?

Разгово́р 2. **По́сле тамо́жни.**
Разгова́ривают Мэ́ри и Ка́тя.

1. What is Katya commenting on?
2. What does Mary have in the suitcase?
3. What is Katya's surprise?

Разгово́р 3. **На тамо́жне.**
Разгова́ривают Джим и рабо́тник тамо́жни.

1. What document does the customs official want to see?
2. Which personal items is he particularly interested in?
3. What do we know about these items?

Язык в действии

🎙 Диалоги

1. На тамо́жне

— Ва́шу деклара́цию.
— Вот, пожа́луйста.
— Чей э́то чемода́н? Ваш?
— Мой.
— Откро́йте, пожа́луйста. Пода́рки есть?
— Нет.
— А э́то что? CD-пле́ер?
— Нет, магнитофо́н и кассе́ты.
— Поня́тно. Всё. Проходи́те.

CD is pronounced
as if spelled **сиди́**

2. Что в чемода́не?

— Ва́шу деклара́цию.
— Вот, пожа́луйста.
— Чей э́то чемода́н?
— Э́тот большо́й? Мой.
— Что в чемода́не?
— Кни́ги, журна́лы, оде́жда: ма́йки, джи́нсы, пла́тья, ту́фли.
— А те́хника? У вас есть фотоаппара́т, магнитофо́н?
— То́лько ма́ленький фотоаппара́т.
— А э́то что?
— Видеокассе́та.
— Хорошо́. Это всё. Проходи́те.

Этот большо́й?
This big one?

3. С прие́здом!

— С прие́здом, Джим! Ну, как ты? Где твой чемода́н?
— Вот он.
— Како́й большо́й! Что у тебя́ в чемода́не? Те́хника?
— Да. Магнитофо́н, фотоаппара́т, кассе́ты, пода́рки.
— Пода́рки! Каки́е?
— Это сюрпри́з.
— А у меня́ то́же сюрпри́з.
— Како́й?
— Но́вая маши́на.

С прие́здом! Use this phrase only to greet someone who has arrived from another city or country.

4. Ты молоде́ц!

— Ли́нда! С прие́здом! Как ты?

— Хорошо́, спаси́бо. Здра́вствуй, Ка́тя!

— Это твой чемода́н? Ой, како́й большо́й!

— И э́тот — то́же мой. Тут у меня́ то́лько оде́жда, а там — фотоаппара́т, плёнка, пода́рки.

— Пода́рки?! Интере́сно, каки́е?

— Компа́кт-ди́ски.

— Ну, Ли́нда, ты молоде́ц!

Молоде́ц! Use this form of praise only with friends. It is not appropriate to praise a teacher or a business colleague like this.

А. У вас есть...? Working with a partner, ask and answer questions as in the models.

Образе́ц: — У вас есть те́хника?
              — Да, у меня́ есть те́хника.
                       или
              — Нет, у меня́ нет.

Questions:
— У вас есть...?   ра́дио, компью́тер, видеомагнитофо́н, CD-пле́ер,
— У тебя́ есть...?   телеви́зор, фотоаппара́т, плёнка, маши́на, газе́та, англо-ру́сский слова́рь, чемода́н, часы́, очки́

Answers:
— Да, (у меня́) есть.
— Нет, у меня́ нет.

Б. Your luggage got lost. List at least ten items you had in your suitcase.

В. What would you wear if you were to go to the places mentioned below?

1. theater
2. beach
3. job interview
4. class at the university
5. ski resort

Г. You have invited a Russian friend to visit you in your home town. List a few things your friend should bring.

Д.   **У меня́ есть пода́рок!** Take turns telling your group that you have a gift, but don't say what it is. Others in the group will ask questions in Russian to find out what the gift is.

POSSIBLE QUESTIONS:

Пода́рок большо́й и́ли ма́ленький?
Э́то оде́жда? Э́то блу́зка?
Э́то те́хника? Э́то кассе́та?

Дава́йте поговори́м

А.   **Подгото́вка к разгово́ру.**   Review the dialogs. How does the customs official ask the questions below? Practice answering these questions, using the American's responses in the conversations to help you.

1. Whose suitcase is this?
2. Do you have any gifts?
3. What is this?

Review the dialogs again. How would you do the following?

4. Indicate that you have understood something.
5. Welcome someone at the airport.
6. Praise someone.
7. Thank someone.

Б.   **В аэропорту́.** Working with a partner, pretend you are at the airport. Practice responding to the following situations. Then switch roles.

1. WITH CUSTOMS OFFICIAL

— Ва́шу деклара́цию.
— Ваш па́спорт.
— Где ви́за?
— Где па́спорт?
— Где докуме́нты?
— Э́то ваш чемода́н?
— Э́то ва́ша деклара́ция?
— Что в чемода́не?
— Магнитофо́н есть?
— Фотоаппара́т есть?

2. WITH FRIEND

— С прие́здом!
— Как ты?
— Большо́е спаси́бо!
— Э́то пода́рок.
— У меня́ но́вая маши́на.

В. Игровы́е ситуа́ции.

1. You have just arrived in Russia. Go through customs with the following items to declare: tape recorder and cassettes, computer and printer, American newspapers and magazines, VCR and tapes, cameras, film, and books.
2. You have just arrived in Russia for a homestay. Get acquainted with your host.
3. Working with a partner, prepare and act out a situation that deals with the topics of this unit.

Г. Устный перево́д. You have been asked to interpret for a tourist who is going through customs at Moscow's **Шереме́тьево-2** airport. Another student is the tourist and your teacher will be the Russian customs official. The tourist's script is given. The Russian customs official has the first line.

ENGLISH SPEAKER'S PART

1. Here it is.
2. Visa? Here it is.
3. This is my suitcase.
4. The big suitcase is mine too.
5. Okay.
6. Clothes, gadgets . . .
7. Computer, tape recorder, camera.
8. Ten.
9. Rock. Jazz.
10. Only an English-Russian dictionary.

Дава́йте почита́ем

Продаю́.

1. Look through this "for sale" column. What numbers would you call if you wanted to buy the items listed?
   - a stereo
   - a VCR
   - a car
   - a TV set
   - musical instruments
2. What musical instruments are advertised?
3. What else is advertised?

ПРОДАЮ

4016-540. Музыка́льный стереоце́нтр «Шарп». Тел. 149-74-98.
4038-360. Пиани́но «Стро́уд» (США, не но́вое). Тел. 335-90-60.
4065-840. Конта́ктные ли́нзы (04, -5,5). Тел. 963-98-12.
4096-340. Автомаши́ну «Во́льво» (1986 г.). Тел. 388-09-38.
4227-1080. Но́вый япо́нский видеомагнитофо́н «Sanyo-3100EE», телеви́зор «Реко́рд ВЦ-311». Тел. 145-00-76.
4475-540. Компью́тер «Ла́зер» (486-33МГц, 8 Мб, 120 Мб). Тел. 443-25-19.
4506-541. Видеомагнитофо́н «JVC-120». Тел. 405-09-87.
456-260. Электрогита́ру, ба́нджо. Тел. 285-41-57.
4189-360. Мотоци́кл «К-58» недо́рого. Тел. 534-98-67. Бори́с.

Давайте послушаем

 A. Магазин-салон. Listen to the announcement with the following questions in mind.

1. Circle the items the store offers.

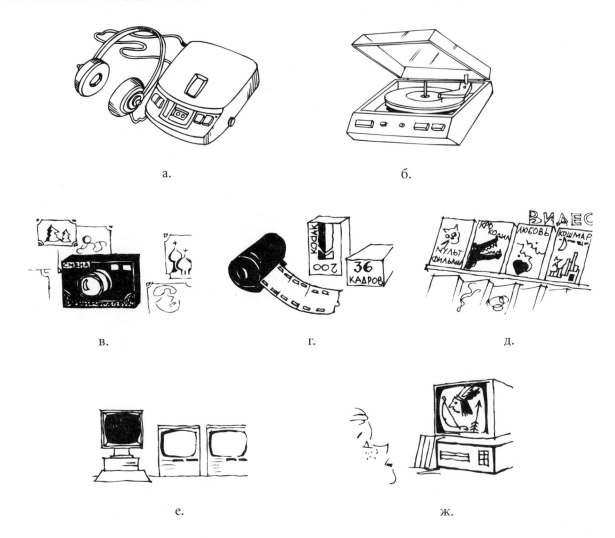

а.

б.

в.

г.

д.

е.

ж.

2. What is the store's address?
3. What is its phone number?

Б. Магазин «Мода». Listen to the announcement and determine what is being advertised. Pick out at least four key words that lead you to your conclusion and jot them down in English or in Russian.

В помощь учащимся

2.1 Grammatical Gender

Russian nouns belong to one of three genders: **masculine, feminine,** or **neuter.** You can usually tell the gender of a noun by looking at its last letter in the nominative singular (the dictionary form).

GENDER OF RUSSIAN NOUNS: SCHEMATIC VIEW			
	Masculine	**Feminine**	**Neuter**
Hard stem	чемода́н∅	газе́та	о́тчество
Soft stem	музе́й слова́рь	деклара́ция за́пись	пла́тье

Masculine singular nouns. Nouns that end in a consonant (i.e., ∅—no vowel) are masculine. Examples: **студе́нт**—*male student,* **чемода́н**—*suitcase,* **купа́льник**—*woman's swim suit,* **костю́м**—*suit,* **сви́тер**—*sweater,* **музе́й**—*museum.* In addition, all nouns referring to men and boys are masculine, even though some of them end in **-а** or **-я.** Examples: **па́па**—*dad,* **дя́дя**—*uncle,* **де́душка**—*grandfather,* and many nicknames for males, such as **Ва́ня, Ви́тя, То́ля,** and **Са́ша.**

Feminine singular nouns. Most nouns that end in **-а** or **-я** are feminine. Examples: **студе́нтка**—*female student,* **руба́шка**—*shirt,* **маши́на**—*car,* **газе́та**—*newspaper,* **анте́нна**—*antenna,* **деклара́ция**—*declaration,* **тамо́жня**—*customs.*

Neuter singular nouns. Nouns that end in **-о, -ё,** or **-е** are neuter. Examples: **пальто́**—*overcoat,* **письмо́**—*letter,* **бельё**—*the wash,* **пла́тье**—*dress.* Nouns that end in **-мя** are also neuter. Examples: **и́мя**—*first name* and **вре́мя**—*time.*

What about nouns that end in -ь? Some nouns that end in **-ь** are masculine (example: **слова́рь**—*dictionary*), and some are feminine (example: **за́пись**—*recording*). For these words, you must learn their gender when you learn the words. In this textbook the feminine nouns that end in **-ь** are labeled (*fem.*) in the word lists and glossaries, and the masculine nouns that end in **-ь** have no special label.

Упражнение

Он, она́ и́ли оно́? Indicate whether the following nouns are masculine, feminine, or neuter.

институ́т, магази́н, шко́ла, руба́шка, письмо́, маши́на, слова́рь, за́пись, Калифо́рния, пла́тье, пода́рок, ра́дио, музе́й, га́лстук, телеви́зор, видеокассе́та, окно́

2.2   Nominative Plural of Nouns

The nominative plural ending for most masculine and feminine nouns is **-ы** or **-и.** The nominative plural ending for most neuter nouns is **-а** or **-я.** The following tables show how to form the plural of Russian nouns.

MASCULINE AND FEMININE NOUNS		
	Nominative singular	**Nominative plural**
Hard stem	чемода́н∅	чемода́н**ы** **-Ы**
	газе́т**а**	газе́т**ы**
Soft stem	музе́**й**	музе́**и** **-И**
	слова́р**ь**	словар**и́**
	деклара́ц**ия**	деклара́ц**ии**
	за́пис**ь**	за́пис**и**

NEUTER NOUNS		
	Nominative singular	**Nominative plural**
Hard stem	о́тчеств**о**	о́тчеств**а** **-а**
Soft stem	пла́ть**е**	пла́ть**я** **-я**

The 7-letter spelling rule.   After the letters **к, г, х, ш, щ, ж,** and **ч,** do not write the letter **-ы.** This is called the **7-letter spelling rule.** Whenever an **-ы** or **-и** sound follows one of the seven letters, it is spelled **-и.**

Examples: **кни́га → кни́ги; га́лстук → га́лстуки; гара́ж → гаражи́**

Notes

1. Whenever you change endings on Russian nouns and adjectives, the following three rules are essential.
   - а. Delete the old ending before adding a new one.
   - б. Add the ending that will allow the stem to retain its hard or soft nature (unless this would cause you to break a spelling rule).
   - в. Never break a spelling rule.

2. Sometimes there is an accent shift in the plural: **слова́рь → словари́, письмо́ → пи́сьма.** Such words are marked in the glossaries and word lists.

3. Some masculine nouns ending in **-ок** or **-ец** lose this vowel whenever an ending is added.

   In the word lists and glossaries in this textbook, such words will be listed like this: **пода́р(о)к, америка́н(е)ц.**

4. Some masculine nouns take stressed **-а** as the plural ending. This unit presents three such words: **дом, сви́тер, па́спорт.** In the word lists and glossaries in this textbook, the plural of such words will be indicated.

NOMINATIVE SINGULAR	NOMINATIVE PLURAL
дом	дома́
сви́тер	свитера́
па́спорт	паспорта́

5. Words of foreign origin ending in **-о, -и,** or **-у** never change their form. They are called indeclinable. The nominative plural form of such a word is the same as the nominative singular form. For example: **ра́дио, пальто́, такси́, кенгуру́.**

Упражнение

Give the nominative plural form of the following nouns.

магнитофо́н, фотоаппара́т, чемода́н, музе́й, слова́рь, маши́на, шко́ла, ма́ма, за́пись, конститу́ция, ле́кция, фами́лия, студе́нтка, кни́га, ма́йка, пиджа́к, пода́рок, америка́нец, письмо́, о́тчество, пла́тье, пальто́, ра́дио, па́спорт, дом, сви́тер

➤ *Complete Oral Drill 1 and Written Exercise 1 in the Workbook.*

2.3   The Personal Pronouns: он, она́, оно́, они́

The pronouns **он**—*he*, **она́**—*she*, and **они́**—*they* may stand in place of nouns, as in the following examples:

— Где **Бори́с Миха́йлович**?	— Вот **он**.	There *he* is.
— Где **па́па**?	— Вот **он**.	There *he* is.
— Где **Мари́на Ива́новна**?	— Вот **она́**.	There *she* is.
— Где **Аня и Гри́ша**?	— Вот **они́**.	There *they* are.

The English word *it* has several possible Russian equivalents.

Use **он** to refer to masculine singular nouns:

— Где **чемода́н**?	— Вот **он**.	There *it* is.
— Где **слова́рь**?	— Вот **он**.	There *it* is.

Use **она́** to refer to feminine singular nouns:

— Где **кни́га**?	— Вот **она́**.	There *it* is.
— Где **за́пись**?	— Вот **она́**.	There *it* is.

Use **оно́** to refer to neuter singular nouns:

— Где **ра́дио**?	— Вот **оно́**.	There *it* is.
— Где **пла́тье**?	— Вот **оно́**.	There *it* is.

Use **они́** to refer to plural nouns:

— Где **часы́**?	— Вот **они́**.	There *it* is.
— Где **кни́ги**?	— Вот **они́**.	There *they* are.
— Где **чемода́ны**?	— Вот **они́**.	There *they* are.

Упражнение

Answer these questions, following the models given on p. 54.

1. Где ви́за?	6. Где докуме́нты?	12. Где ма́ма?
2. Где па́спорт?	7. Где чемода́н?	11. Где па́па?
3. Где пла́тье?	8. Где джи́нсы?	13. Где магнитофо́н?
4. Где кассе́та?	9. Где кни́ги?	14. Где пода́рок?
5. Где маши́на?	10. Где слова́рь?	15. Где пальто́?

➤ *Complete Oral Drills 2–3 and Written Exercise 2 in the Workbook.*

2.4 Whose? Чей? and the Possessive Pronouns мой, твой, его́, её, наш, ваш, их

To ask *Whose?* use **чей, чья, чьё,** or **чьи.**

Use **чей** with masculine singular nouns: **Чей э́то чемода́н?** *Whose suitcase is this?* **Чей э́то па́па?** *Whose father is this?*

Use **чья** with feminine singular nouns: **Чья э́то ви́за?** *Whose visa is this?* **Чья э́то ма́ма?** *Whose mother is this?*

Use **чьё** with neuter singular nouns: **Чьё э́то ра́дио?** *Whose radio is this?* **Чьё э́то пла́тье?** *Whose dress is this?*

Use **чьи** with all plural nouns: **Чьи э́то чемода́ны?** *Whose suitcases are these?* **Чьи э́то па́пы?** *Whose fathers are these?* **Чьи э́то ви́зы?** *Whose visas are these?* **Чьи э́то пла́тья?** *Whose dresses are these?*

The possessive pronouns **мой**—*my,* **твой**—*your* (when talking to someone in **ты**), **наш**—*our,* and **ваш**—*your* (when talking to someone in **вы**) also change their form, depending on whether they modify a masculine singular, feminine singular, neuter singular, or plural noun. We say that the words **мой, твой, наш, ваш,** and **чей** *agree* with the nouns they modify. The chart below lists all the nominative case forms of these words.

NOMINATIVE CASE OF **чей, мой, твой, наш, ваш**			
Modifying masculine singular nouns	**Modifying neuter singular nouns**	**Modifying feminine singular nouns**	**Modifying plural nouns**
чей	чьё	чья	чьи
мой	моё	моя́	мой
твой чемода́н	твоё ра́дио	твоя́ ви́за	твои́ кни́ги
наш	на́ше	на́ша	на́ши
ваш	ва́ше	ва́ша	ва́ши

The possessive pronouns **его́**—*his* (with the **г** pronounced like a **в**), **её**—*her,* and **их**—*their* have only one form:

NOMINATIVE CASE OF **его́, её, их**			
Modifying masculine singular nouns	**Modifying neuter singular nouns**	**Modifying feminine singular nouns**	**Modifying plural nouns**
его́	его́	его́	его́
её чемода́н	её ра́дио	её ви́за	её кни́ги
их	их	их	их

Упражнение

Запóлните прóпуски. Fill in the blanks, using the correct form of the appropriate possessive pronoun.

— _____ (Whose) э́то докумéнты? _____ (yours, formal)?

— Да, _____ (mine).

— Так. А э́то _____ (your) чемодáн?

— Нет. Не _____ (mine). Это, навéрное, _____ (his) чемодáн. Вот
   э́тот большóй чемодáн _____ (mine).

— _____ (whose) э́то кни́ги?

— Это _____ (our) кни́ги. А э́та кни́га не _____ (ours). Это не
   _____ (your, informal) кни́га?

— Нет не _____ (mine).

— Интерéсно, _____ (whose) э́то кни́га?

➤ *Complete Oral Drills 4–9 and Written Exercises 3–5 in the Workbook.*

2.5   Adjectives (Nominative Case)

Russian adjectives always *agree in gender, number, and case with the noun they modify.*

Most adjectives modifying masculine singular nouns in the nominative case end in
-ый: нóвый чемодáн—*new suitcase,* **стáрый магнитофóн**—*old tape recorder,*
краси́вый костю́м—*beautiful suit,* **интерéсный журнáл**—*interesting magazine.*
However, if the adjective stem ends in one of the letters that cannot be followed by
the letter **-ы** (because of the 7-letter spelling rule), the ending is spelled **-ий:
хорóший компью́тер**—*good computer,* **мáленький фотоаппарáт**—*small camera,*
рýсский словáрь—*Russian dictionary.* A few adjectives have the ending **-óй**; the
accent is always on the ending, and thus the ending can be heard: **большóй
чемодáн**—*large suitcase,* **плохóй чемодáн** —*bad suitcase.*

Most adjectives modifying feminine singular nouns end in **-ая: нóвая кни́га**—*new
book,* **стáрая зáпись**—*old recording,* **краси́вая кýртка**—*pretty jacket,* **интерéсная
газéта**—*interesting newspaper,* **хорóшая газéта**—*good newspaper,* **мáленькая
рýсская маши́на**—*small Russian car,* **большáя рубáшка**—*large shirt,* **плохáя
зáпись**—*bad recording.*

Most adjectives modifying neuter singular nouns in the nominative case end in **-ое:
нóвое пальтó**—*new overcoat,* **стáрое пальтó**—*old overcoat,* **краси́вое плáтье**—
pretty dress, **мáленькое плáтье**—*small dress,* **большóе плáтье**—*large dress,*
интерéсное рýсское письмó—*interesting Russian letter.* However, if the adjective
stem ends in **ш, щ, ж, ч,** or **ц** and the stress is on the stem of the adjective, the
ending is spelled **-ее: хорóшее пальтó**—*good overcoat.* (This is the 5-letter spelling
rule.)

Most adjectives modifying plural nouns in the nominative case end in **-ые: но́вые чемода́ны**—*new suitcases*, **ста́рые руба́шки**—*old shirts*, **интере́сные пи́сьма**—*interesting letters*. However, if the adjective stem ends in one of the letters that cannot be followed by the letter **-ы** (because of the 7-letter spelling rule), the ending is spelled **-ие: плохи́е чемода́ны**—*bad suitcases*, **хоро́шие журна́лы**—*good magazines*, **ма́ленькие фотоаппара́ты**—*small cameras*, **больши́е телеви́зоры**—*large televisions*.

NOMINATIVE CASE OF ADJECTIVES			
Modifying masculine singular nouns	**Modifying neuter singular nouns**	**Modifying feminine singular nouns**	**Modifying plural nouns**
но́в**ый** чемода́н (больш**о́й**)	но́в**ое** ра́дио	но́в**ая** ви́за	но́в**ые** кни́ги

The 7-letter spelling rule

After the letters **к, г, х, ш, щ, ж, ч,** do not write **-ы,** write **-и** instead.

The 5-letter spelling rule

After the letters **ш, щ, ж, ч, ц,** do not write unstressed **-о,** write **-е** instead.

Упражнения

А. Make a list of the clothing you own. Use adjectives with as many items as you can.

Б. Create grammatically correct sentences by combining words from the three columns below. Be sure to make the adjectives agree with the nouns.

	но́вый	джи́нсы
Это	хоро́ший	магнитофо́н
У вас есть	ста́рый	ра́дио
У меня́ есть	краси́вый	пла́тье
	плохо́й	кроссо́вки
	некраси́вый	руба́шка
		телеви́зор
		кассе́ты

➤ *Complete Oral Drills 10–12 and Written Exercises 6–10 in the Workbook.*

2.6   What: что vs. какой

Both **что** and **какой** (**какое, какая, какие**) mean *what,* but they are not interchangeable. Look at the examples:

Что в чемода́не?   *What* is in the suitcase?
Кака́я кни́га в чемода́не?   *What (which)* book is in the suitcase?

When *what* is followed by a noun, it is adjectival and therefore rendered by **какой.** When *what* stands alone it is translated as **что.**

Упражнение

Запо́лните про́пуски. Fill in the blanks with the correct Russian equivalent of *what.*

1. What is that?   _____ э́то?
2. What documents are those?   _____ э́то докуме́нты?
3. What do you have there?   _____ тут у вас?
4. What book is that?   _____ э́то кни́га?
5. What kind of television is this?   _____ э́то телеви́зор?

➤   *Complete Written Exercise 11 in the Workbook.*

2.7   This Is/These Are vs. This/These: э́то vs. э́тот (э́та, э́то, э́ти)

Both the unchanging form **э́то** and the modifier **э́тот** (**э́та, э́то, э́ти**) can be rendered in English as *this/these.* However, they are not interchangeable. Study these examples and then work through the exercise that follows. At this stage of learning Russian, you should develop an awareness of the distinction. You will become more comfortable with it and will be able to control its use only after you have read and heard a great deal more authentic Russian.

THIS IS . . . / THESE ARE . . .	THIS . . . / THESE . . .
Э́то мой чемода́н.	**Э́тот** чемода́н мой.
Э́то моя́ ви́за.	**Э́та** ви́за моя́.
Э́то моё ра́дио.	**Э́то** ра́дио моё.
Э́то мои́ докуме́нты.	**Э́ти** докуме́нты мои́.

IS THIS . . . ?/ ARE THESE . . . ?	IS THIS (x) . . . ?/ ARE THESE (x's) . . . ?
Э́то ваш чемода́н?	**Э́тот** чемода́н ваш?
Э́то но́вая ви́за?	**Э́та** ви́за но́вая?
Э́то его́ ра́дио?	**Э́то** ра́дио его́?
Э́то твои́ докуме́нты?	**Э́ти** докуме́нты твои́?

Упражнение

Заполните пропуски. Fill in the blanks with **это** or a form of **этот.**

1. *This is* my book.   _____ моя книга.

2. *This book* is mine.   _____ книга моя.

3. *These are* my suitcases.   _____ мои чемоданы.

4. *This suitcase* is yours.   _____ чемодан ваш.

5. *This small suitcase* is also yours.   _____ маленький чемодан тоже ваш.

6. *These books* are interesting.   _____ книги интересные.

7. *These interesting books* are yours.   _____ интересные книги ваши.

8. *These are* interesting books.   _____ интересные книги.

9. *Are these* interesting books?   _____ интересные книги?

10. *Are these books* interesting?   _____ книги интересные?

2.8   Indicating Having Something: **у меня есть, у тебя есть, у вас есть**

You have learned how to say you have something (**У меня есть подарок**) and how to ask others if they have things (**У вас есть документы? У тебя есть виза?**). Here, as in many places in your learning of Russian, it is important to observe and imitate the structure of the Russian sentences rather than trying to translate directly from English or other languages you know. In the Russian sentences the thing one has is the grammatical subject of the sentence. That is why it is in the nominative case. And that is why you were asked to use this structure to learn and practice the nominative singular and plural of nouns and adjectives. This also explains why you were not asked to produce sentences indicating things you do not have. Such sentences would require the use of a form you do not yet know. Although you do not have the tools yet to say that you don't have something (*I don't have a book*), if asked whether you have certain things, you can answer no by using the phrase **Нет, у меня нет** (*I don't have one of those*).

Упражнение

Ask what clothing your partner owns. Use **У тебя есть…? У вас есть…?** Answer your partner's questions.

➤ *Complete Written Exercises 12–13 in the Workbook.*

А.   День рождения. What ten things would you like to get for your birthday? Use adjectives with at least five items on your list.

Б.   Поездка в Москву. Sasha and Lena have invited you to visit them in Moscow for two weeks in December.

1. Make a list of ten things to pack.
2. Act out your arrival in Moscow, passing through customs, and greeting your friends. Classmates and your teacher will play the other roles.
3. Introduce yourself to Lena's parents. Find out about them, and tell about yourself.

   В.   На таможне. Below you will find lines of a conversation between Nancy and a Russian customs official. Read through the lines and put them in order. Then listen to the recording and see if you were correct.

_____ Работник: 1. Так. Понятно. Литературу везёте?

_____ Нэнси: 2. Да, вот этот чёрный. А это персональный компьютер.

_____ Работник: 3. Хорошо. Закройте чемодан. Проходите.

_____ Нэнси: 4. Только русские учебники и словари.

_____ Работник: 5. Покажите, пожалуйста, декларацию.

_____ Нэнси: 6. Да, двадцать кассет.

_____ Работник: 7. Это ваши чемоданы?

_____ Нэнси: 8. Пожалуйста.

_____ Работник: 9. Персональный, да? А кассеты везёте?

Г.   После таможни. Listen to the conversation to find answers to these questions.

1. What does Valera say about Jim's suitcase?
2. What does Jim have in the lighter suitcase?
3. What does Jim have in the heavier suitcase?
4. What gift has Jim brought for Valera?
5. What is Valera's surprise?

Новые слова и выражения

NOUNS

ви́за	visa
газе́та	newspaper
деклара́ция	customs declaration
докуме́нт	document, identification
(компакт-) ди́ски	(compact) disks
дом (*pl.* дома́)	home, apartment building
журна́л	magazine
за́пись (*fem.*)	recording
кни́га	book
музе́й	museum
па́спорт (*pl.* паспорта́)	passport
письмо́ (*pl.* пи́сьма)	letter
пода́р(о)к	gift
слова́рь (*pl.* словари́)	dictionary
сюрпри́з	surprise
тамо́жня	customs
уче́бник	textbook
чемода́н	suitcase

те́хника	**gadgets**
видеокассе́та	videocassette
видеомагнитофо́н	videocassette recorder
кассе́та	cassette
кассе́тный магнитофо́н (кассе́тник)	cassette player
компью́тер	computer
магнитофо́н	tape recorder
маши́на	car
плёнка	photo film
пле́ер: CD[сиди́]-пле́ер	CD player
при́нтер	printer
ра́дио (*indecl.*) (радиоприёмник)	radio
телеви́зор	television
фотоаппара́т	camera

оде́жда	**clothing**	**оде́жда**	**clothing**
блу́зка	blouse	очки́ (*pl.*)	eyeglasses
брю́ки (*pl.*)	pants	пальто́ (*indecl.*)	overcoat
ва́режки (*pl.*)	mittens	перча́тки (*pl.*)	gloves
га́лстук	tie	пиджа́к	suit jacket
джи́нсы (*pl.*)	jeans	пла́вки (*pl.*)	swimming trunks
колго́тки (*pl.*)	pantyhose	пла́тье	dress

одежда	clothing	одежда	clothing
костю́м	suit	руба́шка	shirt
кроссо́вки (pl.)	athletic shoes	сапоги́ (pl.)	boots
купа́льник	woman's bathing suit	сви́тер (pl. свитера́)	sweater
ку́ртка	short jacket	ту́фли (pl.)	shoes
ма́йка	T-shirt	футбо́лка	jersey
носки́ (pl.)	socks	ю́бка	skirt
		часы́ (pl.)	watch

PRONOUNS

он	he, it
она́	she, it
оно́	it
они́	they
э́то	this is, that is, those are, these are

POSSESSIVE PRONOUNS

чей (чьё, чья, чьи)	whose?
мой (моё, моя́, мои́)	my
твой (твоё, твоя́, твои́)	your (informal)
наш (на́ше, на́ша, на́ши)	our
ваш (ва́ше, ва́ша, ва́ши)	your (formal or plural)
её	her
его́	his
их	their

ADJECTIVES

америка́нский	American
а́нгло-ру́сский	English-Russian
большо́й	large
(не)интере́сный	(un)interesting
како́й	what, which
(не)краси́вый	pretty (ugly)
ма́ленький	small
но́вый	new
плохо́й	bad
ру́сский	Russian
ру́сско-англи́йский	Russian-English
ста́рый	old
хоро́ший	good
чёрный	black
э́тот	this

ADVERBS

там	there
то́лько	only
тут	here

QUESTION WORDS

какóй	what
кто	who
чей (чьё, чья, чьи)	whose
что	what

CONJUNCTION

и	and

OTHER WORDS AND PHRASES

Вот...	Here is …
Всё.	That's all.
Есть...?	Is there …? Are there …?
Интерéсно...	I wonder …, It's interesting …
Закрóйте!	Close.
Как ты?	How are you? (informal)
Молод(é)ц!	Well done!
нет	no
ну...	well …
ой	oh
Открóйте!	Open.
Пожáлуйста.	You're welcome.
Понятно.	Understood.
Проходúте.	Go on through.
С приéздом!	Welcome! (To someone from out of town)
Спасúбо.	Thank you.
У меня есть ...	I have …
У меня нет.	I don't have any of those.
У вас есть ... ?	Do you have … ? (formal)
У тебя есть ... ?	Do you have … ? (informal)
Хорошó.	Fine. Good.

NUMBERS

11–20, 100–900 (for understanding)

PERSONALIZED VOCABULARY

_____

_____

_____

_____

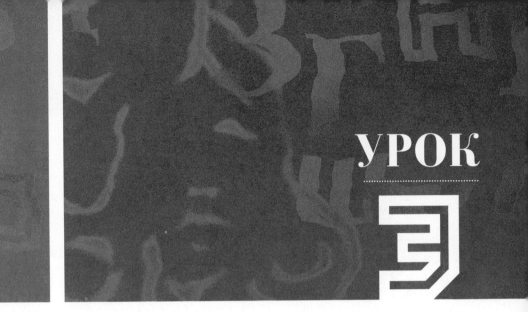

УРОК

3

Какие языки вы знаете?

Коммуникативные задания

◈ Talking about languages
◈ Discussing ethnic and national backgrounds
◈ Reading ads about language programs

В помощь учащимся

◈ Verb conjugation
◈ Position of adverbial modifiers
◈ Prepositional case of singular modifiers and nouns
◈ Languages: ру́сский язы́к vs. по-ру́сски
◈ Conjunctions: и, а, но
◈ **Workbook:** Numbers 21–30
             Intonation of yes-no questions (IC–3)

Между прочим

◈ Nationalities
◈ Responding to compliments

Точка отсчёта

О чём идёт речь?

А. Кто это?

Это Джон и Джéссика.
Джон — **америкáнец**.
Джéссика — **америкáнка**.
Они говорят **по-англи́йски**.

Это Алёша и Кáтя.
Алёша — **рýсский**.
Кáтя — **рýсская**.
Они говорят **по-рýсски**.

Это Хуáн и Марисóль.
Хуáн — **испáнец**.
Марисóль — **испáнка**.
Они говорят **по-испáнски**.

Б. Языки́ и национáльности.

1. — Какие языки́ вы изучáете и́ли знáете?

    — Я изучáю...
    — Я знáю...

англи́йский язы́к	немéцкий язы́к (*German*)
арáбский язы́к	рýсский язы́к
испáнский язы́к	францýзский язы́к
китáйский язы́к (*Chinese*)	япóнский язы́к (*Japanese*)

2. — Кто по национáльности вáши роди́тели?

    — Пáпа...
    — Мáма...
    — Они...

америкáнец, америкáнка, америкáнцы
англичáнин, англичáнка, англичáне
арáб, арáбка, арáбы
испáнец, испáнка, испáнцы
италья́нец, италья́нка, италья́нцы
канáдец, канáдка, канáдцы
китáец, китая́нка, китáйцы
мексикáнец, мексикáнка, мексикáнцы
нéмец, нéмка, нéмцы
рýсский, рýсская, рýсские
францýз, францýженка, францýзы
япóнец, япóнка, япóнцы

3. — На како́м языке́ вы говори́те до́ма?

    — До́ма мы говори́м...   по-англи́йски   по-неме́цки
                                по-ара́бски   по-ру́сски
                                по-испа́нски   по-францу́зски
                                по-кита́йски   по-япо́нски

4. — Ва́ша фами́лия ру́сская?

    — Да, ру́сская.
    — Нет, ...   англи́йская   неме́цкая
                              ара́бская   францу́зская
                              испа́нская   япо́нская
                              кита́йская

 В.   Разгово́ры.

Разгово́р 1.   Вы зна́ете англи́йский язы́к?
                      Разгова́ривают Пе́тя и секрета́рь филологи́ческого факульте́та
                      Моско́вского университе́та.

1. What language is being discussed?
2. Does Petya know this language?
3. What does he want to find out?
4. How does the secretary help him?

Разгово́р 2.   Вы говори́те по-францу́зски?
                      Разгова́ривают Вади́м и Анто́н Васи́льевич.

1. What language is being discussed?
2. Does the professor know this language?
3. What is Vadim trying to find out?
4. Does the professor help him?

Разгово́р 3.   Ты изуча́ешь испа́нский язы́к?
                      Разгова́ривают Ко́ля и Ве́ра.

1. What two languages does Kolya study?
2. Which language does Kolya know better?
3. Can Kolya understand fast speech in his second foreign language?
4. What language does Vera study?

Язык в действии

▣ Диалоги

1. Вы зна́ете испа́нский язы́к?

— Жа́нна, вы зна́ете испа́нский язы́к?
— Чита́ю хорошо́, говорю́ пло́хо.
— Я тут чита́ю испа́нский журна́л и не понима́ю одно́ сло́во...
— Како́е?
— Вот э́то. Как по-ру́сски «aduana»?
— По-ру́сски э́то бу́дет «тамо́жня».
— Большо́е спаси́бо!
— Пожа́луйста.

2. Вы о́чень хорошо́ говори́те по-ру́сски.

— Джейн, вы о́чень хорошо́ говори́те по-ру́сски.
— Нет, что вы! Я хорошо́ понима́ю, но говорю́ и пишу́ ещё пло́хо.
— Нет-нет, вы говори́те о́чень хорошо́. Роди́тели ру́сские?
— Па́па ру́сский, а ма́ма — америка́нка. Но до́ма мы говори́м то́лько по-англи́йски.
— А отку́да вы зна́ете ру́сский язы́к?
— Я его́ изуча́ю в университе́те. И живу́ в ру́сском до́ме.
— В ру́сском до́ме? Что э́то тако́е?
— Это общежи́тие, где говоря́т то́лько по-ру́сски.
— Поня́тно.

Note the use of the **они́** form of the verb without the pronoun **они́**.
That's a dormitory where [they] speak only Russian/where only Russian is spoken.

3. Дава́йте познако́мимся.

— Дава́йте познако́мимся. Полищу́к Алекса́ндр Дми́триевич.
— Са́ра Нью́элл. Очень прия́тно. Полищу́к — э́то украи́нская фами́лия, да?
— Да, оте́ц — украи́нец. А мать ру́сская. В па́спорте стои́т, что я то́же ру́сский.
— А до́ма вы говори́те по-украи́нски?
— Не всегда́. Иногда́ по-украи́нски, а иногда́ по-ру́сски.
— Интере́сно.

4. Разреши́те предста́виться.

— Разреши́те предста́виться. Боб Джонс.
— Смирно́ва Ли́дия Миха́йловна. Очень прия́тно.
— Очень прия́тно.
— Вы англича́нин, да?
— Нет, америка́нец.
— Ой, прости́те. Вы так хорошо́ говори́те по-ру́сски.
— Нет-нет, что вы! Я говорю́ ещё пло́хо.
— Но вы всё понима́ете по-ру́сски, да?
— Нет, не всё. Я понима́ю, когда́ говоря́т ме́дленно.
— А я не бы́стро говорю́?
— Нет, норма́льно.

Note again the use of the **они́** form of the verb without the pronoun **они́**. *I understand when it is spoken slowly.*

5. Очень прия́тно познако́миться.

— Дава́йте познако́мимся. Пе́гги Сно́у.
— Аганя́н Гайда́р Була́тович.
— Говори́те ме́дленнее, пожа́луйста. Я пло́хо понима́ю по-ру́сски.
— Аганя́н Гайда́р Була́тович.
— Зна́чит, ва́ше и́мя Аганя́н?
— Нет, Аганя́н — фами́лия. Зову́т меня́ Гайда́р Була́тович.
— Поня́тно. Гайда́р не ру́сское и́мя?
— Не ру́сское. По национа́льности я армяни́н. Живу́ в Ерева́не. Извини́те, Пе́гги, о́чень прия́тно познако́миться, но у меня́ сейча́с ле́кция.
— До свида́ния.
— До свида́ния.

Ме́жду про́чим

Комплиме́нты. No matter how well Russians speak English, they will probably respond to a compliment about their ability to speak a foreign language with denials, such as **Нет-нет, что вы!** (*Oh, no! Not at all!*).

Па́спорт и национа́льность. Russia is a multinational state. At age sixteen each citizen receives a passport that serves as a national ID. The passport contains the person's address, marital and military status, and **национа́льность** or ethnic group, which is based on the ethnic origin of either parent.

А. Как по-ру́сски...?

The expression **я забы́л(а)** (*I forgot*) is marked for gender. A man says **я забы́л,** and a woman says **я забы́ла.**

Образе́ц: — Я забы́л (забы́ла), как по-ру́сски «dress».
— По-ру́сски э́то бу́дет «пла́тье».

1. shirt	6. suit	11. blouse
2. coat	7. tie	12. skirt
3. shoes	8. jacket	13. glasses
4. jeans	9. T-shirt	14. pants
5. sneakers	10. watch	15. overcoat

Б. Как их зову́т? Кто они́ по национа́льности?

Образе́ц: Это Ви́льям Шекспи́р. Он англича́нин.

1.   2.   3.   4.

5.   6.   7.

Давайте поговорим

А.   Подготóвка к разговóру. Review the dialogs. How would you do the following?

1. Ask if someone knows Spanish, English, French, etc.
2. Describe your level in speaking, reading, and understanding in a language you know.
3. Find out the meaning of a word you don't know in Spanish (French, Russian, etc.).
4. Praise someone's language ability.
5. Respond to a compliment about your Russian.
6. Ask where someone learned Russian (English, Spanish, etc.).
7. Find out if someone's name is Russian (French, Spanish, etc.).
8. Indicate that you don't understand fast speech.
9. Find out if you are speaking too fast.

Б.   Инострáнные языкú.

1. Какúе языкú ты знáешь?
2. Какúе языкú знáют твои родúтели?
3. На какóм языкé вы говорúте дóма?

В.   Немнóго о картúнах.

1. Кто э́то? Как их зовýт?
2. Кто онú по национáльности?
3. Что онú говоря́т?

Г. Игровы́е ситуа́ции. В Москве́.

1. You are applying for a translating job and are asked to describe your language background. Your prospective employer may be interested in one skill more than another (for example, reading over speaking).
2. Start a conversation with a Russian on any topic. If it goes too fast, slow it down.
3. You have just started a conversation with a Russian in Russian, but your language is still too limited to talk about much. Find out if you share another language.
4. Working with a partner, prepare and act out a situation of your own that deals with the topics of this unit.

Д. Устный перево́д. You are an interpreter for a foreigner visiting Moscow. At a party, the foreigner, who speaks no Russian, is interested in meeting a Russian who speaks no English. Help them out.

ENGLISH SPEAKER'S PART

1. Hi. Let me introduce myself. My name is ... . What's your name?
2. Pleased to meet you. [Name and patronymic of the Russian] do you know English?
3. No, I don't know Russian. I understand a little French and Italian.
4. Yes, I go to school at a small university in California. How about you?
5. Do you live in St. Petersburg?
6. Good-bye.

Дава́йте почита́ем

А. Ку́рсы иностра́нных языко́в.

1. Look at this newspaper ad with the following questions in mind:

    *   What is the name of the company?

    *   What languages are being offered?

    *   Who are the instructors?

2. Go back to the ad and underline all the cognates (words that sound like English words).

3. If the root **-скор-** means fast, what is the meaning of the adjective **уско́ренный?**

Фирма «ЛИНГВА»
объявляет открытие курсов иностранных языков

♦ **английского**   ♦ **французского**
              ♦ **немецкого**

Приглашаем взрослых и учащихся старших классов. Обучаем быстро, интересно, основательно.

Лучшие учебные пособия, лингофонные и видеокурсы, а, главное, высококвалифицированные, опытные преподаватели из Англии, США, Германии, Франции и Канады.

Для коммерсантов мы предлагаем ускоренные бизнес-курсы: девять недель по шесть часов в день.

Телефон: 158-06-90 (с 16 до 19 часов ежедневно, кроме субботы и воскресенья).

Адрес: ул. Врубеля, 8, ст. метро «Сокол».

🎵 **Б. Иностра́нные языки́.** Working in small groups, go through the following newspaper ad and extract from it as much information as you can. Compare the information you got with other groups. What clues did you use to get the information?

Ме́жду про́чим

Where's Russia?

If you look for the word for Russia in this passport, you won't find it. Instead you find that this is **па́спорт граждани́на Сою́за Сове́тских Социалисти́ческих Респу́блик**—a passport of a citizen of the USSR (**СССР**). Of course, the name was changed to **Росси́йская Федера́ция** in 1991, but old-style passports continued to be issued for many years afterwards. Now look at the passport holder's nationality: **ру́сский.** Why not **росси́йский** or **россия́нин**?

Ру́сский refers to ethnic origin, while **росси́йский**, **россия́нин**, **россия́нка**, and **россия́не** refer to political status. The distinction is not always clear-cut, but these examples will help you get a feel for the difference:

Алла не **ру́сская**, но она́ понима́ет **ру́сскую** литерату́ру.

Alla isn't *Russian*, but she understands *Russian* literature.

Алла не **россия́нка**, но её ма́ма **ру́сская**. Алла ду́мает учи́ться в **Росси́йском** гуманита́рном университе́те.

Alla is not a *Russian citizen*, but her mother is *Russian*. Alla is thinking of going to college at the *Russian* University for the Humanities.

📼 Давайте послушаем

Рекла́ма по ра́дио.

1. Listen to the radio ad and decide what is being advertised. Then name three key points you expect to find in it.

2. Listen to the ad again with the following questions in mind:
   - At which segment of the listening audience is the ad aimed (children, teenagers, adults, etc.)?
   - What services are offered?
   - What is the advertiser's strongest drawing card?
   - Name one other feature of the services provided.
   - Where can you get more information?

3.1 Verb Conjugation

The infinitive is the form listed in Russian dictionaries. For most Russian verbs the infinitive ends in **-ть.** The infinitive is used in several specific contexts, such as **Я хочу́ чита́ть** — *I want to read* and **Я люблю́ чита́ть** — *I like to read.*

In the present tense, Russian verbs agree with the grammatical subject: **я чита́ю, ты чита́ешь, он чита́ет, она́ чита́ет, мы чита́ем, вы чита́ете, они́ чита́ют.** This is called verb conjugation.

When you learn a Russian verb, learn its conjugation in addition to its infinitive (dictionary) form.

3.2 First-Conjugation Verbs: -ю (-у), -ешь, -ет, -ем, -ете, -ют (-ут)

The following chart shows the endings for first-conjugation verbs.

	знать (to know)	чита́ть (to read)	понима́ть (to understand)	изуча́ть (to study)
я	зна́ - **ю**	чита́ - **ю**	понима́ - **ю**	изуча́ - **ю**
ты	зна́ - **ешь**	чита́ - **ешь**	понима́ - **ешь**	изуча́ - **ешь**
он/она́	зна́ - **ет**	чита́ - **ет**	понима́ -**ет**	изуча́ -**ет**
мы	зна́ - **ем**	чита́ - **ем**	понима́ - **ем**	изуча́ - **ем**
вы	зна́ - **ете**	чита́ - **ете**	понима́ - **ете**	изуча́ - **ете**
они́	зна́ - **ют**	чита́ - **ют**	понима́ - **ют**	изуча́ - **ют**

For the verbs in the chart above, the infinitive stem and the present tense stem are the same. But for some verbs, such as **писа́ть** — *to write* (**я пишу́, ты пи́шешь**) and **жить** — *to live* (**я живу́, ты живёшь**), the stem of the present tense is not the same as the stem of the infinitive. For this reason you must learn both the infinitive and the conjugation of each verb.

When the last letter in the present-tense stem is a consonant, the ending for the **я** form is spelled **-у** instead of **-ю,** and the ending for the **они** form is spelled **-ут** instead of **-ют,** as in the verbs **писа́ть** — *to write* (**я пишу́, они́ пи́шут**) and **жить** — *to live* (**я живу́, они́ живу́т**).

When the present tense ending is stressed, the vowel in the **ты, он/она́, мы**, and **вы** forms is **ё,** as in **жить** (**ты живёшь, он/она живёт, мы живём, вы живёте**).

писа́ть	(to write)
я	пиш - у́
ты	пи́ш - ешь
он/она́	пи́ш - ет
мы	пи́ш - ем
вы	пи́ш - ете
они́	пи́ш - ут

жить	(to live)
я	жив - у́
ты	жив - ёшь
он/она́	жив - ёт
мы	жив - ём
вы	жив - ёте
они́	жив - у́т

Упражнение

Запо́лните про́пуски. Fill in the blanks with the correct form of the verb.

1. Ива́н бы́стро _____ (чита́ть) по-ру́сски, а я _____ (чита́ть) ме́дленно.

2. — Каки́х языки́ вы _____ (понима́ть)?
   — Мы _____ (понима́ть) по-англи́йски и немно́го по-ру́сски.

3. — Кто _____ (жить) здесь?
   — Здесь _____ (жить) на́ши студе́нты.

4. — Вы хорошо́ _____ (писа́ть) по-ру́сски?
   — Да, я _____ (писа́ть) неплохо́.

5. — Каки́е языки́ вы _____ (знать)?
   — Я _____ (чита́ть) по-испа́нски и по-неме́цки, но пло́хо _____ (понима́ть).

6. Кристи́на _____ (жить) во Фра́нции, но она́ пло́хо _____ (знать) францу́зский язы́к. Она́ дово́льно хорошо́ _____ (понима́ть), но пло́хо _____ (чита́ть).

7. — Ты _____ (жить) в Ме́ксике? Зна́чит, ты _____ (знать) испа́нский язык ?
   — Зна́ешь, я по-испа́нски хорошо́ говорю́ и _____ (понима́ть), но пло́хо _____ (писа́ть) и _____ (чита́ть).

➤ *Complete Oral Drills 1–6 and Written Exercises 1–5 in the Workbook.*

3.3   Second-Conjugation Verbs: -ю (у), -ишь, -ит, -им, -ите, -ят (ат)

The following chart shows the endings for second-conjugation verbs. You know one
verb in this family: **говори́ть.**

говори́ть	(to speak, to talk)
я	говор - **ю́**
ты	говор - **и́шь**
он/она́	говор - **и́т**
мы	говор - **и́м**
вы	говор - **и́те**
они́	говор - **я́т**

How to tell if a verb belongs to the first or second conjugation.

For any verb the vowel in the **ты, он/она́, мы,** and **вы** forms is either **е, ё,** or **и.** Therefore,
if you know the **ты** form of the verb, you can predict the **он/она́, мы,** and **вы** forms. The
word lists in this book give the infinitive followed by the **я, ты,** and **они́** forms. For
example: **жить (живу́, живёшь, живу́т); говори́ть (говорю́, говори́шь, говоря́т).**

Упражнения

А.   Запо́лните про́пуски. Fill in the blanks with the correct form of the verb **говори́ть.**

1. Мы _____ по-англи́йски, а Ди́ма и Ве́ра _____ по-ру́сски.
2. Мари́я _____ по-испа́нски и по-францу́зски.
3. Я немно́го _____ по-ру́сски.
4. Вы _____ по-неме́цки?
5. Кто _____ по-ара́бски?
6. Ты хорошо́ _____ по-ру́сски.
7. Профе́ссор _____ бы́стро, а студе́нты _____ ме́дленно.

Б.   Соста́вьте предложе́ния. Make ten truthful statements using the words from
the columns below. Be sure to make the verb agree with the grammatical subject.

я		по-ру́сски
роди́тели		по-англи́йски
мы	(не) говори́ть	по-испа́нски
ты		по-украи́нски
вы		по-францу́зски
		по-ара́бски
		по-неме́цки

➤   *Complete Oral Drills 7–8 and Written Exercise 6 in the Workbook.*

3.4   Word Order: Adverbs

In Russian, adverbs such as **хорошо́, пло́хо,** and **немно́го** usually precede verbs.
For example:

Ты **хорошо́** говори́шь по-ру́сски.	*You speak Russian well.*
Он **о́чень** лю́бит ру́сский язы́к.	*He likes Russian very much.*

However, in answering the question **как** — *how,* put the adverb last. This conforms
to the tendency in Russian for new or stressed information to come at the end of the
sentence. For example:

— **Как** вы говори́те по-ру́сски?	*How do you speak Russian?*
— Я говорю́ **хорошо́.**	*I speak it well.*

➤ *Review Oral Drill 8 in the Workbook.*

3.5   Talking about Languages — Языки́

In questions with the verbs **говори́ть, чита́ть,** and **писа́ть,** use **На како́м языке́...?**
— *What language...?* or **На каки́х языка́х...?** — *What languages...?* In statements
with these verbs, use a form of the language with **по-: по-ру́сски, по-испа́нски,
по-италья́нски,** etc.

— **На каки́х языка́х** вы говори́те?	— **На каки́х языка́х** вы чита́ете?	— **На како́м языке́** вы хорошо́ пи́шете?
— Я говорю́ **по-ру́сски** и **по-англи́йски.**	— Я чита́ю **по-испа́нски** и **по-францу́зски.**	— Я хорошо́ пишу́ **по-англи́йски.**

In questions with the verbs **знать** and **изуча́ть,** use the question phrase **Како́й
язы́к...?** — *What language...?* or **Каки́е языки́...?** — *What languages...?* In
statements with these verbs, use forms with **язы́к: англи́йский язы́к, испа́нский
язы́к, италья́нский язы́к,** etc.

— **Каки́е языки́** вы зна́ете?	— **Како́й язы́к** вы изуча́ете в университе́те?
— Я зна́ю **англи́йский** и **испа́нский языки́.**	— Я изуча́ю **францу́зский язы́к.**

The verb **понима́ть** can be used with either structure.

— **Каки́е языки́** понима́ет твоя́ ма́ма?
— Она́ понима́ет **испа́нский** и **неме́цкий языки́.**

OR

— Она́ понима́ет **по-испа́нски** и **по-неме́цки.**

SUMMARY OF FORMS USED TO TALK ABOUT LANGUAGES		
	по-...ски *no* -й *and no* язы́к	...ский язы́к *must have* -й *and* язы́к
говори́ть чита́ть писа́ть	Я говорю́ по-ру́сски. Я чита́ю по-ру́сски. Я пишу́ по-ру́сски.	
зна́ть изуча́ть		Я зна́ю ру́сский язы́к. Я изуча́ю ру́сский язы́к.
понима́ть	Я понима́ю по-ру́сски. *OR* Я понима́ю ру́сский язы́к.	

Упражнения

А.   Языки́. Отве́тьте на вопро́сы.

1. Каки́е языки́ вы зна́ете?
2. Каки́е языки́ вы понима́ете?
3. На каки́х языка́х вы хорошо́ говори́те?
4. На каки́х языка́х вы пи́шете?
5. На каки́х языка́х вы чита́ете?
6. Каки́е языки́ зна́ют ва́ши роди́тели?
7. На како́м языке́ вы говори́те до́ма?
8. Каки́е языки́ вы изуча́ете?

Б.   Как по-ру́сски?

1. What languages do you know?
2. What languages do you study?
3. What language are you studying?
4. What languages can you write?
5. What languages do you understand?
6. What languages can you read?
7. What languages can you speak?

➤ *Complete Oral Drills 9–15 and Written Exercises 7–8 in the Workbook.*

3.6 Talking about Nationalities

To say someone is ethnically Russian, use the following adjective forms:

Он ру́сский.	Она́ ру́сская.	Они́ ру́сские.	*(ethnically) Russian*

To indicate other nationalities, use nouns:

Он америка́нец.	Она́ америка́нка.	Они́ америка́нцы.	*American*
Он англича́нин.	Она́ англича́нка.	Они́ англича́не.	*English*
Он ара́б.	Она́ ара́бка.	Они́ ара́бы.	*Arab*
Он испа́нец.	Она́ испа́нка.	Они́ испа́нцы.	*Spanish*
Он италья́нец.	Она́ италья́нка.	Они́ италья́нцы.	*Italian*
Он кана́дец.	Она́ кана́дка.	Они́ кана́дцы.	*Canadian*
Он кита́ец.	Она́ китая́нка.	Они́ кита́йцы.	*Chinese*
Он мексика́нец.	Она́ мексика́нка.	Они́ мексика́нцы.	*Mexican*
Он не́мец.	Она́ не́мка.	Они́ не́мцы.	*German*
Он россия́нин.	Она́ россия́нка.	Они́ россия́не.	*Russian (citizen)*
Он францу́з.	Она́ францу́женка.	Они́ францу́зы.	*French*
Он япо́нец.	Она́ япо́нка.	Они́ япо́нцы.	*Japanese*

Use an adjective only if the nationality term modifies another noun, as in **америка́нский студе́нт** — *American student,* **ру́сский язы́к** — *Russian language,* **неме́цкая литерату́ра** — *German literature.*

Do not capitalize nouns and adjectives referring to nationalities unless they start a new sentence.

Упражнение

Отве́тьте на вопро́сы.

1. Кто по национа́льности ва́ша ма́ма?
2. Кто по национа́льности ваш па́па?
3. Кто вы по национа́льности?

➤ *Complete Written Exercise 9 in the Workbook.*

3.7 The Prepositional Case

You have been using the prepositional case of nouns after the preposition **в** to indicate location. For example: **Я живу́ в Аме́рике.**

In Russian, adjectives agree with the noun they modify in *gender, number,* and *case.* Therefore adjectives that modify nouns in the prepositional case must also be in the prepositional case.

The following tables show how to put adjective-noun phrases in the prepositional case.

Singular Nouns in the Prepositional Case (Review): -е (-и)

NOMINATIVE	PREPOSITIONAL	
университе́т	в университе́т**е**	*at the university*
музе́й	в музе́**е**	*in the museum*
слова́рь	в словар**е́**	*in the dictionary*
шко́ла	в шко́л**е**	*at school*
тамо́жня	на тамо́жн**е**	*at customs*
деклара́ция	в деклара́ци**и**[5]	*in the declaration*
общежи́тие	в общежи́ти**и**[5]	*in the dormitory*
за́пись	в за́пис**и**[6]	*in the recording*

Masculine and Neuter Singular Adjective-Noun Phrases in the Prepositional Case: -ом (-ем), -е (-и)

NOMINATIVE	PREPOSITIONAL	
ма́ленький университе́т	в ма́леньк**ом** университе́т**е**	*at a small university*
э́тот большо́й университе́т	в э́т**ом**[10] больш**о́м** университе́т**е**	*at this large university*
её но́вый чемода́н	в её[9] но́в**ом** чемода́н**е**	*in her new suitcase*
интере́сное письмо́	в интере́сн**ом** письм**е́**	*in an interesting letter*
э́то краси́вое пла́тье	в э́т**ом**[10] краси́в**ом** пла́тье	*in this pretty dress*
хоро́ший университе́т	в хоро́ш**ем**[3] университе́т**е**	*at a good university*
наш институ́т	в на́ш**ем**[3,10] институ́т**е**	*at our institute*
мой па́спорт	в мо**ём**[2,10] па́спорт**е**	*in my passport*
твой журна́л	в тво**ём**[2,10] журна́л**е**	*in your magazine*

Feminine Singular Adjective-Noun Phrases in the Prepositional Case: -ой (-ей), -е (-и)

NOMINATIVE	PREPOSITIONAL	
ма́ленькая шко́ла	в ма́леньк**ой** шко́л**е**	*at a small school*
больша́я шко́ла	в больш**о́й** шко́л**е**	*at a large school*
э́та но́вая кварти́ра	в э́т**ой**[10] кварти́р**е**	*in this apartment*
их интере́сная кни́га	в **их**[9] интере́сн**ой** кни́г**е**	*in their interesting book*
хоро́шая шко́ла	в хоро́ш**ей**[3] шко́л**е**	*in a good school*
на́ша кварти́ра	в на́ш**ей**[3,10] кварти́р**е**	*in our apartment*
моя́ деклара́ция	в мо**е́й**[2,10] деклара́ци**и**	*in my declaration*
твоя́ кни́га	в тво**е́й**[2,10] кни́г**е**	*in your book*

Plural Adjective-Noun Phrases in the Prepositional Case: -ых (их), -ах (ях)

NOMINATIVE	PREPOSITIONAL	
но́вый университе́т	в но́в**ых** университе́т**ах**	*at new universities*
интере́сное письмо́	в интере́сн**ых** пи́сьм**ах**	*in interesting letters*
э́та ма́ленькая шко́ла	в э́т**их**[10] ма́леньк**их**[4] шко́л**ах**	*in these small schools*
ваш большо́й чемода́н	в ва́ш**их**[4,10] больши**х**[4] чемода́н**ах**	*in your large suitcases*
на́ше письмо́	в на́ш**их**[4,10] пи́сьм**ах**	*in our letters*
мой чемода́н	в мо**и́х**[2,10] чемода́н**ах**	*in my suitcases*
твоё письмо́	в тво**и́х**[2,10] пи́сьм**ах**	*in your letters*
но́вый музе́й	в но́в**ых** музе́**ях**[2]	*in new museums*
ста́рый слова́рь	в ста́р**ых** словар**я́х**[2]	*in old dictionaries*
краси́вое пла́тье	в краси́в**ых** пла́ть**ях**[2]	*in pretty dresses*
больша́я лаборато́рия	в больши́х лаборато́ри**ях**[2]	*in big laboratories*
его́ но́вая за́пись	в **его́** но́в**ых** за́пис**ях**[2]	*in his new recordings*

Prepositional Case of Adjectives and Nouns — Summary

	MASCULINE SINGULAR	NEUTER SINGULAR	FEMININE SINGULAR	PLURAL
Nom.	но́в**ый** чемода́н (больш**о́й**)	но́в**ое** письмо́	но́в**ая** ви́за	но́в**ые** чемода́н**ы**
Prep.	в но́в**ом** чемода́н**е**	в но́в**ом** письм**е́**	в но́в**ой** ви́з**е**	в но́в**ых** чемода́н**ах**

Notes

1. Always delete the old ending before adding a new one.

2. Add the ending that will allow the stem to retain its hard or soft nature (unless this would cause you to break a spelling rule).

3. After **ш, щ, ж, ч, ц,** do not write **о** if unstressed, write **е** instead: **в хоро́шем университе́те.** (This is the 5-letter spelling rule.)

4. After **к, г, х, ш, щ, ж, ч,** do not write **ы**, write **и** instead: **в ма́леньких университе́тах.** (This is the 7-letter spelling rule.)

5. For prepositional singular nouns, never write **-ие** as the last two letters; write **-ии** instead: **общежи́тие → в общежи́тии, Росси́я → в Росси́и.**

6. The prepositional singular ending for feminine nouns ending in **-ь** is **-и**: **Сиби́рь → в Сиби́ри.**

7. Some masculine nouns with **о** or **е** in the semi-final position lose this vowel whenever an ending is added: **пода́рок → в пода́рке.**

8. Words of foreign origin ending in **-о, -и,** or **-у** are indeclinable. They never change their form: **Ога́йо → в Ога́йо, Цинцинна́ти → в Цинцинна́ти.**

9. The possessive pronouns **его́, её,** and **их** never change their form: **Кни́га в его́ (её, их) ко́мнате.** *The book is in his (her, their) room.*

10. The prepositional case endings for the possessive pronouns **чей, мой, твой, наш, ваш,** and the demonstrative **э́тот** are given below. These are not irregular, but because they involve stress shifts, soft endings, and applications of spelling rules, you may wish simply to memorize them.

Masculine and neuter singular	мо**ём** твo**ём** на́ш**ем**	ва́ш**ем** чь**ём** э́т**ом**
Feminine singular	мо**е́й** тво**е́й** на́ш**ей**	ва́ш**ей** чь**ей** э́т**ой**
Plural	мо**и́х** тво**и́х** на́ш**их**	ва́ш**их** чь**их** э́т**их**

Упражнения

А. О себе́.

1. Вы живёте в большо́м и́ли ма́леньком шта́те?
2. Вы живёте в большо́м и́ли ма́леньком го́роде?
3. Вы живёте в интере́сном и́ли неинтере́сном го́роде?
4. Вы живёте в краси́вом и́ли некраси́вом го́роде?
5. Вы у́читесь в большо́м и́ли ма́леньком университе́те?
6. Вы живёте в общежи́тии, в кварти́ре и́ли в до́ме?

Б. Где они́ живу́т?

Образе́ц: Илья́ — Москва́
       Илья́ живёт в Москве́.

1. Ро́берт — Аме́рика
2. Мари́я — Ме́ксика
3. Хосе́ — Испа́ния
4. Курт — Эсто́ния
5. Мари́ — Фра́нция
6. Вади́м — Росси́я
7. Алёша — Санкт-Петербу́рг
8. Ната́ша — Ки́ев
9. Джордж — Цинцинна́ти
10. Дже́ннифер — Сан-Франци́ско
11. Ке́вин — Миссу́ри
12. Лари́са — ста́рый го́род
13. Никола́й — наш го́род
14. Ри́та — э́тот краси́вый го́род
15. Ва́ня — интере́сный ма́ленький го́род
16. Па́вел — на́ше большо́е общежи́тие
17. Со́ня — э́то ма́ленькое общежи́тие
18. Ди́ма — э́та ма́ленькая кварти́ра
19. Гри́ша — их хоро́шая кварти́ра
20. Са́ра — Но́вая Англия

➤ *Complete Oral Drills 16–18 and Written Exercises 10–12 in the Workbook.*

3.8   Conjunctions: и, а, но

This table shows in what situations the conjunctions **и, а,** and **но** are used.

	И	А	НО
In a compound subject	Ка́тя **и** Яша ру́сские.		
In a compound predicate	Они́ чита́ют **и** пи́шут по-ру́сски.		
To mean *but rather*		Это не Ки́ра, **а** Ка́тя. Ки́ра говори́т не по-неме́цки, **а** по-ру́сски.	
As the first word in a continuing question		—До́ма они́ говоря́т по-ру́сски. —**А** отку́да они́ зна́ют ру́сский язы́к?	
Combining two clauses: • To make the *same comment* about two different subjects	Ка́тя ру́сская, **и** Яша ру́сский.		
• To make *different comments* about two different topics		Ка́тя ру́сская, **а** Энн америка́нка.	
• To indicate that the information in the second clause is a logical result of the first	Яша ру́сский, **и** он хорошо́ зна́ет ру́сский язы́к.		
• To indicate that the information in the second clause is un-expected, or that it in some way limits the information in the first clause			Я изуча́ю ру́сский язы́к, **но** говорю́ ещё пло́хо.

Упражнения

А.   И, а, но. Review the dialogs on pages 68–69. Find sentences with the conjunctions **и, а,** and **но** and state how each conjunction functions.

Б.   Как по-ру́сски? Translate the paragraph, paying special attention to the underlined conjunctions.

Masha <u>and</u> Styopa are Russians. They live in Moscow <u>and</u> go to the university. She studies French <u>and</u> he studies English. She knows French, <u>but</u> reads slowly. Styopa knows not Spanish, <u>but</u> English.

Обзорные упражнения

А. Но́вая програ́мма иностра́нных языко́в. You are the administrator of a new foreign language program whose budget is large enough to offer instruction in five languages. Make a list of the languages you will include. Next to each language on your list, write a sentence indicating why it is important.

Б. Каки́е языки́? You are a guide for a group of Russian tourists who are going to visit Europe. You need to find out in which countries they will need an interpreter. Write a brief list of questions to ask them.

В. На како́м языке́ вы говори́те до́ма? Listen to the conversation and fill in the missing words.

Вади́м: Здра́вствуй! Что э́то у тебя́, уче́бник ру́сского языка́? Но ты уже́ свобо́дно _____ по-ру́сски. У тебя́ ведь роди́тели _____ .

Анна: Нет, то́лько ма́ма ру́сская. Па́па _____ . И до́ма мы говори́м _____ .

Вади́м: Да, но ведь ты _____ практи́чески всё. Заче́м тебе́ уче́бник?

Анна: В то́м-то и де́ло. Я всё понима́ю, но _____ пло́хо. И поэ́тому я _____ ру́сский язы́к _____ . Тепе́рь до́ма _____ с ма́мой то́лько по-ру́сски.

Вади́м: А как же твой па́па? Он понима́ет, что́ вы говори́те?

Анна: Нет! Поэ́тому он говори́т, что то́же хо́чет изуча́ть _____ в университе́те.

Г. Интервью́. You have been asked to interview a Russian visitor who does not know English.

1. List at least five questions you could ask the visitor about his or her language or ethnic background.
2. Role-play a meeting with a Russian visitor in which you ask your questions.
3. Write a paragraph telling what you learned about the visitor.

Д. Сочине́ние — Мои́ роди́тели. Write a short composition about your parents' nationality and knowledge of languages. Give as much information as you can, keeping within the bounds of the Russian you know.

Новые слова и выражения

NOUNS

америка́н(е)ц/америка́нка	American
англича́нин (*pl.* англича́не)/англича́нка	English
ара́б/ара́бка	Arab
армяни́н (*pl.* армя́не)/армя́нка	Armenian
Ерева́н	Yerevan (*city in Armenia*)
испа́н(е)ц/испа́нка	Spanish
италья́н(е)ц/италья́нка	Italian
кана́д(е)ц/кана́дка	Canadian
кварти́ра	apartment
кита́(е)ц (*pl.* кита́йцы)/китая́нка	Chinese
ле́кция	lecture
ма́ма	mom
мать (*fem.*) (*pl.* ма́тери)	mother
мексика́н(е)ц/мексика́нка	Mexican
не́м(е)ц/не́мка	German
общежи́тие	dormitory
от(е́)ц	father
па́па	dad
роди́тели	parents
россия́нин (*pl.* россия́не)/россия́нка	Russian (*citizen*)
ру́сский/ру́сская	Russian
семья́ (*pl.* се́мьи)	family
сло́во (*pl.* слова́)	word
украи́н(е)ц/украи́нка	Ukrainian
францу́з/францу́женка	French
язы́к (*pl.* языки́)	language
япо́н(е)ц/япо́нка	Japanese

PRONOUNS

всё	everything
мы	we

ADJECTIVES

англи́йский	English
ара́бский	Arabic
испа́нский	Spanish
италья́нский	Italian
кита́йский	Chinese
неме́цкий	German
росси́йский	Russian

ру́сский	Russian
санкт-петербу́ргский	St. Petersburg (*adj.*)
украи́нский	Ukrainian
францу́зский	French
япо́нский	Japanese

VERBS

говори́ть (говорю́, говори́шь, говоря́т)	to speak, to say
жить (живу́, живёшь, живу́т)	to live
знать (зна́ю, зна́ешь, зна́ют)	to know
изуча́ть (изуча́ю, изуча́ешь, изуча́ют)(что)	to study (*requires direct object*)
писа́ть (пишу́, пи́шешь, пи́шут)	to write
понима́ть (понима́ю, понима́ешь, понима́ют)	to understand
чита́ть (чита́ю, чита́ешь, чита́ют)	to read

ADVERBS

бы́стро	quickly
всегда́	always
дово́льно	quite
ещё	still
иногда́	sometimes
ме́дленно	slowly
немно́го, немно́жко	a little
непло́хо	pretty well, not bad
норма́льно	in a normal way
о́чень	very
пло́хо	poorly
по-англи́йски	English
по-ара́бски	Arabic
по-испа́нски	Spanish
по-италья́нски	Italian
по-кита́йски	Chinese
по-неме́цки	German
по-ру́сски	Russian
по-украи́нски	Ukrainian
по-францу́зски	French
по-япо́нски	Japanese
свобо́дно	fluently, freely
сейча́с	now
так	so
хорошо́	well

CONJUNCTIONS

где	where
когда́	when
но	but
что	that

NEGATIVE PARTICLE

не	not (*negates following word*)

OTHER WORDS AND PHRASES

Большо́е спаси́бо.	Thank you very much.
В па́спорте стои́т...	In my passport it says …
Говори́те ме́дленнее.	Speak more slowly.
До свида́ния.	Good-bye.
до́ма	at home
Извини́те.	Excuse me.
Как по-ру́сски ...?	How do you say … in Russian?
Кто ... по национа́льности?	What is …'s nationality?
На каки́х языка́х вы говори́те до́ма?	What languages do you speak at home?
На како́м языке́ вы говори́те до́ма?	What language do you speak at home?
одно́ сло́во	one word
Отку́да вы зна́ете ру́сский язы́к?	How do you know Russian?
пожа́луйста	please
по национа́льности	by nationality
Разреши́те предста́виться.	Allow me to introduce myself.
Что́ вы (ты)!	*response to a compliment*
Что э́то тако́е?	(Just) what is that?
Я забы́л(а).	I forgot.

NUMBERS 21–30　　　　　(for understanding)

PERSONALIZED VOCABULARY

_____

_____

_____

_____

Университет

Коммуникативные задания

- ◈ Talking about where and what people study
- ◈ Presentation about yourself
- ◈ Reading and writing academic schedules
- ◈ Reading diplomas and transcripts

В помощь учащимся

- ◈ **Учи́ться** vs. **изуча́ть (что)**
- ◈ The 8-letter spelling rule
- ◈ **На како́м ку́рсе...?**
- ◈ **На** + prepositional case for location
- ◈ Accusative case of modifiers and nouns
- ◈ Conjunctions: **где, что, как, потому́ что**
- ◈ **То́же** vs. **та́кже**
- ◈ **Workbook:** Numbers 31–50

Между прочим

- ◈ Higher education in Russia: universities and institutes
- ◈ Russian diplomas
- ◈ Using the 24-hour clock for schedules

Точка отсчёта

О чём идёт речь?

A. Taking turns with a partner, ask and answer the following questions about where you go to college, what year of study you are in, what your major is, and what courses you are currently taking. Follow the models.

1. — Где вы сейча́с у́читесь?
   — Я учу́сь...

   в Калифорни́йском (госуда́рственном) университе́те
   в Виско́нсинском (госуда́рственном) университе́те
   в Пенсильва́нском (госуда́рственном) университе́те

   в Джорджта́унском университе́те
   в Га́рвардском университе́те
   в Дю́кском университе́те

   в Университе́те Джо́рджа Вашингто́на
   в Университе́те Джо́нса Го́пкинса

   в Мичига́нском госуда́рственном университе́те
   в Госуда́рственном университе́те шта́та Ога́йо
   в Госуда́рственном университе́те шта́та Нью-Йо́рк

   Your teacher will tell you the name of your college or university.

2. — На како́м ку́рсе вы у́читесь?
   — Я учу́сь...

	пе́рвом	
	второ́м	
на	тре́тьем	ку́рсе
	четвёртом	
	пя́том	
в	аспиранту́ре	

3. — Кака́я у вас специа́льность?
   — Моя́ специа́льность...

англи́йская
литерату́ра

архитекту́ра

биоло́гия

исто́рия

ру́сский язы́к

фи́зика

медици́на

му́зыка

фина́нсы

хи́мия

эконо́мика

юриспруде́нция

Други́е специа́льности:

антрополо́гия
компью́терная те́хника
матема́тика
междунаро́дные отноше́ния
педаго́гика
политоло́гия

психоло́гия
ру́сское странове́дение
социоло́гия
филоло́гия
филосо́фия

4. — Что вы изуча́ете?
— Я изуча́ю...

англи́йскую литерату́ру
антрополо́гию
архитекту́ру
биоло́гию
исто́рию
компью́терную те́хнику
матема́тику
междунаро́дные
   отноше́ния
медици́ну
му́зыку
педаго́гику

политоло́гию
психоло́гию
ру́сский язы́к
ру́сское странове́дение
социоло́гию
фи́зику
фина́нсы
филоло́гию
филосо́фию
хи́мию
эконо́мику
юриспруде́нцию

Б. Make three lists of subjects: those you have taken, those you are taking now, and those you need to take.

В. Make a list of the subjects you like the best and the least.

 Г. **Разгово́ры.**

Разгово́р 1. В общежи́тии.
        Разгова́ривают ру́сский и иностра́нец.

1. A Russian is speaking with a foreigner. What nationality is the foreigner?
2. What is he doing in Russia?
3. Where does he go to school in his home country?
4. In which year of university study is he?

Разгово́р 2. В библиоте́ке.
        Разгова́ривают ру́сский и америка́нка.

1. What is the American student doing in Russia?
2. What is her field of study?
3. What does the Russian say about the American's Russian?
4. What is the man's name?
5. What is the woman's name?

Разгово́р 3. Я вас не по́нял!
        Разгова́ривают ру́сский и иностра́нец.

1. One of the participants is a foreigner. What makes that obvious?
2. Where is the foreigner from?
3. What is he doing in Russia?
4. What interests does the foreigner have besides Russian?
5. What are the names of the two speakers?

Язык в действии

🔊 Диалоги

1. **Где вы у́читесь?**

— Где вы у́читесь?
— В Моско́вском университе́те.
— Вот как?! А на како́м ку́рсе?
— На тре́тьем.
— Кака́я у вас специа́льность?
— Журнали́стика.
— Кака́я интере́сная специа́льность!
— Да, я то́же так ду́маю. Вы у́читесь и́ли рабо́таете?

2. **Вы у́читесь и́ли рабо́таете?**

— Вы у́читесь и́ли рабо́таете?
— Я учу́сь.
— В университе́те?
— Нет, в Институ́те иностра́нных языко́в.
— А каки́е языки́ вы зна́ете?
— Я хорошо́ говорю́ по-англи́йски. Я та́кже немно́жко чита́ю и понима́ю по-францу́зски.
— Молоде́ц! А я то́лько немно́жко говорю́ по-ру́сски.

3. **Я изуча́ю ру́сский язы́к.**

— Ли́нда, где ты у́чишься в Аме́рике?
— В Иллино́йском госуда́рственном университе́те.
— Кака́я у тебя́ специа́льность?
— Ещё не зна́ю. Мо́жет быть, ру́сский язы́к и литерату́ра.
— А что ты изуча́ешь здесь, в Росси́и?
— Я изуча́ю ру́сский язы́к.
— Но ты уже́ хорошо́ говори́шь по-ру́сски!
— Нет, что ты! Ру́сский язы́к о́чень тру́дный!

If you are no longer a student, you will want to be able to answer the question **Где вы учи́лись?** (*Where did you study/go to college?*). The answer to this question is marked for gender. A woman says **Я учи́лась в . . . университе́те.** A man says **Я учи́лся в . . . университе́те.**

4. Я изуча́ю англи́йский язы́к.

— Валéра! Что ты читáешь?
— Америкáнский журнáл «Тайм». Очень интерéсный журнáл.
— Ты хорошó читáешь по-англи́йски. Молодéц!
— Не óчень хорошó. Я сейчáс изучáю англи́йский язы́к.
— Где?
— На филологи́ческом факультéте, на кáфедре англи́йского языкá.
— Там хорóшие преподавáтели?
— Конéчно!

5. Вы у́читесь в Амéрике?

— Вы в Амéрике у́читесь?
— Я не пóнял. Как вы сказáли?
— Вы у́читесь в Амéрике?
— В Амéрике? Да, учу́сь. В Джорджтáунском университéте.
— А что вы там изучáете?
— Ру́сский язы́к, политолóгию, а тáкже европéйскую истóрию. Я люблю́ ру́сский язы́к. Ой, у меня́ сейчáс лéкция. До свидáния!
— До свидáния! Я ваш сосéд. Живу́ здесь, в общежи́тии.

Я не пóнял (понялá) *(I didn't catch that).* This phrase is marked for gender. A man says **Я не пóнял,** and a woman says **Я не понялá.**

 А. Уче́бный день. Following the example of the daily planner below, make a schedule of your day.

9.00	*английский язык – фонетика*
10.30	*английский язык – практика*
12.00	*американская литература*
13.30	*обед*
15.00	*дискуссионный клуб*
16.30	*аэробика*
19.30	*кинофильм*

Russians use the 24-hour clock for all schedules. Note that periods, not colons, are used between hours and minutes.

Б. Предме́ты. With your partner, discuss your opinion about the following school subjects. Use adjectives from the column on the right. Make sure they agree with the subject in gender and number.

Образе́ц: — Я ду́маю, что ру́сский язы́к о́чень тру́дный.
        — Я то́же так ду́маю.

              и́ли

        — Я ду́маю, что ру́сский язы́к не тру́дный.

биоло́гия
фи́зика
испа́нский язы́к
неме́цкий язы́к
эконо́мика
филосо́фия
фина́нсы

тру́дный
не тру́дный
интере́сный
не интере́сный

Ме́жду про́чим

Вы́сшее образова́ние в Росси́и

Вуз (вы́сшее уче́бное заведе́ние). Literally "higher learning institute," **Вуз** is the bureaucratic expression that covers all post-secondary schools in Russia. A **вуз** can be a major **университе́т** such as **МГУ (Моско́вский госуда́рственный университе́т)** or a more specialized university, such as **МГЛУ (Моско́вский госуда́рственный лингвисти́ческий университе́т).** Narrower still in focus are the thousands of **институ́ты,** each devoted to its own discipline: **медици́нский институ́т, энергети́ческий институ́т, институ́т ру́сского языка́,** and so forth. Most full-time undergraduates attend college for five years.

The early 1990s saw the rise of more streamlined **колле́джи** and **вы́сшие шко́лы** (schools of higher learning). Many of the newer **колле́джи** are affiliated with more traditional universities. Others are independent entities. Most **ву́зы** are tuition-free for those students who pass fiercely competitive exams. Less talented students may be admitted after paying hefty fees. In the majority of institutions, students declare their major upon application and, if admitted, take a standard set of courses with few electives. Virtually all **ву́зы** are located in large cities. The concept of a college town is alien to Russia.

Факульте́т. Russian universities are made up of units called **факульте́ты,** which are somewhere in size between what Americans call divisions and departments. A typical university would normally include **математи́ческий факульте́т, филологи́ческий факульте́т** (languages, literatures, linguistics), **истори́ческий факульте́т, юриди́ческий факульте́т,** etc.

Ка́федра. It is roughly equivalent to a department. For instance, the **филологи́ческий факульте́т** may include **ка́федра ру́сского языка́, ка́федра англи́йского языка́,** and other individual language **ка́федры.**

Давайте поговорим

А. Подготóвка к разговóру. Review the dialogs. How would you do the following?

1. Tell someone where you go (or went) to school.
2. Say what year of college you are in.
3. Tell someone what your major is.
4. Tell someone what languages you know and how well.
5. Tell someone where you live.
6. Tell someone what courses you are taking.
7. Express agreement with an opinion.
8. Respond to a compliment.
9. State that you missed something that was said.

Б. На какóм кýрсе ты ýчишься? Ask what year your classmates are in. Find out what courses they are taking. Report your findings to others in the class.

В. Автобиогрáфия. You are in a Russian classroom on the first day of class. The teacher has asked everybody to tell a bit about themselves. Be prepared to talk for at least one minute without notes. Remember to say what you can, not what you can't!

Г. Игровы́е ситуáции.

1. Start up a conversation with someone at a party in Moscow and make as much small talk as you can. If your partner talks too fast, explain the state of your Russian to slow the conversation down. When you have run out of things to say, close the conversation properly.
2. You are talking to a Russian who knows several languages, but not English. Find out as much as you can about your new friend's language background.
3. Now imagine that you are in your own country. You are a newspaper reporter. Interview a Russian exchange student whose English is minimal.
4. Working with a partner, prepare and act out a situation of your own that deals with the topics of this unit. Remember to use what you know, not what you don't.

Д. Устный перево́д. The verbs **говори́ть** — *to say*, **ду́мать** — *to think*, **спра́шивать** — *to ask*, and **отвеча́ть** — *to answer* allow you to speak about a third person in the interpreting exercises: *She says that..., He thinks..., They are asking...*, etc. Below you see some lines that might come up in interpreting. Practice changing them from direct speech into indirect speech.

AMERICAN AND UKRAINIAN	INTERPRETER
— What's your name and patronymic?	— **Он спра́шивает, как ва́ше и́мя-о́тчество.**
— **Меня́ зову́т Кири́лл Па́влович.**	— He says his name is Kirill Pavlovich.
— What's your last name?	
— **Са́венко.**	
— Is that a Ukrainian last name?	
— **Украи́нская.**	
— Where do you live?	
— **Здесь, в Москве́. А вы, ка́жется, америка́нец?**	
— Yes.	

Now use the verbs you have just practiced in the interpreting situation below.

A reporter wants to interview a visiting Russian student and has asked you to interpret.

ENGLISH SPEAKER'S PART

1. What's your name?
2. What's your last name?
3. Where do you go to school?
4. Which university?
5. That's very interesting. In what department?
6. So your major is history?
7. That's very good. Do you know English?
8. Are you studying English now?
9. Good-bye.

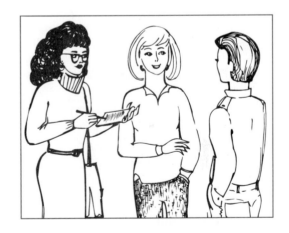

☰ Давайте почитаем

A. Приложе́ние к дипло́му.

1. What courses would you expect to find in an official transcript for a journalism major in your country? Which courses are required for everyone receiving a university degree? Which are specific to a journalism major?
2. Read through the transcript on the next page.
   a. Which subjects listed in the transcript are similar to those taken by journalism majors in your country?
   б. Which subjects would not normally be taken by journalism majors in your country?

Ме́жду про́чим

The Russian Grade System

The following grades are recorded in Russian transcripts:

отли́чно — *excellent* (5)
хорошо́ — *good* (4)
удовлетвори́тельно — *satisfactory* (3)
неудовлетвори́тельно — *unsatisfactory* (2)

Students can take some courses on a pass/fail basis. A passing grade in this document is recorded as **зачёт.**

When talking about grades, students most often refer to them by number:

	пятёрку (5)
	четвёрку (4)
Я получи́л(а)	**тро́йку** (3)
	дво́йку (2)
	едини́цу (1)

Although a **едини́ца** (1) is technically the lowest grade a student can receive, in reality a **дво́йка** (2) is a failing grade and **едини́цы** are rarely given.

Приложение к диплому № ЦВ 079319

ВЫПИСКА ИЗ ЗАЧЕТНОЙ ВЕДОМОСТИ
(без диплома недействительна)

За время пребывания на факультете журналистики Московского государственного университета имени М.В. Ломоносова с 1993 по 1993 г. Кузнецов Степан Николаевич сдал следующие дисциплины по специальности: журналистика.

Наименование дисциплины .... Оценка

История России	хорошо
Политическая экономика	удовлетв.
История русской философии	удовлетв.
История зарубежной философии	хорошо
Эстетика	зачёт
История религии	зачёт
История новейшего времени	зачёт
Методика конкретных исследований	хорошо
Российское право	хорошо
Актуальные проблемы журналистики	хорошо
Основы экономики	удовлетв.
Логика	удовлетв.
Введение в литературоведение	зачёт
История русской литературы	зачёт
Литературная художественная критика	удовлетв.
История зарубежной литературы	отлично
Основы журналистики	отлично
История русской журналистики	хорошо
История зарубежной печати	хорошо
Современные СМИ	отлично
Современный русский язык	хорошо
Практическая стилистика русского языка	отлично
Литературное редактирование	отлично
Иностранный язык немецкий..................................	хорошо
Журналистское мастерство	хорошо
Современные технические средства журналистики	хорошо
Техника СМИ	зачёт
Физическое воспитание	зачёт
Дисциплины специализации:	хорошо
Теория и практика периодической печати	зачёт
Курсовые работы:I курс	хорошо
II курс	хорошо
III курс	хорошо
IV курс	отлично

Между прочим

Notice that the name of the university is followed by the phrase **и́мени М. В. Ломоно́сова** *(named in honor of . . .)*. **Михаи́л Васи́льевич Ломоно́сов,** a founder of Moscow University in 1755, was a scientist, tinkerer, poet, and linguist (somewhat like Benjamin Franklin). He also wrote one of the first Russian grammars.

3. Read the transcript again and see if you can determine the following.
   a. To whom was the transcript issued?
   б. What university issued it?
   в. What kind of grades did this student receive?
4. Go over the transcript again and find all the courses having to do with history.
5. Find Russian equivalents for these words.
   a. history of Russia
   б. esthetics
   в. foundations of economics
   г. logic
   д. foundations of journalism
   е. physical education
6. List five courses you would be most and least interested in taking.
7. **Но́вые слова́**

   актуа́льный — current (*not* "actual")
   введе́ние в литературове́дение — introduction to literature studies
   журнали́стское мастерство́ — the art of good journalism
   зарубе́жный — foreign
   литерату́рная худо́жественная кри́тика — literary criticism
   мето́дика конкре́тных иссле́дований — methods of applied research
   нове́йшее вре́мя — present day; current time
   печа́ть — press (печа́ти — of the press)
   редакти́рование — editing
   СМИ — сре́дства ма́ссовой информа́ции — mass media;
      сре́дство — medium, method
   совреме́нный — modern

Using the words in the list above, you should be able to figure out the following course names:

исто́рия зарубе́жной филосо́фии, исто́рия нове́йшего вре́мени, актуа́льные пробле́мы журнали́стики, исто́рия зарубе́жной литерату́ры, исто́рия зарубе́жной печа́ти, совреме́нные СМИ, совреме́нный ру́сский язы́к, литерату́рное редакти́рование, совреме́нные техни́ческие сре́дства журнали́стики, те́хника СМИ, тео́рия и пра́ктика периоди́ческой печа́ти

Б. Нижегоро́дский госуда́рственный университе́т. You are asked to find some information from a brochure about the University of Nizhny Novgorod.

1. **Background information.** Until recently Russian universities offered degrees whose titles, even when translated into English, would puzzle any North American registrar. Students who graduate from most Russian colleges get a **дипло́м.** They can go on to graduate school to earn the title of **кандида́т нау́к** (*candidate of science*), which requires extra coursework, comprehensive examinations, and a thesis. The requirements for such a degree are generally more rigorous than for a Master's Degree but less demanding than for a Ph.D. in the United States. The degree of **до́ктор нау́к** is harder to obtain than a Ph.D. and requires a published dissertation.

Нижегородский государственный университет им.[1] Н.И.Лобачевского
Аббревиатура: **ННГУ**

Нижегородский государственный университет имени Н.И.Лобачевского создан в 1918 г. Университет один из ведущих вузов[2] страны[3].

В настоящее время[4] в состав университета входят 14 факультетов:

1. Биологический факультет
2. Химический факультет
3. Факультет истории, социальных наук и международных отношений (специальности: история, социология, социальная работа)
4. Радиофизический факультет
5. Факультет прикладной[5] физики и микроэлектроники
6. Механико-математический факультет
7. Экономический факультет (специальности: экономика и менеджмент)
8. Факультет вычислительной[6] математики и кибернетики (специальности: прикладная математика и информатика)
9. Филологический факультет
10. Высшая школа общей и прикладной физики
11. Юридический факультет (специальности: правоведение, юриспруденция)
12. Финансовый факультет
13. Центр информатизации Высшей Школы
14. Высший колледж управления и предпринимательства[7]
    Колледж создан в 1995 г. В настоящее время в Высшем колледже обучается около 600 студентов по 6 специальностям и направлениям: "юриспруденция" (специалист), "правоохранительная деятельность" [8] (средне-специальное образование), "бухгалтерский учет[9] и аудит" (специалист), "финансы и кредит" (специалист), "социальная работа" (специалист), "менеджмент" (магистр, совместная русско-американская программа подготовки магистров в области управления бизнесом).

В состав университета также входят 4 научно-исследовательских института[10]: Исследовательский физико-технический, НИИ химии, НИИ прикладной математики и кибернетики, НИИ механики. Кроме этого, университет имеет обширную библиотеку с фондом более 1 млн. книг, издательство[11], региональный центр новых информационных технологий.

В университете сейчас получают образование[12] около 10 тысяч студентов. Среди преподавателей и научных сотрудников насчитывается 131 доктор и 448 кандидатов наук.

Нижегородский университет имеет высокий международный рейтинг. По американским данным (The Gourman Report. A Rating of Graduate and Professional Programs in American and International Universities. Fifth Edition Revised Dr. Jack Gourman), он занимает 46 место среди 75 ведущих университетов мира, и в этой мировой табели о рангах находится, например, перед[13] университетами Лондона, Токио, Мадрида, Болоньи.

Нижегородский университет первым в Российской Федерации прошел государственную аттестацию и с 1992 года проводит обучение по программам, предусматривающим присвоение:
• степени бакалавра наук (4 года обучения, базовое высшее образование);
• степени магистра наук (5–7 лет[14] обучения, полное высшее образование);
• звание дипломированного специалиста (5–6 лет обучения, полное высшее образование).

[1]и́мени — *named in honor of* [2]вуз — вы́сшее уче́бное заведе́ние — lit. *higher learning institution* [3]*of the country* [4]*at the current time* [5]*applied* [6]*computational* [7]*management and entrepreneurship* [8]*law enforcement* [9]*accounting* [10]научно-иссле́довательский институ́т (НИИ) — *scientific research institute* [11]*publishing house* [12]*to receive an education* [13]*ahead of* [14]Both года and лет mean *years.*

Many Russian colleges have begun to introduce Western-style degrees: Bachelor's (**сте́пень бакала́вра нау́к**) and Master's (**сте́пень маги́стра нау́к**). In addition, some institutions have introduced a degree called **дипломи́рованный специали́ст** *(certified specialist)*.

Many Russian universities have opened new special-purpose schools. The "Higher College of Management and Entrepreneurship" is one such specialized division of the University of Nizhny Novgorod.

2. **What's it all about?** The brochure on p. 103 gives you a lot of information. Before looking for the details, get a feel for what you are likely to find. Remember: don't try to read word for word.
   а. What is the purpose of the list in the top half of the page?
   б. What is the topic of the paragraph with the numbers 10 thousand, 131, and 448?
   в. What is the topic of the paragraph that mentions the Gourman report?
   г. What is the purpose of the list in the last paragraph?

3. **Going for details.**
   а. Judging from the list of departments, what are this school's strengths?
   б. Are there any departments not listed that you might expect at a major university?
   в. What can you say about the library facilities?
   г. What did you learn about the qualifications of the faculty?
   д. Name two things you learned about the Higher College of Management and Entrepreneurship.
   е. What did you find out about the university's international rating as compared to 75 other schools?
   ж. What degrees are offered, and how many years of study does it take to get each?

Между прочим

Никола́й Ива́нович Лобаче́вский (1792–1856) was the founder of non-Euclidean geometry.

4. **Russian from context.** Despite the daunting number of new words in the brochure, you can get much of the meaning through context. Go back through the text and locate the Russian for the phrases listed below. They are given in the order of their appearance in the brochure.

    а. social work
    б. according to American information
    в. occupies *n*th place of the *n* leading universities of the world
    г. was the first to pass state accreditation

5. **Meaning from context.** You can often make educated guesses at meaning by knowing what the text is "supposed" to say. This is a brochure extolling the virtues of the University of Nizhny Novgorod. Based on that, make an educated guess about the meaning of the underlined words in the following sentences and choose the correct meaning from the choices in English on the right.

Университéт <u>сóздан</u> в 1918 г.	*(a) was created; (b) was closed*
Университéт одѝн из <u>ведýщих</u> вýзов странѝ.	*(a) surviving; (b) passing; (c) leading*
<u>В состáв университéта вхóдят</u> 14 факультéтов.	*(a) Included in the university's structure;* *(b) Unacceptable in the university's programs;* *(c) Absent from the university's programs*
Университéт <u>имéет</u> обшѝрную библиотéку.	*(a) denies; (b) indicates; (c) possesses*
Университéт имéет <u>обшѝрную</u> библиотéку.	*(a) high; (b) extensive; (c) average*

6. **Words that look alike.** Russian is a great borrower of words. But when borrowed, the words can change shape. What is the meaning of these borrowed words?

кибернéтика (What sometimes happens to English *cy-*?)

áудит

региональный центр (What sometimes happens to English *g* pronounced as *j*?)

7. **New words from old.** You know the verb **учѝться** — *to study, to go to school.* The verb **обучáться** is a higher-style synonym. What then does the noun **обучéние** mean? Find both new words in the text.

▣ Давайте послушаем

Казанский государственный университет. You will hear segments of an opening talk from an assistant dean of Kazan State University to visiting American students. First, read through the exercises below. Then listen to the talk and complete the exercises.

1. Imagine that you are about to make a welcoming speech to a group of foreign students who have just arrived at your university. What four or five things would you tell them?

2. The assistant dean's remarks can be broken up into a number of topic areas. Before you listen to the talk, arrange these topics in the order you think they may occur:
   а. composition of the student body
   б. foreign students
   в. foreign students from North America
   г. good luck wishes
   д. opening welcome
   е. structure of the university
   ж. things that make this school different from others

   Now listen to the talk to see if you were correct.

3. Listen to the talk again with these questions in mind.
   а. How many departments does the university have?
   б. Kazan State University has two research institutes and one teaching institute. Name at least one of them.
   в. Name one other university resource.
   г. How big is the library?
   д. Name five subjects that students can major in.
   е. Name at least one language department that was mentioned.
   ж. How many students are studying at the university?
   з. What department hosts most of the students from the U.S. and Canada?
   и. Name two other departments that have hosted North American students.
   к. The assistant dean says that two Americans were pursuing interesting individual projects. Name the topic of at least one of the two projects.

4. The lecturer mentions the Commonwealth of Independent States (CIS), a loose political entity made up of many of the republics of the former Soviet Union. Listen to the lecture once again to catch as many names as you can of places in the **Содружество Независимых Государств (СНГ).**

В помощь учащимся

4.1 Учи́ться

— Вы **у́читесь** и́ли рабо́таете?   Do you *go to school* or work?
— Я **учу́сь.**   I *go to school.*

The **-ся** or **-сь** at the end of this verb makes it look different from other verbs you have learned. The verb endings before this particle, however, are regular second-conjugation endings, with application of the 8-letter spelling rule. Here is the complete conjugation of **учи́ться:**

учи́ться (to study, be a student)	
я	уч - у́ -сь
ты	у́ч - ишь - ся
он/она́	у́ч - ит - ся
мы	у́ч - им - ся
вы	у́ч - ите - сь
они́	у́ч - ат - ся

The 8-letter spelling rule
After the letters **к, г, х, ш, щ, ж, ч, ц**, write **-у** instead of **-ю**, and **-а** instead of **-я.**

Упражнение

Запо́лните про́пуски. Fill in the blanks with the appropriate form of the verb **учи́ться.**

— Ты _____ и́ли рабо́таешь?
— Я _____ в университе́те.
— Пра́вда? А мой брат то́же там _____ !
— А я ду́мала, что твой брат рабо́тает.
— Мы с бра́том* рабо́таем ве́чером, а днём мы _____ .

*мы с бра́том — *my brother and I*

➤ *Complete Oral Drills 1–2 in the Workbook.*

4.2   The Prepositional Case: на

You already know that the prepositional case is used after the preposition **в** to indicate location. The preposition **на** is used instead of **в** in the following situations:

- to indicate *on*:   на столе́   *on the table*

- with activities: на ле́кции   *in class*
                                     на бале́те   *at a ballet*
                                     на рабо́те   *at work*

- with certain words, which must be memorized:
                                     на факульте́те   *in the division (of a college)*
                                     на ка́федре   *in the department (of a college)*
                                     на ку́рсе   *in a year (first, second, etc.)*
                                                          of college

The glossaries and word lists in this book list words that must be memorized as "**на** words" like this: **факульте́т (на).**

Упражнения

A.   Запо́лните про́пуски. Fill in the blanks with either **в** or **на.**

1. Ната́ша у́чится _____ четвёртом ку́рсе _____ институ́те _____ Росси́и. Там она́ у́чится _____ филологи́ческом факульте́те, _____ ка́федре испа́нского языка́. Живёт она́ _____ Смоле́нске _____ большо́м общежи́тии.

2. Ко́стя живёт_____ Москве́, где он у́чится _____ Моско́вском госуда́рственном лингвисти́ческом университе́те. Он _____ пе́рвом ку́рсе. Его́ брат то́же студе́нт. Он у́чится _____ энергети́ческом институ́те,_____ тре́тьем ку́рсе.

3. Ла́ра сейча́с _____ университе́те, _____ ле́кции. Её сестра́ _____ рабо́те.

Б.   Соста́вьте предложе́ния. Form ten sentences in Russian by combining words from the columns below. Make the verbs agree with their grammatical subjects. Put the words following **в** or **на** into the prepositional case. Pay special attention to which words will be used with **в** and which with **на.**

я			филологи́ческий факульте́т
мы			Моско́вский университе́т
профе́ссор	учи́ться	в	пе́рвый курс
э́тот студе́нт	рабо́тать	на	Росси́я
вы			Институ́т иностра́нных языко́в
ты			ка́федра англи́йского языка́

➤   *Complete Oral Drill 3 and Written Exercises 1–5 in the Workbook.*

4.3 Studying: учи́ться vs. изуча́ть

— Где вы **у́читесь?**	Where do you *go to school*?
— Я **учу́сь** в Га́рвардском университе́те.	*I go* to Harvard.
— А что вы там **изуча́ете?**	What do you *study* there?
— Фи́зику.	Physics.
— Вы хорошо́ **у́читесь?**	Do you *do* well in school?
— Да, хорошо́.	Yes, I do.

Russian has several verbs that correspond to the English verb *study*. These Russian verbs are used in different situations.

The verb **учи́ться** is used to express that someone is a student or goes to school somewhere. It can also be used to indicate what kind of a student someone is.

The verb **изуча́ть,** on the other hand, is used to indicate what subject one is taking; the subject studied must always be mentioned when this verb is used.

	учи́ться	**изуча́ть (что)**
No complement	**Я учу́сь.** *I'm a student.*	
Place (**где?**)	**Я учу́сь в Моско́вском университе́те.** *I go to Moscow University.*	
Adverb (**как?**)	**Я хорошо́ учу́сь.** *I do well in school.*	
Direct object (**что?**) (e.g., school subject)		**Я изуча́ю фи́зику.** *I take physics.*

Упражнения

А. Как по-ру́сски?

— Where do you (**ты**) study?
— At Michigan State University.
— What do you (**ты**) take?
— Spanish.
— Do you do well?
— Yes, I do well.

Б. **О себе.** Ответьте на вопросы.

1. Вы учитесь или работаете? Где? Что вы изучаете?
2. Ваша сестра* учится? Где? Что она изучает?   *сестра — *sister;* брат — *brother*
3. Ваш брат* учится? Где? Что он изучает?
4. Ваши родители учились? Где?

➤ *Review Oral Drills 1–3 and Complete Oral Drill 4 in the Workbook.*

4.4 The Accusative Case

In Russian the accusative case is used for **direct objects.** A direct object is a noun or a pronoun that receives the action of the verb. The direct objects in the following Russian sentences are in boldface.

Я знаю **русский язык.**	I know *Russian (language).*
Я люблю **русскую литературу.**	I love *Russian literature.*
Я изучаю **русское страноведение.**	I take *Russian area studies.*
Я читаю **интересные книги.**	I read *interesting books.*

Упражнение

Which of the following words are direct objects?

On Friday we heard an interesting lecture on Russian art. The speaker has studied art for several decades. She concentrated on nineteenth-century paintings.

The accusative case of modifiers and nouns

The accusative singular endings for most feminine phrases are **-ую** for adjectives and **-у** for nouns:

NOMINATIVE	ACCUSATIVE	
н**о́вая** кни́г**а**	н**о́вую** кни́г**у**	*new book*
интере́сн**ая** газе́т**а**	интере́сн**ую** газе́т**у**	*interesting newspaper*
вычисли́тельн**ая** те́хник**а**	вычисли́тельн**ую** те́хник**у**	*computer science*
ру́сск**ая** литерату́р**а**	ру́сск**ую** литерату́р**у**	*Russian literature*

If the feminine noun ends in **-я,** its accusative ending is spelled **-ю** (this keeps the stem soft):

NOMINATIVE	ACCUSATIVE	
неме́цк**ая** филосо́фи**я**	неме́цк**ую** филосо́фи**ю**	*German philosophy*
ру́сск**ая** исто́ри**я**	ру́сск**ую** исто́ри**ю**	*Russian history*

Feminine nouns ending in **-ь** look the same in the accusative case as they do in the nominative case. The adjectives that modify them, however, still take the **-ую** ending:

NOMINATIVE	ACCUSATIVE	
но́в**ая** за́пис**ь**	но́в**ую** за́пис**ь**	*new recording*
интере́сн**ая** специа́льнос**ть**	интере́сн**ую** специа́льнос**ть**	*interesting major/specialty*

The feminine possessive pronouns (**моя́, твоя́, на́ша, ва́ша**), the question word **чья,** and the demonstrative pronoun **э́та** end in **-у** or **-ю** in the accusative case:

NOMINATIVE	ACCUSATIVE	
мо**я́** за́пис**ь**	мо**ю́** за́пис**ь**	*my recording*
тво**я́** кни́г**а**	тво**ю́** кни́г**у**	*your book*
на́ш**а** газе́т**а**	на́ш**у** газе́т**у**	*our newspaper*
ва́ш**а** ма́йк**а**	ва́ш**у** ма́йк**у**	*your T-shirt*
чь**я** ви́з**а**	чь**ю** ви́з**у**	*whose visa*
э́т**а** деклара́ци**я**	э́т**у** деклара́ци**ю**	*this declaration*

For all other phrases (masculine singular, neuter singular, all plurals) the accusative endings are

- the same as the nominative endings *if the phrase refers to something inanimate (not a person or animal):*

NOMINATIVE	ACCUSATIVE	
но́в**ый** журна́л ∅	но́в**ый** журна́л ∅	*new magazine*
ста́р**ый** слова́р**ь**	ста́р**ый** слова́р**ь**	*old dictionary*
интере́сн**ое** письмо́	интере́сн**ое** письмо́	*interesting letter*
но́в**ые** журна́л**ы**	но́в**ые** журна́л**ы**	*new magazines*
ста́р**ые** словар**и́**	ста́р**ые** словар**и́**	*old dictionaries*
интере́сн**ые** пи́сьм**а**	интере́сн**ые** пи́сьм**а**	*interesting letters*
междунаро́дн**ые** отноше́ни**я**	междунаро́дн**ые** отноше́ни**я**	*international relations*
ру́сск**ие** кни́г**и**	ру́сск**ие** кни́г**и**	*Russian books*

- the same as the genitive endings *if the phrase refers to something animate* (a person or animal). You will learn these endings for singular noun phrases in Unit 7, and for plural noun phrases in Book Two.

ACCUSATIVE CASE OF ADJECTIVES AND NOUNS — SUMMARY				
	Masculine singular	**Neuter singular**	**Feminine singular**	**Plural**
Nominative	но́в**ый** чемода́н∅ (больш**о́й**)	но́в**ое** письмо́	но́в**ая** ви́за	но́в**ые** чемода́н**ы**
Accusative inanimate animate	*like nominative* *like genitive*	*like nominative* —	но́в**ую** ви́з**у** но́в**ую** студе́нтк **у**	*like nominative* *like genitive*

Notes

1. The accusative singular of feminine nouns ending in **-ь** is the same as the nominative case: **мать → мать, дочь → дочь.**

2. Nouns ending in **-а** or **-я** that refer to men and boys decline like feminine nouns: **Мы зна́ем Ди́му и Ва́ню.**

3. The possessive pronouns **его́** — *his,* **её** — *her,* and **их** — *their* never change their form: **Вы зна́ете его́ ма́му? Я чита́ю её журна́л. Она́ чита́ет их письмо́.**

Упражнение

Запо́лните про́пуски. Fill in the blanks with adjectives and nouns in the accusative case.

— Ко́стя, ты чита́ешь _____ (ру́сские газе́ты)?

— Да, я чита́ю _____ _____ («Моско́вские но́вости») и _____ («Аргуме́нты и фа́кты»).

— Я люблю́ _____ (ру́сские журна́лы) то́же. Я, наприме́р, регуля́рно чита́ю _____ («Но́вый мир») и _____ («Огонёк»).

— А _____ (каки́е газе́ты) ты чита́ешь?

— Я чита́ю _____ («Литерату́рная газе́та»), потому́ что я люблю́ _____ (ру́сская литерату́ра).

➤ *Complete Oral Drills 8–10 and Written Exercises 6–8 in the Workbook. Do Written Exercise 6 before you do the Oral Drills.*

4.5   Conjunctions

Жéня спрáшивает, **где** ýчится Ивáн.	Zhenya asks *where* Ivan goes to school.
Я дýмаю, **что** Ивáн ýчится здесь.	I think *(that)* Ivan goes to school here.
Я отвечáю, **что** Ивáн ýчится здесь.	I answer *that* Ivan goes to school here.
Но я не знáю, **как** он ýчится.	But I don't know *how* he studies (how good a student he is).
Он ýчится на филологи́ческом факультéте, **потомý что** он лю́бит литератýру.	He studies in the department of languages and literatures *because* he loves literature.

Clauses such as **я говорю́, мы дýмаем, онá знáет** may begin sentences such as *I say that…, We believe that…, She knows that…*, etc.

Note that Russian uses **что** where English uses *that*. But whereas the word *that* is often optional in English, the Russian **что** is obligatory.

In Russian a comma is used before the conjunctions **где, что, как,** and **потомý что.** In fact, in Russian a comma is always used between clauses.

Упражнения

A.   Запóлните прóпуски. Fill in the blanks.

Ми́ла дýмает, _____ Кóля хорошó говори́т по-англи́йски. Онá дýмает, _____ Кóля изучáет англи́йский язы́к. Она спрáшивает Колю, _____ он ýчится. Кóля отвечáет, _____ он ýчится в университéте. Но он не изучáет англи́йский язы́к. Он хорошó говори́т по-англи́йски, _____ егó роди́тели говоря́т по-англи́йски дóма.

Б.   О себé. Отвéтьте на вопрóсы.

1. Почемý вы изучáете рýсский язы́к?
2. Почемý вы ýчитесь в э́том университéте?
3. Вы дýмаете, что рýсский язы́к трýдный и́ли не трýдный?

В.   О рýсской культýре. Отвéтьте на вопрóсы.

1. Вы знáете, каки́е газéты читáют рýсские студéнты?
2. Вы знáете, где живýт рýсские студéнты?
3. Вы знáете, каки́е факультéты есть в Москóвском университéте?

➤   *Complete Oral Drills 11–12 in the Workbook.*

4.6   Also: то́же vs. та́кже

— Журнали́стика интере́сная специа́льность. | Journalism is an interesting major.
— Я **то́же** так ду́маю. | I *also* think so.

— А каки́е языки́ вы зна́ете? | What languages do you know?
— Я хорошо́ говорю́ по-англи́йски. Я **та́кже** немно́жко чита́ю и понима́ю по-францу́зски. | I speak English well. I *also* read and understand a little French.

At first glance, it looks as if Russian has two words for *too* or *also*. However, **то́же** and **та́кже** are not synonyms. **То́же** adds the immediately *preceding* phrase to the "list," whereas **та́кже** adds the phrase at the *end* of the sentence to the "list."

то́же:

— Журнали́стика интере́сная специа́льность.

— Я *то́же* так ду́маю. (**То́же** adds the immediately preceding **я** to the "list" of people who think this way.)

Со́ня у́чится в институ́те. Же́ня *то́же* у́чится там. (**То́же** adds the immediately preceding **Же́ня** to the "list" of people who attend the institute.)

та́кже:

Я хорошо́ говорю́ по-англи́йски. Я *та́кже* немно́жко чита́ю и понима́ю по-францу́зски. (**Та́кже** adds French, at the end of the sentence, to the "list" of languages.)

Анто́н у́чится. Он та́кже рабо́тает в магази́не. (**Та́кже** adds working in the store to the "list" of activities.)

There's a little test that you can perform for the correct use of **то́же**.

1. Construct a Russian sentence where you have doubts about **то́же** or **та́кже**.
   а. Вы зна́ете англи́йский язы́к? Я (**то́же? та́кже?**) говорю́ по-англи́йски!
   б. Я зна́ю англи́йский язы́к. Я (**то́же? та́кже?**) говорю́ по-ру́сски.

2. Translate the sentences in question into English. Translate the **то́же/та́кже** choice as "too," (not "also") and place it in the exact same position in the English sentence as it appeared in the Russian sentence:

   а. Вы зна́ете англи́йский язы́к? Я (то́же? та́кже?) говорю́ по-англи́йски!
      You know English?   I   *too*   speak English!

If you end up with a formal-sounding sentence that makes sense in English, use **тóже**:

Вы знáете англи́йский язы́к? Я <u>тóже</u> говорю́ по-англи́йски!

6. Я знáю англи́йский язы́к. Я (тóже? тáкже?) говорю́ по-ру́сски.
I know English.   I   *too*   speak Russian.

If you end up with English nonsense, use **тáкже**:

Я знáю англи́йский язы́к. Я <u>тáкже</u> говорю́ по-ру́сски.

There is one more hard and fast rule about the use of **тáкже**. Whenever you have the urge to start a phrase with "and also...," never use **и тóже**; use **а тáкже** instead.

We take history, math, *and also* music.   Мы изучáем истóрию, матемáтику, **а тáкже** му́зыку.

Упражнения

А. **Запóлните прóпуски.** Fill in the blanks with **тóже** or **тáкже**.

— Студéнты нáшего филологи́ческого факультéта изучáют таки́е языки́, как францу́зский и испáнский, а _____ экзоти́ческие, как урду́ и́ли банту́. Тóня, напримéр, изучáет вьетнáмский язы́к, а _____ немнóго читáет по-корéйски.
— Как интерéсно! Моя́ сосéдка Анна _____ знáет корéйский язы́к. Онá специали́ст по языкáм Áзии. Онá _____ понимáет по-япóнски. Онá говори́т, что япóнский язы́к óчень тру́дный. Сейчáс онá ду́мает изучáть кита́йский язы́к.
— А я ду́маю, что кита́йский язы́к _____ тру́дный.
— Я_____ так ду́маю.

Б. **Запóлните прóпуски.** Fill in the blanks with **тóже** or **тáкже**.

1. —Пéтя у́чится в университéте. А Мáргарет?
   —Мáргарет _____ у́чится в университéте.

2. —Андрéй изучáет междунарóдные отношéния?
   —Да, и он _____ изучáет ру́сскую истóрию.

3. —Анна Семёновна читáет по-болгáрски?
   —Да, и онá _____ читáет по-украи́нски.

4. —Лоррэ́йн у́чится на пéрвом ку́рсе?
   —Да, и я _____ на пéрвом ку́рсе.

5. —Ты читáешь ру́сские журнáлы?
   —Да, и я _____ читáю немéцкие журнáлы.

Обзорные упражнения

 А. Звуково́е письмо́. Instead of a letter, you got a cassette recording from a Russian student seeking an American pen pal.

1. Before you listen, jot down three topics you expect to find in such a letter. Then listen to see if these topics are indeed addressed.
2. Listen to the letter again and write down as many facts as you can.
3. Answer the letter. Remember to use what you know, not what you don't know.

Б. Письмо́. Sara Frankel has prepared a letter for a Russian pen-pal organization, and has asked you to translate it into Russian. Before you start translating, remember that a good translator tries to find the best functional equivalent, rather than translate word for word.

October 5

Hello! Let me introduce myself. My name is Sara. I go to Georgetown University, where I am a freshman. I live in a dorm. My major is American literature, but I also take history, international relations, French, and Russian. I study Russian because I think it is very beautiful, but I know it (**его**) poorly.

The library at our university is large. We read American and French newspapers and magazines in the library. I like the university very much.

Where do you go to school, and where do you live? Do you know English? Do you like music? I like American and Russian rock.

Yours,

Sara Frankel

Words you will need:

October 5	**5.10**
library	**библиоте́ка**
(do) you like	**вы лю́бите**
rock	**рок**

Capitalize all forms of **Вы** and **Ваш** in the letter.

В.   Статья́ в газе́те. You have been asked to write a feature article on a visiting Russian exchange student (**стажёр**) for your newspaper.

1. Prepare to interview the exchange student by writing a list of questions to ask in Russian.
2. Your teacher will play the role of the visiting student. Find out the answers to your questions. Keep notes during the interview.
3. Write your short article. The article will be *in English*, and will show the extent to which you understood the visiting student's answers.

Г.   Интервью́. Listen to a recording of an interview with a foreign student studying in Russia. For some reason the interviewer's questions were erased. Write down the questions that must have been asked.

Новые слова и выражения

NOUNS

антрополо́гия	anthropology
архитекту́ра	architecture
аспиранту́ра	graduate school
биоло́гия	biology
журнали́стика	journalism
Институ́т иностра́нных языко́в	Institute of Foreign Languages
исто́рия	history
ка́федра (на)	department
ка́федра ру́сского языка́	Russian department
ка́федра англи́йского языка́	English department
курс (на)	course, year in university or institute
компью́терная те́хника	computer science
литерату́ра	literature
матема́тика	mathematics
медици́на	medicine
междунаро́дные отноше́ния	international affairs
му́зыка	music
образова́ние	education
вы́сшее образова́ние	higher education
педаго́гика	education (a subject in college)
политоло́гия	political science
преподава́тель	teacher in college
преподава́тель ру́сского языка́	Russian language teacher
психоло́гия	psychology
рабо́та (на)	work
Росси́я	Russia
сосе́д (pl. сосе́ди)/сосе́дка	neighbor
социоло́гия	sociology
специа́льность (fem.)	major
стажёр	a student in a special course not leading to degree; used for foreign students doing work in Russian
странове́дение	area studies
ру́сское странове́дение	Russian area studies
факульте́т (на)	department
фи́зика	physics
филоло́гия	philology (study of language and literature)
филосо́фия	philosophy
фина́нсы	finance
хи́мия	chemistry
эконо́мика	economics
юриспруде́нция	law

ADJECTIVES

второ́й	second
госуда́рственный	state
европе́йский	European
иностра́нный	foreign
моско́вский	Moscow
пе́рвый	first
полити́ческий	political
пя́тый	fifth
тре́тий (тре́тье, тре́тья, тре́тьи)	third
тру́дный	difficult
филологи́ческий	philological *(relating to the study of language and literature)*
четвёртый	fourth
экономи́ческий	economics

VERBS

ду́мать (ду́маю, ду́маешь, ду́мают)	to think
изуча́ть (что) (изуча́ю, изуча́ешь, изуча́ют)	to study, take a subject *(must have a direct object)*
отвеча́ть (отвеча́ю, отвеча́ешь, отвеча́ют)	to answer
рабо́тать (рабо́таю, рабо́таешь, рабо́тают)	to work
спра́шивать (спра́шиваю, спра́шиваешь, спра́шивают)	to ask
учи́ться (учу́сь, у́чишься, у́чатся)	to study, be a student *(cannot have direct object)*

ADVERBS

ещё	still
та́кже	also, too *(see 4.6)*
то́же	also, too *(see 4.6)*
уже́	already

PREPOSITIONS

в (+ *prepositional case*)	in, at
на (+ *prepositional case*)	in, on, at

CONJUNCTIONS

где	where
и́ли	or
как	how
потому́ что	because
что	that, what

OTHER WORDS AND PHRASES

Вот как?!	Really?!
коне́чно	of course
люблю́ (я)	I like, I love
мо́жет быть	maybe
на како́м ку́рсе	in what year (in university or institute)
Я не по́нял (поняла́).	I didn't catch (understand) that.
Я получи́л(а).	I received.
Я учи́лся (учи́лась).	I was a student.

NUMBERS

31–50 (for understanding)

PERSONALIZED VOCABULARY

_____

_____

_____

_____

_____

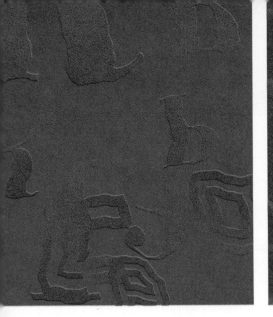

5

Распорядок дня

Коммуникативные задания

❖ Talking about daily activities and schedules
❖ Asking and telling time on the hour
❖ Making and responding to simple invitations
❖ Talking on the phone
❖ Reading and writing notes and letters

В помощь учащимся

❖ **В** + accusative case for clock time and days of the week
❖ **Утром, днём, ве́чером,** and **но́чью**
❖ **Занима́ться** vs. **учи́ться** vs. **изуча́ть**
❖ Going: **идти́** vs. **е́хать; идти́** vs. **ходи́ть**
❖ Questions with **где** and **куда́**
❖ **В/на** + accusative case for direction
❖ Expressing necessity: **до́лжен, должна́, должны́**
❖ Introduction to past tense for reading
❖ **Workbook:** Consonant devoicing and assimilation

Между прочим

❖ The Russian calendar
❖ Russian students' daily schedule

О чём идёт речь?

А. **Что я де́лаю?** Which activities are typical for you? Pick and arrange them in chronological order from the list below.

принима́ю душ

иду́ домо́й

убира́ю ко́мнату

отдыха́ю

ложу́сь спать

иду́ на ле́кцию

слу́шаю ра́дио

за́втракаю

занима́юсь

чита́ю газе́ту

иду́ в библиоте́ку

у́жинаю

встаю́

смотрю́ телеви́зор

обе́даю

одева́юсь

Б. **У́тром, днём, ве́чером и́ли но́чью?** Construct sentences indicating when you do the things in exercise A.

У́тром я встаю́.

Днём я обе́даю.

Ве́чером я занима́юсь.

Но́чью я ложу́сь спать.

Между прочим

у́тром	around 3 a.m. till noon
днём	12 noon till about 5:00 p.m.
ве́чером	about 5 p.m. till around midnight
но́чью	around 12 midnight till about 3:00 a.m.

Note that **у́тром, днём, ве́чером,** and **но́чью** often come at the beginning of a Russian sentence.

B. Разгово́ры.

Before listening to the conversations, look at the Russian calendar below. Note that the days are listed vertically and that the first day of the week is Monday. The days of the week are not capitalized in Russian.

понедельник		6	13	20	27
вторник		7	14	21	28
среда	1	8	15	22	29
четверг	2	9	16	23	30
пятница	3	10	17	24	31
суббота	4	11	18	25	
воскресенье	5	12	19	26	

Разгово́р 1. В общежи́тии.
Разгова́ривают Сти́вен и Бори́с.

1. How is Steven's Russian?
2. Does Boris know any English?
3. What is Steven doing in Moscow?
4. What does Steven do Monday through Thursday?

Разгово́р 2. Биле́ты на рок-конце́рт.
Разгова́ривают Джим и Ва́ля.

1. What days are mentioned?
2. What is Valya doing on Wednesday?
3. What is she doing on Thursday?
4. Which day do they finally agree on?

Разгово́р 3. Пойдём в буфе́т!
Разгова́ривают Ле́на и Мэ́ри.

1. In what order will the following activities take place?

   • буфе́т
   • ру́сская исто́рия
   • разгово́рная пра́ктика

2. Where and when will Mary and Lena meet?

Язык в действии

🎧 Диалоги

1. Ты сего́дня идёшь в библиоте́ку?

— Са́ша, ты сего́дня идёшь в библиоте́ку?

— Сейча́с поду́маю. Како́й сего́дня день?

— Сего́дня? Понеде́льник.

— Да, иду́. Днём. В два часа́.

— В два? Отли́чно! Дава́й пойдём вме́сте.

— Дава́й!

2. Куда́ ты идёшь?

— Здра́вствуй, Же́ня! Куда́ ты идёшь?

— На ле́кцию.

— Так ра́но?! Ско́лько сейча́с вре́мени?

— Сейча́с уже́ де́сять часо́в.

— Не мо́жет быть! А что у тебя́ сейча́с?

— Пе́рвая па́ра — ру́сская эконо́мика. Ты извини́, но я должна́ идти́. Я уже́ опа́здываю. До свида́ния.

Па́ра, literally *pair,* refers to the 90-minute lectures at Russian universities (2 × 45 minutes), which usually run without a break.

3. Что ты де́лаешь в суббо́ту ве́чером?

— Алло́! Воло́дя, э́то ты?

— Я. Здра́вствуй, Роб.

— Слу́шай, Воло́дя. Что ты де́лаешь в суббо́ту ве́чером?

— Ничего́.

— Не хо́чешь пойти́ в кино́?

— С удово́льствием. Во ско́лько?

— В шесть часо́в.

— Договори́лись.

4. Когда́ у вас ру́сская исто́рия?

— Алло́, Ве́ра! Говори́т Са́ша.

— Здра́вствуй, Са́ша.

— Слу́шай, Ве́ра! Я забы́л, когда́ у нас ру́сская исто́рия.

— В сре́ду.

— Зна́чит, за́втра?! А во ско́лько?

— Втора́я па́ра. В аудито́рии но́мер три на второ́м этаже́.

— Зна́чит, втора́я па́ра, аудито́рия три, второ́й эта́ж. Спаси́бо. Всё.

5. **Что ты сейчас дéлаешь?**

— Алло́! Джилл! Слу́шай, что ты сейча́с дéлаешь?
— Я убира́ю ко́мнату, а Энн смо́трит телеви́зор. А что?
— Хоти́те все вмéсте поéхать на да́чу?
— Когда́?
— В двена́дцать часо́в.
— В двена́дцать не могу́. Я должна́ занима́ться.
— А Энн?
— А Энн свобо́дна весь день.
— Ты зна́ешь, дава́й поéдем не днём, а вéчером.
— Хорошо́. Договори́лись.

The short-form adjective **свобо́ден** (*free*) is marked for gender and number:

он свобо́ден
она́ свобо́дна
они́ свобо́дны

А. Како́й сего́дня день?

Образéц: пя́тница
       — Како́й сего́дня день?
       — Сего́дня? Пя́тница.

1. понедéльник
2. среда́
3. воскресéнье
4. суббо́та
5. вто́рник
6. четвéрг

Б. Когда́? В како́й день? В каки́е дни?

вопро́сы

В каки́е дни ты слу́шаешь лéкции?
В каки́е дни ты не слу́шаешь лéкции?
В каки́е дни у тебя́ ру́сский язы́к?
В каки́е дни ты смо́тришь телеви́зор?
В каки́е дни ты не занима́ешься?
В каки́е дни ты идёшь в библиотéку?
В каки́е дни ты отдыха́ешь?
В каки́е дни ты рабо́таешь?
В каки́е дни ты встаёшь по́здно?
В каки́е дни ты встаёшь ра́но?

отвéты

В понедéльник.
Во вто́рник.
В срéду.
В четвéрг.
В пя́тницу.
В суббо́ту.
В воскресéнье.

Use these phrases to say *on Monday, on Tuesday*, etc.

В. Что ты дéлаешь?

1. Что ты дéлаешь в понедéльник?
2. Что ты дéлаешь во вто́рник?
3. Что ты дéлаешь в срéду?
4. Что ты дéлаешь в четвéрг?
5. Что ты дéлаешь в пя́тницу?
6. Что ты дéлаешь в суббо́ту?
7. Что ты дéлаешь в воскресéнье?

Г.   Ско́лько сейча́с вре́мени?

Сейча́с **час.**

Russian uses three different forms of the word **час** (*o'clock*) after numbers.

Сейча́с **два часа́.**

Сейча́с **три часа́.**

Сейча́с **четы́ре часа́.**

Сейча́с **пять часо́в.**

Сейча́с **шесть часо́в.**

Сейча́с **семь часо́в.**

Сейча́с **во́семь часо́в.**

Сейча́с **де́вять часо́в.**

Сейча́с **де́сять часо́в.**

Сейча́с **оди́ннадцать часо́в.**

Сейча́с **двена́дцать часо́в.**

Act out a short dialog for each of the pictures below. Follow the model.

Образе́ц:

— Извини́те, пожа́луйста, ско́лько сейча́с вре́мени?
— Сейча́с три часа́.
— Спаси́бо.

а.

б.

в.

г.

Д. Когда? Во сколько?

вопро́сы	отве́ты
Во ско́лько ты обы́чно встаёшь?	В час.
Во ско́лько ты обы́чно принима́ешь душ?	В два часа́.
Во ско́лько ты обы́чно одева́ешься?	В три часа́.
Во ско́лько ты обы́чно чита́ешь газе́ту?	В четы́ре часа́.
Во ско́лько ты обы́чно за́втракаешь?	В пять часо́в.
Во ско́лько ты обы́чно идёшь на заня́тия?	В шесть часо́в.
Во ско́лько ты обы́чно идёшь в библиоте́ку?	В семь часо́в.
Во ско́лько ты обы́чно обе́даешь?	В во́семь часо́в.
Во ско́лько ты обы́чно идёшь на уро́к	В де́вять часо́в.
ру́сского языка́?	В де́сять часо́в.
Во ско́лько ты обы́чно идёшь домо́й?	В оди́ннадцать часо́в.
Во ско́лько ты обы́чно у́жинаешь?	В двена́дцать часо́в.
Во ско́лько ты обы́чно ложи́шься спать?	

To tell what time something happens use **в** + **the hour.**

 Е. Моя́ неде́ля. Make a calendar of your activities for next week. As always, use what you know, not what you don't.

Ж. Са́мый люби́мый день.

1. Како́й у вас са́мый люби́мый день? Почему́?
2. Како́й у вас са́мый нелюби́мый день? Почему́?

Дава́йте поговори́м

А. Куда́ я иду́? For each of the following pictures construct a sentence telling on what day(s) and at what time you go to these places.

Образе́ц: В понеде́льник в во́семь часо́в я иду́ в университе́т.

в кинотеа́тр

в магази́н

в музе́й

в ресторан

в библиотеку

в кафе

на стадион

на дискотеку

в цирк

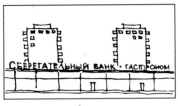

в банк

в бассейн

на работу

Б. Как часто? The following adverbs let you describe how often you do things.

часто	*often*	**редко**	*rarely*
обычно	*usually*	**никогда не**	*never*
каждый день	*every day*	**всегда**	*always*

When you use these adverbs with regard to "going" somewhere in the present tense, use the verb form **я хожу: Я часто хожу в кафе.**

1. For each of the pictures in exercise A, construct a sentence indicating how often you go there.

Образец: Я **часто** хожу в университет.
Я **редко** хожу в цирк.
Я **никогда не** хожу на дискотеку.

2. Working in pairs, find out what your partner does in a typical week and how often he or she does those things.

В. Подготовка к разговору. Review the dialogs. How would you do the following?

1. Ask what day it is.
2. Tell what day today is.
3. Ask what time it is.
4. Tell what time it is now.
5. Express surprise at something you hear.
6. Bring a conversation to an end by saying you have to go.
7. Start a telephone conversation with a friend.
8. Ask what someone is doing on Saturday (Sunday, now, etc.).
9. Invite a friend to go to the movies.
10. Take someone up on an invitation to go to the movies (library, etc.).
11. Signal agreement to proposed arrangements.
12. Identify yourself on the phone.
13. Ask what day your Russian (math, English) class is.
14. Tell what day your Russian (economics) class is.
15. Ask what time your Russian (French, Spanish) class is.
16. Tell what time your Russian (psychology) class is.
17. End a conversation with a friend.
18. Say that you are (or someone else is) free (to do something).

Г. Working with a partner, practice responding to the following. Then reverse roles.

1. Какой сегодня день?
2. Сколько сейчас времени?
3. Когда у тебя русский язык?
4. Куда ты идёшь?
5. Что ты сейчас делаешь?
6. Хочешь пойти в магазин?
7. Давай пойдём в кино.
8. Хочешь пойти в библиотеку вместе?

Д. Игровые ситуации. В России.

1. Call up a friend and ask what he/she is doing. Invite him or her to go out.
2. Your friend calls you up and invites you to the library. Accept the invitation and decide when you will go.
3. A friend calls to invite you to a concert Thursday night. You are busy then. Decline the invitation and suggest an alternative.
4. Working with a partner prepare and act out a situation of your own that deals with the topics of this unit. Remember to use what you know, not what you don't know.

Е.   Устный перево́д. In Russia, you are asked to act as an interpreter between a tourist who does not speak any Russian and a Russian who does not speak any English.

ENGLISH SPEAKER'S PART

1. Hi. I'm an American student and my name is …
2. Where do you go to school?
3. What year are you in?
4. How interesting! My major is Russian history.
5. I am a sophomore. I am taking Russian, history, political science, mathematics, and economics.
6. That would be great! When?
7. That will be fine!

Ж.   The following expressions will help you talk about your daily schedule and make your speech flow more naturally.

снача́ла	*at first*
(а) пото́м	*then*
наконе́ц	*finally*

As you progress through the exercises in this unit, pay attention not only to content and grammatical accuracy, but to the flow of your speech as well. Try to vary the way you begin your sentences and pay special attention to where you might combine two smaller sentences into one longer one. Consider the following monologue:

Утром я встаю́. Я принима́ю душ. Я одева́юсь. Я за́втракаю. Я иду́ на заня́тия.

The monologue, which consists of a number of short sentences monotonously strung together, is boring. Let's convey the same information in a more coherent and interesting way:

Утром я встаю́ в семь часо́в. Снача́ла я принима́ю душ, а пото́м одева́юсь. В во́семь часо́в я за́втракаю и иду́ на заня́тия.

As you can see, we have turned a group of sentences into a short paragraph.

1. Based on the preceding example, turn the following groups of sentences into paragraphs.

   а. В суббо́ту я отдыха́ю. Я встаю́. Я чита́ю газе́ту. Я принима́ю душ. Я одева́юсь. Я иду́ в кино́ и́ли в рестора́н.

   б. Ве́чером я у́жинаю. Я иду́ в библиоте́ку. Я занима́юсь. Я иду́ домо́й. Я ложу́сь спать.

   в. В воскресе́нье днём я обе́даю. Я отдыха́ю. Я занима́юсь. Я чита́ю газе́ту. Ве́чером я у́жинаю. Я занима́юсь. Я ложу́сь спать.

2. Now answer the following questions about yourself in as much detail as you can.

   а. Что вы обы́чно де́лаете в суббо́ту?

   б. Что вы обы́чно де́лаете в понеде́льник у́тром?

   в. Что вы обы́чно де́лаете в пя́тницу ве́чером?

Давайте почитаем

А. Расписа́ние.

1. Look through the page from someone's daily calendar to get a general idea of who it might belong to.

> 9.00 - английская литература
> 10.40 - фонетика
> 13.00 - обед
> 14.00 - грамматика
> 16.00 - театральный клуб
> 19.00 - кино

2. Look through the schedule again. What courses and academic activities are mentioned?

Б. Зна́ете ли вы ...? Match up the famous names with their achievements.

а. Анна Ахма́това	___ Приду́мал уравне́ние Е=МС^2.
б. Ма́ргарет Мид	___ Изуча́ла эффе́кты радиоакти́вности.
в. Фёдор Миха́йлович Достое́вский	___ Организова́л па́ртию большевико́в.
г. Мари́я Склодо́вская-Кюри́	___ Занима́лась антрополо́гией наро́дов Ти́хого
д. Влади́мир Ильи́ч Ле́нин	океа́на.
е. Джон Ле́ннон и Пол Макка́ртни	___ Написа́л рома́н «Бра́тья Карама́зовы».
ж. Пилигри́мы	___ Писа́ла поэ́зию.
з. Альберт Эйнште́йн	___ Писа́ли пе́сни, кото́рые пе́ли Битлз.
	___ Пое́хали из Англии в Аме́рику.

Look at the verbs in the second column. What tense is being used? What are the forms for…

а. verbs with masculine subjects?
б. verbs with feminine subjects?
в. verbs with plural subjects?

В. Письмо́. Read the letter on the following page.

1. Кто написа́л э́то письмо́?
2. Она́ у́чится и́ли рабо́тает?
3. Ско́лько у неё ку́рсов?
4. В каки́е дни у неё неме́цкая исто́рия?
5. В каки́е дни у неё неме́цкий язы́к?
6. В каки́е дни у неё семина́р по неме́цкой литерату́ре?
7. Како́й у неё четвёртый курс?
8. Почему́ она́ ду́мает, что семина́р по литерату́ре тру́дный?
9. Когда́ она́ обы́чно встаёт?
10. Что она́ де́лает у́тром?
11. Что она́ де́лает в четве́рг?
12. Когда́ она́ обе́дает во вто́рник, в сре́ду и в пя́тницу?

Дорогая Линда!

Спасибо тебе за твоё интересное письмо. Я рада слышать, что у тебя всё хорошо в университете.

Ты пишешь, что курсы у тебя трудные в этом семестре. У меня тоже очень напряжённый семестр. Я слушаю четыре курса. Во вторник, в среду и в пятницу у меня три лекции. В четверг у меня библиотечный день — я не хожу на лекции, но я занимаюсь весь день. Обычно читаю в библиотеке, но иногда занимаюсь дома. В понедельник и в субботу у меня дни не трудные — только один семинар. В воскресенье я отдыхаю — хожу в кино или на концерт.

Ты спрашиваешь, какой у меня типичный день. Я обычно встаю рано, часов в семь. Завтракаю в столовой, а потом иду в спортивный зал. Первая пара — немецкая история — начинается в 9:30 во вторник, в среду и в пятницу. В эти дни у меня также немецкий язык — в 11 часов, и экономика — в час. Обедаю я поздно. А в понедельник и в субботу у меня семинар по немецкой литературе. Этот курс очень интересный, но надо очень много читать. Мы сейчас читаем Томаса Манна. Мне трудно, потому что я ещё медленно читаю по-немецки, но я люблю этот семинар.

Каждый день я ужинаю в 7 часов. Потом я обычно читаю до 10-и. После этого я или смотрю телевизор, или ложусь спать.

Хотелось бы узнать больше о твоём расписании. Какой у тебя типичный день?

Жду ответа.

Твоя Маша.

Г. Записки. Imagine that the following notes were left for you. You do not know many of the words in the notes. On the basis of what you understand, put a check mark next to the notes you believe need action on your part.

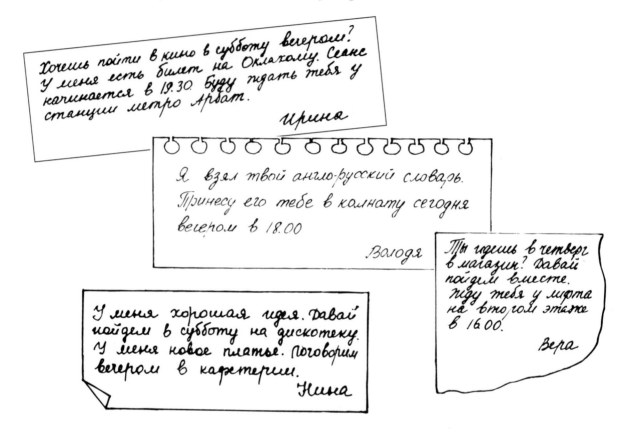

Давайте послушаем

Звуковое письмо. Nikolai sent a letter on cassette to his American friend Jim. Listen to the recording with the following questions in mind.

1. What are Nikolai's hard days?
2. What are his easy days?
3. What does his schedule look like on a hard day?
4. What does he do on weekends?

В помощь учащимся

5.1 Days and Times

— Какóй сегóдня день?
What day is it?

— Сегóдня
It's

{
понедéльник.
втóрник.
средá.
четвéрг.
пя́тница.
суббóта.
воскресéнье.
}

— **В** какóй день...?
On what day...?

— **В** какúе дни...?
On what days...?

{
— **В** понедéльник.
— **Во** втóрник.
— **В** срéду.
— **В** четвéрг.
— **В** пя́тницу.
— **В** суббóту.
— **В** воскресéнье.
}

Упражнение

Supply questions for these answers.

Образéц:

Сегóдня пя́тница. *Какóй сегóдня день?*

У меня́ семинáр в понедéльник. *В какóй день у тебя́ семинáр?*

У меня́ рýсская истóрия во втóрник и в четвéрг. *В какúе дни у тебя́ рýсская истóрия?*

1. Сегóдня понедéльник.
2. Сегóдня суббóта.
3. Сегóдня втóрник.
4. У меня́ эконóмика в понедéльник.
5. У меня́ семинáр в четвéрг.
6. У меня́ немéцкий язы́к в понедéльник, в срéду и в пя́тницу.
7. У меня́ политолóгия в понедéльник, во втóрник, в срéду и в пя́тницу.
8. Сегóдня воскресéнье.
9. Я читáю журнáлы в суббóту.
10. Я пишý пúсьма в воскресéнье.

— Скóлько сейчáс врéмени?
What time is it?

— Сейчáс
It's

{
час.
2, 3, 4 **часá.**
5, 6, 7, 8, 9, 10, 11, 12 **часóв.**
}

— **Во** скóлько...?
At what time...?

{
— **В час.**
— **В** 2, 3, 4 **часá.**
— **В** 5, 6, 7, 8, 9, 10, 11, 12 **часóв.**
}

Упражнение

Supply questions for these answers.

Образе́ц:
Сейча́с 2 часа́. *Ско́лько сейча́с вре́мени?*
У меня́ семина́р в 2 часа. *Во ско́лько у тебя́ семина́р?*

1. Сейча́с 5 часо́в.
2. Сейча́с час.
3. У меня́ америка́нская исто́рия в 9 часо́в.
4. У меня́ эконо́мика в 11 часо́в.
5. Сейча́с 4 часа́.
6. У меня́ политоло́гия в 4 часа́.
7. У меня́ матема́тика в 10 часо́в.

5.2   New Verbs — Что вы де́лаете?

First-conjugation verbs

де́лать (to do)
де́ла - **ю**
де́ла - **ешь**
де́ла - **ет**
де́ла - **ем**
де́ла - **ете**
де́ла - **ют**

за́втракать (to eat breakfast)
за́втрака - **ю**
за́втрака - **ешь**
за́втрака - **ет**
за́втрака - **ем**
за́втрака - **ете**
за́втрака - **ют**

обе́дать (to eat lunch)
обе́да - **ю**
обе́да - **ешь**
обе́да - **ет**
обе́да - **ем**
обе́да - **ете**
обе́да - **ют**

у́жинать (to eat supper)
у́жина - **ю**
у́жина - **ешь**
у́жина - **ет**
у́жина - **ем**
у́жина - **ете**
у́жина - **ют**

The verbs above all conjugate just like the verb **чита́ть**—*to read,* which you already know. Other new verbs with this conjugation are: **опа́здывать**—*to be late,* **отдыха́ть**—*to relax,* **принима́ть (душ)**—*to take (a shower),* **слу́шать**—*to listen,* and **убира́ть (ко́мнату)**—*to clean (a room).*

вставáть (to get up)
встá - **ю́**
встá - **ёшь**
встá - **ёт**
встá - **ём**
встá - **ёте**
встá - **ю́т**

The vowel in the first-conjugation endings for the **ты, он/онá, мы,** and **вы** forms is **ё** instead of **е** when the ending is stressed.

идти́ (to go [walk])
ид - **у́**
ид - **ёшь**
ид - **ёт**
ид - **ём**
ид - **ёте**
ид - **у́т**

When first-conjugation endings are added after a consonant letter, the **я** and **они́** endings are -**у**, -**ут** instead of -**ю**, -**ют**.

Two first-conjugation verbs you learn in this unit have the particle -**ся.** The -**ся** particle is spelled -**ся** after consonants and -**сь** after vowels.

занимáться (to do homework)
занимá - **ю** - сь
занимá - **ешь** - ся
занимá - **ет** - ся
занимá - **ем** - ся
занимá - **ете** - сь
занимá - **ют** - ся

одевáться (to get dressed)
одевá - **ю** - сь
одевá - **ешь** - ся
одевá - **ет** - ся
одевá - **ем** - ся
одевá - **ете** - сь
одевá - **ют** - ся

Second-conjugation verbs

ложи́ться (to go to bed)
лож - **у́** - сь
лож - **и́шь** - ся
лож - **и́т** - ся
лож - **и́м** - ся
лож - **и́те** - сь
лож - **а́т** - ся

смотрéть (to watch)
смотр - **ю́**
смóтр - **ишь**
смóтр - **ит**
смóтр - **им**
смóтр - **ите**
смóтр - **ят**

Notice that the stress in the **я** form of **смотрéть** is on the ending, but in all other forms it is on the stem.

Упражнения

А.   Заполните пропуски. Fill in the blanks.

*быстро — *quickly,*
*медленно — *slowly*

1. Кира встаёт в 7 часов, а я _____ в 8.
2. Кира принимает душ в 8 часов, а я _____ душ в 9.
3. Кира быстро* одевается, а я _____ медленно*.
4. Кира завтракает в 9 часов, а я _____ в 10 часов.
5. Кира не слушает радио, а я его _____.
6. Кира смотрит телевизор, а я не _____.
7. Кира опаздывает на лекцию, а я не _____.
8. Днём Кира отдыхает, а я не _____.
9. Кира не убирает комнату, а я её _____.
10. Кира занимается, и я тоже _____.
11. Кира ложится спать рано, а я _____ спать поздно.

Б.   Как по-русски?

"What do you do in the morning?"
"I get up at 6 o'clock and get dressed."
"You don't eat breakfast?"
"No. I study. Then at 10 o'clock I go to class."
"When do you eat lunch?"
"At 1 o'clock. Then I go home. I relax and watch TV."
"And when do you go to bed?"
"At 1 o'clock."

➤ *Complete Oral Drills 5–6 and Written Exercise 4 in the Workbook.*

5.3   Заниматься vs. изучать vs. учиться

The verb **заниматься** means *to study* in the sense of *doing one's homework.* It cannot take a direct object.

— Что вы делаете днём?   — Где вы **занимаетесь?**
— Я **занимаюсь.**   — Я **занимаюсь** в библиотеке.

Remember that the verb **учиться** means *to go to school,* and that the verb **изучать** means *to take (a subject).*

— Вы **учитесь** или работаете?   — Где вы **учитесь?**
— Я **учусь.**   — Я **учусь** в университете.
— Что вы **изучаете?**
— Я **изучаю** русский язык.

Упражнения

А. Запо́лните про́пуски. Use the correct verbs for study in this dialog.

— Сла́ва, ты не зна́ешь, где _____ Со́ня?
— Она́ _____ в экономи́ческом институ́те. Она́ хорошо́ _____ .
  Она́ всегда́ _____.
— Она́ _____ америка́нскую фина́нсовую систе́му?
— Да, она́ _____ эконо́мику США.

Б. Отве́тьте на вопро́сы.

1. Вы у́читесь и́ли рабо́таете?
2. Где вы у́читесь?
3. На како́м ку́рсе вы у́читесь?
4. В каки́е дни вы занима́етесь?
5. Вы обы́чно занима́етесь в библиоте́ке и́ли до́ма?
6. Вы лю́бите занима́ться днём и́ли ве́чером?
7. Вы обы́чно занима́етесь в суббо́ту и в воскресе́нье?
8. Что вы лю́бите де́лать, когда́ вы не занима́етесь?
9. Что вы изуча́ете?

➤ *Review Oral Drill 6 in the Workbook.*

5.4 Going

Russian distinguishes between going by foot and by vehicle:

Са́ша **идёт** в библиоте́ку.

Ма́рья **е́дет** в Москву́.

However, verbs for going by vehicle are used only when the context makes it absolutely clear that a vehicle is used, that is:

- when talking about going to another city or country (**Мы е́дем в Ки́ев** — *We're going to Kiev*).

- when the vehicle is physically present (e.g., one person sees another on a bicycle and asks **Куда́ ты е́дешь?** — *Where are you going?*).

- when the specific vehicle being used is mentioned in the sentence (**Мы е́дем домо́й на маши́не** — *We're going home in a car*).

In all other instances, verbs for going by foot are used.

Both **идти́** and **е́хать** are regular first-conjugation verbs.

BY FOOT, WITHIN CITY

идти́ (to go [walk])
ид - у́
ид - ёшь
ид - ёт
ид - ём
ид - ёте
ид - у́т

BY VEHICLE, TO ANOTHER CITY

е́хать (to go [ride])
е́д - у
е́д - ешь
е́д - ет
е́д - ем
е́д - ете
е́д - ут

Упражнение

Запо́лните про́пуски. Fill in the blanks with the correct form of **идти́** or **е́хать**.

1. — Ви́тя, Ма́ша говори́т, что в суббо́ту ты _____ в США.
   — Да, я _____ .
   — Как интере́сно! Мо́жет быть ты...
   — Ла́ра, извини́! Я _____ на уро́к и о́чень опа́здываю!
2. Мы _____ в библиоте́ку.
3. Ко́стя _____ в Москву́.
4. Са́ша и Ва́ня _____ в Оде́ссу.
5. Со́ня _____ в кино́.
6. Вы _____ на ле́кцию.
7. Кто _____ на стадио́н?
8. Кто _____ в Росси́ю?

Russian also distinguishes between going in one direction or setting out (**я иду́**) and making trips back and forth (**я хожу́**). With adverbs telling how often trips are made (**ча́сто, ре́дко, обы́чно, ка́ждый день,** etc.) the form **я хожу́** is usually used.

Я сейча́с **иду́** в библиоте́ку.
В пять часо́в я **иду́** в библиоте́ку.

Я ка́ждый день **хожу́** в библиоте́ку.

Упражнение

Запо́лните про́пуски. Fill in the blanks with **иду́** or **хожу́**.

1. Я сейча́с _____ в парк.
2. Я ка́ждый день _____ в парк.
3. Я ча́сто _____ в кино́, а ре́дко _____ в музе́й.
4. В 8 часо́в я _____ на ле́кцию. В час я _____ домо́й.

➤ *Complete Oral Drills 7–8 and Written Exercises 5–6 in the Workbook.*

5.5 Asking Where: где vs. куда́

In Russian, **где** is used to inquire about location and **куда́** is used to inquire about destination. Compare the following questions in English and in Russian:

— **Где** ты живёшь?   — **Куда́** ты идёшь?
— *Where* do you live?   — *Where* are you going?

location

destination

Verbs such as **жить** — *to live,* **рабо́тать** — *to work,* and **учи́ться** — *to study* refer to location and require the use of **где** — *where.* Verbs like **идти́** — *to go,* **е́хать** — *to go,* and **опа́здывать** — *to be late* refer to destination and require the use of **куда́** — *where to.*

Упражнение

Как по-ру́сски?

1. Where do you live?
2. Where do you work?
3. Where are you going?
4. What are you late for?
5. Where are you driving?
6. Where do you go to school? (Be careful! Don't take the *go* of *goes to school* literally.)

➤ *Complete Oral Drill 9 in the Workbook.*

5.6   Answering the Question куда́?

You already know that **где** questions require answers with **в** or **на** plus the prepositional case:

> — **Где** ты занима́ешься?
> — Я занима́юсь **в библиоте́ке.**

Куда́ questions require answers with **в** or **на** plus the accusative case:

> — **Куда́** ты идёшь?
> — Я иду́ **в библиоте́ку.**

где? (в/на + PREPOSITIONAL)	куда? (в/на + ACCUSATIVE)	в or на ?
в библиоте́ке в шко́ле в аудито́рии в магази́не в институ́те в музе́е	в библиоте́ку в шко́лу в аудито́рию в магази́н в институ́т в музе́й	Place names usually take the preposition **в.**
на ле́кции на конце́рте на рабо́те на уро́ке	на ле́кцию на конце́рт на рабо́ту на уро́к	Activities take the preposition **на.**
на пе́рвом этаже́ на ка́федре на стадио́не на факульте́те на да́че на дискоте́ке	на пе́рвый эта́ж на ка́федру на стадио́н на факульте́т на да́чу на дискоте́ку	Some words that one would expect to take **в** in fact take **на.** They must be memorized.
до́ма	домо́й	Learn these special expressions for *home.*

Упражнения

A.   Запо́лните про́пуски. Supply the needed preposition. Indicate whether the noun following the preposition is in the prepositional case (P) or the accusative case (A).

1. Утром я хожу́ _____ библиоте́ку (   ). Я занима́юсь _____ библиоте́ке (   ) три часа́.
2. Я опа́здываю _____ ле́кцию (   ).
3. В 2 часа́ я иду́ _____ институ́т (   ). Я рабо́таю _____ институ́те (   ) 4 часа́. В 6 часо́в я иду́ _____ ка́федру (   ) ру́сского языка́.
4. Ве́чером я обы́чно хожу́ _____ конце́рт (   ) и́ли _____ кино́ (   ).

Б. **Куда́ вы идёте?** Answer the questions **Куда́ вы идёте?** and **Где вы?** using the following prompts:

> dormitory, class, university, house, home

В. **Отве́тьте на вопро́сы.**

1. Куда́ вы идёте в понеде́льник у́тром? В воскресе́нье у́тром?
2. Куда́ вы идёте в сре́ду днём? В суббо́ту днём?
3. Куда́ вы идёте в пя́тницу ве́чером? В суббо́ту ве́чером?
4. Где вы живёте?
5. Где вы у́читесь?
6. Где вы рабо́таете?
7. Где рабо́тают ва́ши роди́тели? Ва́ши бра́тья* и сёстры*? Ваш муж* и́ли ва́ша жена́*?

*бра́тья — *brothers*
*сёстры — *sisters*
*муж — *husband,*
*жена́ — *wife*

➤ *Complete Oral Drills 10–14 and Written Exercises 7–10 in the Workbook.*

5.7 Expressing Necessity: до́лжен, должна́, должны́ + Infinitive

| Ка́тя идёт в библиоте́ку, потому́ что она́ **должна́** занима́ться. | Марк говори́т «До свида́ния», потому́ что он **до́лжен** идти́. | За́втра экза́мен. Студе́нты **должны́** занима́ться. |

Katya is going to the library because she *has to* study.

Mark says "Good-bye" because he *has to* go.

Tomorrow there is a test. The students *have to* study.

До́лжен is a short-form adjective. It agrees with the grammatical subject of its clause in gender and number.

Like all short-form adjectives, it has only three forms. The masculine singular form, **до́лжен,** is used with **он** (**он до́лжен** — *he must, he has to*), with **я** when a male is speaking (**я до́лжен** — *I must, I have to*), with **ты** when one is talking to a male (**ты до́лжен** — *you must, you have to*), and with the question word **кто** (**кто до́лжен** — *who must, who has to*). The feminine singular form, **должна́,** is used with **она́** (**она́ должна́** — *she must, she has to*), with **я** when a female is speaking (**я должна́** — *I must, I have to*), and with **ты** when one is talking to a female (**ты должна́** — *you must, you have to*). The plural form **должны́** is used with **мы, вы,** and **они́.**

The form used after **вы** is always **должны́**, even when the **вы** refers to only one person (А́нна Петро́вна, **вы должны́** рабо́тать сего́дня? *Anna Petrovna, do you have to work today?*)

До́лжен, должна́, and **должны́** are always followed by a verb infinitive:

Я́ша до́лжен **занима́ться.**	*Yasha has to study.*
Со́ня должна́ **рабо́тать.**	*Sonya has to work.*
Мы должны́ **идти́.**	*We have to go.*

Упражнения

A. Choose the needed form of the verb.

— Что вы (**де́лаете-де́лать**) сего́дня?
— Сего́дня мы должны́ (**занима́емся-занима́ться**) в библиоте́ке.
— А пото́м?
— А пото́м мы (**идём-идти́**) на уро́к.
— А ве́чером?
— А ве́чером мы должны́ (**чита́ем-чита́ть**) журна́л.

Б. **Кто что до́лжен де́лать?**

1. Что вы должны́ де́лать сего́дня?
2. Что до́лжен де́лать ваш знако́мый*?
3. Что должна́ де́лать ва́ша знако́мая*?
4. Что до́лжен де́лать ваш преподава́тель?

***знако́мый** — *friend (male)*
***знако́мая** — *friend (female)*

B. How would you ask the following people what they have to do today?

1. your best friend (Watch out for gender!)
2. your Russian professor
3. two friends together

➤ *Complete Oral Drill 15 and Written Exercise 11 in the Workbook.*

Обзорные упражнения

 А. Разгово́р. Разгова́ривают Ве́ра и Кэ́рол.
Что ты де́лаешь в суббо́ту?

1. What days of the week are mentioned in the conversation?
2. What are Vera's plans for the first day mentioned? Arrange them in sequential order.
3. Where are the friends going on the second day mentioned?

 Б. Уче́бный день.

1. Make out a schedule for a typical day in your life during the academic year. Be as detailed as you can. Remember to use what you know, not what you don't know.
2. Exchange schedules with a classmate. Write a paragraph about your classmate's typical day.

 В. Запи́ска.

1. Write a short note inviting a classmate to go somewhere with you. Make sure to mention day and time. See page 134 for models.
2. Answer a classmate's note.

 Г. Автоотве́тчик. You came home and found a message for your Russian roommate on your answering machine (**автоотве́тчик**).

1. Take down as much information as you can (in English or in Russian).
2. When your roommate gets back, relay the content of the message.

Д. Перепи́ска. You received the following letter from your Russian pen pal Kostya. Earlier you had asked him to describe his academic schedule.

1. Before reading the letter, jot down two or three things you expect to find in it.
2. Now scan the letter. Do not expect to understand every word. Just look to see if it contains the things you expected. Did you learn any other information? What?
3. Make a schedule of Kostya's typical day.
4. Look through the letter one more time to find answers to these questions:
   - Which courses does Kostya find to be difficult? interesting? his favorite?
   - How does Kostya spend his days off?
5. Answer Kostya's letter.

15.02.98

Здравствуй!

Спасибо за твоё письмо. Я рад, что у тебя всё хорошо в университете. Ты хочешь знать, как идут мои занятия. Сейчас я тебе всё расскажу.

Как ты уже знаешь, я сейчас учусь в Киевском государственном университете. Моя специальность — политология, но я также очень люблю английский язык и литературу. В этом семестре у меня интересные курсы. Понедельник, среда и пятница у меня очень трудные дни. Я встаю в семь часов, одеваюсь и иду завтракать в столовую. Потом у меня три лекции. Первая лекция в девять часов. Это американская история. У нас очень хороший преподаватель. Он читает интересный курс. Потом в одиннадцать часов у меня семинар — экономика. Семинар трудный, но материал интересный.

В час я иду обедать. В два часа у меня английский язык. Это мой любимый курс. На занятиях мы говорим только по-английски. Это хорошая практика. Потом я иду в лингафонный кабинет слушать английские кассеты. В пять часов я ужинаю, а потом занимаюсь в общежитии. Там я читаю, слушаю музыку или просто отдыхаю. Ложусь спать поздно: в двенадцать часов.

В субботу я встаю рано — в восемь часов. Утром я убираю комнату, днём иду в магазин, а вечером в кино, на дискотеку, на стадион или на концерт. В воскресенье утром я встаю поздно — в одиннадцать часов. Днём я иду в библиотеку. Там я занимаюсь. Иногда я хожу в гости.

Вот и вся моя неделя. Я очень хочу знать, как ты живёшь. Жду письма.

Твой Костя.

Е. Выступле́ние.

1. You are in Moscow. You have been asked to give a talk to a group of Russian students about Americans' weekly schedules. Jot down notes for your presentation in Russian.
2. Several students give their presentations to the class.

Ж. Интервью́. Listen to the recording of an interview with an American student studying in Russia. Write down the questions that are asked.

Новые слова и выражения

NOUNS

аудито́рия	classroom
банк	bank
бассе́йн	swimming pool
библиоте́ка	library
воскресе́нье	Sunday
вто́рник	Tuesday
да́ча (на)	dacha
д(е)нь (*pl.* дни)	day
заня́тие (на)	class
Ты идёшь на заня́тия?	Are you going to class(es)?
Ты сейча́с на заня́тиях?	Are you now in class(es)?
кафе́ (*indecl.*)	café
кино́ (*indecl.*)	the movies
кинотеа́тр	movie theater
му́зыка	music
но́мер	number
па́ра	class period
понеде́льник	Monday
пя́тница	Friday
рабо́та (на)	work
среда́ (в сре́ду)	Wednesday (on Wednesday)
стадио́н (на)	stadium
суббо́та	Saturday
уро́к (на)	class, lesson (*practical*)
уро́к ру́сского языка́	Russian class
центр	downtown
цирк	circus
час (2–4 часа́, 5–12 часо́в)	o'clock
четве́рг	Thursday

ADJECTIVES

все	everybody, everyone (*used as a pronoun*)
до́лжен (должна́, должны́) + *infinitive*	must
ка́ждый	each, every
ка́ждый день	every day
са́мый + *adjective*	the most + *adjective*
са́мый люби́мый	most favorite
са́мый нелюби́мый	least favorite
свобо́ден (свобо́дна, свобо́дны)	free, not busy

VERBS

встава́ть (встаю́, встаёшь, встаю́т)	to get up
де́лать (де́лаю, де́лаешь, де́лают)	to do
е́хать (е́ду, е́дешь, е́дут)	to go, set out by vehicle
за́втракать (за́втракаю, за́втракаешь, за́втракают)	to eat breakfast
занима́ться (занима́юсь, занима́ешься, занима́ются)	to study, do homework
идти́ (иду́, идёшь, иду́т)	to go, walk, set out
ложи́ться спать (ложу́сь, ложи́шься, ложа́тся)	to go to bed
обе́дать (обе́даю, обе́даешь, обе́дают)	to eat lunch
одева́ться (одева́юсь, одева́ешься, одева́ются)	to get dressed
опа́здывать (опа́здываю, опа́здываешь, опа́здывают)	to be late
отдыха́ть (отдыха́ю, отдыха́ешь, отдыха́ют)	to relax
принима́ть (душ) (принима́ю, принима́ешь, принима́ют)	to take (a shower)
слу́шать (слу́шаю, слу́шаешь, слу́шают)	to listen
смотре́ть (телеви́зор) (смотрю́, смо́тришь, смо́трят)	to watch (television)
убира́ть (дом, кварти́ру, ко́мнату) (убира́ю, убира́ешь, убира́ют)	to clean (house, apartment, room)
у́жинать (у́жинаю, у́жинаешь, у́жинают)	to eat dinner

OTHER VERBS

я забы́л(а)	I forgot
могу́	I can
поду́маю	I'll think, let me think
слу́шай(те)	listen (command form)
я хожу́	I go (make trips)

ADVERBS

ве́чером	in the evening
вме́сте	together
всегда́	always
днём	in the afternoon
за́втра	tomorrow
ка́ждый день	every day
наконе́ц	finally
никогда́ не	never
но́чью	at night
обы́чно	usually
отли́чно	excellent
по́здно	late
пото́м	later
ра́но	early
ре́дко	rarely
сего́дня	today
снача́ла	to begin with; at first
у́тром	in the morning
ча́сто	frequently

PREPOSITIONS

в + *accusative case of days of week*	on
в + *hour*	at
в + *accusative case for direction*	to
на + *accusative case for direction*	to

QUESTION WORDS

где	where (at)
когда́	when
куда́	where (to)

OTHER WORDS AND PHRASES

алло́	hello (on telephone)
весь день	all day
Во ско́лько?	At what time?
Дава́й(те) пойдём...	Let's go... (on foot; someplace within city)
Дава́й(те) пое́дем...	Let's go... (by vehicle; to another city)
Договори́лись.	Okay. (lit. We've agreed.)
домо́й	(to) home (answers куда́)
До свида́ния.	Good-bye.
Жду письма́.	Write! (lit. I'm awaiting your letter.)
Како́й сего́дня день?	What day is it?
Не мо́жет быть!	That's impossible!
Не хо́чешь (хоти́те) пойти́ (пое́хать)...?	Would you like to go ...?
ничего́	nothing
Сейча́с поду́маю.	Let me think.
Ско́лько сейча́с вре́мени?	What time is it?
С удово́льствием.	With pleasure.

NUMBERS

оди́н, два, три, четы́ре, пять, шесть,
семь, во́семь, де́вять, де́сять,
оди́ннадцать, двена́дцать

PERSONALIZED VOCABULARY

_____

_____

_____

_____

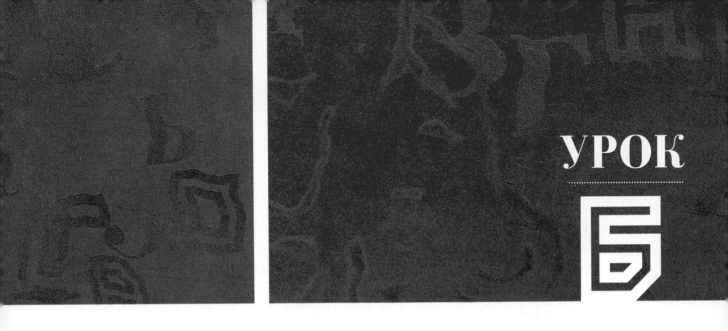

Дом, квартира, общежитие

Коммуникативные задания

◈ Talking about homes, rooms, and furnishings
◈ Making and responding to invitations
◈ Reading want ads

В помощь учащимся

◈ Colors
◈ Verbs of location: **виси́т/вися́т, лежи́т/лежа́т, стои́т/стоя́т**
◈ **Хоте́ть**
◈ Soft-stem adjectives
◈ Genitive case of pronouns, question words, and singular modifiers and nouns
◈ Uses of the genitive case
   у кого́ + есть
   possession and attribution (of)
   nonexistence: **нет чего́**
   at someone's place: **у кого́**
◈ **Workbook:** Numbers 51–99
   Intonation of exclamations (IC–5)

Между прочим

◈ **Ты и вы**
◈ Russian apartments and furniture
◈ Russian dormitories
◈ Dachas

О чём идёт речь?

А. **Дом.** Какие у вас комнаты?

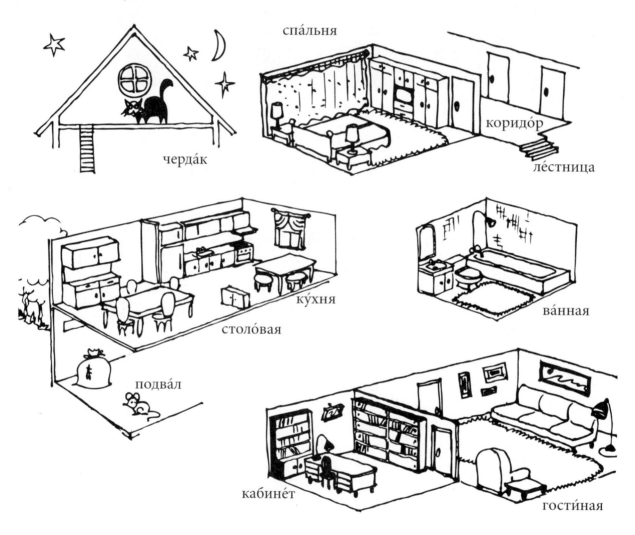

Между прочим

The words **гостиная, столовая,** and **ванная** are feminine adjectives in form. They modify the word **комната,** which is normally left out of the phrase. Although they are used as nouns, they take adjective endings.

Б. Мебель. Что у вас есть дома?

холодильник

плита

стул

письменный стол

лампа

диван

кресло

ковёр

кровать

В.   Цвета́. List the colors below in order of your most to least favorite.

бе́лый — *white*
чёрный — *black*
кра́сный — *red*
си́ний — *dark blue*
голубо́й — *light blue*
се́рый — *gray*
жёлтый — *yellow*
зелёный — *green*
кори́чневый — *brown*

The adjective **си́ний** — *dark blue* has a soft stem. Any endings you add should preserve the softness of the stem: **си́ний, си́няя, си́нюю, си́нее, си́ние**, etc.

Г.   Како́го цве́та?

Образе́ц: — Како́го цве́та ваш пи́сьменный стол?   — *Он кори́чневый.*
              — Како́го цве́та ва́ша крова́ть?   — *Она́ кори́чневая.*

1. Како́го цве́та ваш холоди́льник?
2. Како́го цве́та ваш дива́н?
3. Како́го цве́та ваш ковёр?
4. Како́го цве́та ваш дом?
5. Како́го цве́та ва́ше общежи́тие?
6. Како́го цве́та ва́ша маши́на?
7. Како́го цве́та ва́ше кре́сло?
8. Како́го цве́та ваш са́мый люби́мый сви́тер?
9. Како́го цве́та ва́ша са́мая люби́мая руба́шка?
10. Како́го цве́та ва́ши са́мые люби́мые ту́фли?
11. Како́го цве́та ва́ше пальто́?

Д.   What are you wearing today? List at least six items and say what color they are.

Образе́ц: Мои́ ту́фли чёрные.

E. Како́й у вас дом?

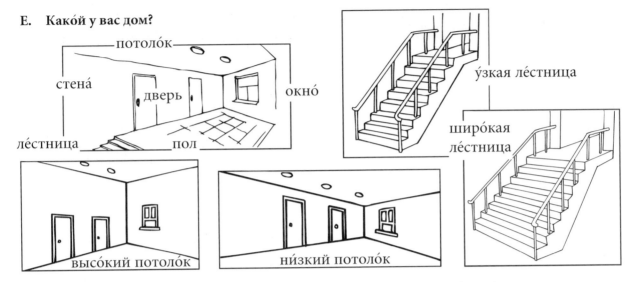

1. Како́го цве́та сте́ны ва́шей ку́хни? В ва́шей гости́ной? В ва́шей спа́льне?
2. У вас о́кна больши́е и́ли ма́ленькие?
3. У вас потоло́к высо́кий и́ли ни́зкий? Како́го он цве́та?
4. У вас есть ле́стница? Она́ широ́кая и́ли у́зкая?
5. Како́го цве́та ва́ша дверь?
6. У вас есть ковер? Если да, како́го он цве́та?

Ж. Разгово́ры.

Разгово́р 1. Фотогра́фии до́ма.
Разгова́ривают Ма́ша и Кейт.

1. What does Masha want Kate to show her?
2. What does Masha think about the size of Kate's house?
3. How many rooms does Kate first say are on the first floor of her house?
4. How many rooms are there by Masha's count?
5. How many bedrooms are there in Kate's house?
6. Where is the family car kept?

Разгово́р 2. Ко́мната в общежи́тии.
Разгова́ривают Оля и Майкл.

1. Where does Michael live?
2. Does he live alone?
3. How many beds are there in his room?
4. How many desks?
5. Does Michael have his own TV?

Michael calls his closet a **шкаф.** Most Russian apartments, however, don't have built-in closets. The word **шкаф** normally refers to a free-standing wardrobe.

Разгово́р 3. Пе́рвый раз в ру́сской кварти́ре.
Разгова́ривают Ро́берт и Ва́ля.

1. What does Robert want to do before the meal?
2. Valya mentions two rooms. Which is hers?
3. Who lives in the second room?
4. What does Valya say about hanging rugs on walls?

Язык в действии

Диалоги

1. Фотогра́фия до́ма

— Марк, у тебя́ есть фотогра́фия твоего́ до́ма?
— Да. Хо́чешь посмотре́ть?
— Коне́чно.
— Вот э́то наш дом. Здесь живу́ я, сестра́ и роди́тели.
— То́лько одна́ семья́ в тако́м большо́м до́ме? А ско́лько у вас ко́мнат?
— Сейча́с посмо́трим. На пе́рвом этаже́ — гости́ная, столо́вая, ку́хня и туале́т. А на второ́м — три спа́льни и две ва́нные.
— А гара́ж у вас есть?
— Нет, гаража́ нет. Маши́на сто́ит на у́лице. Вот она́, си́няя.
— Дом у вас о́чень краси́вый.

Между прочим

Ты и вы. As you know, Russians use the **ты** form to address people with whom they are on familiar speech terms, and the **вы** form for those with whom they are on formal terms, or when talking to more than one person. In many dialogs in this lesson, the speakers may seem to alternate between formal and informal address, but in fact they are using the **вы** forms to address more than one person (a whole family, the members of a cultural group).

Ско́лько у вас ко́мнат? Есть is omitted in "have" constructions when the focus is not on the existence of the item, but rather on some additional information about it. Mark's friend in Dialog 1 already knows that Mark has rooms in his house. His question is how many.

---

2. Фотогра́фия общежи́тия

— Джа́нет, ты живёшь в общежи́тии?
— Да. Хо́чешь посмотре́ть фотогра́фию?
— Да, хочу́. Ты живёшь одна́?
— Нет. У меня́ есть сосе́дка по ко́мнате. Ви́дишь, на фотогра́фии две крова́ти, два стола́.
— Кака́я краси́вая ме́бель. А э́то что тако́е?
— Это холоди́льник, а ря́дом шкаф.
— А телеви́зор?
— В ко́мнате телеви́зора нет. Телеви́зор у нас есть то́лько на этаже́. Ва́нные и туале́ты то́же.

3. Мо́жно посмотре́ть кварти́ру?

— До́брый ве́чер, Са́ша. Я не опозда́ла?
— Нет, нет, Джоа́нна. Проходи́ в большу́ю
  ко́мнату. Ма́мы и па́пы ещё нет, но обе́д гото́в.
— А мо́жно посмотре́ть кварти́ру?
— Коне́чно. Вот в той ма́ленькой ко́мнате живу́ я. А
  здесь живу́т роди́тели.
— Каки́е больши́е о́кна! О, я ви́жу, что у вас ико́ны
  вися́т.
— Да, мы ве́рующие.

Я не опозда́л(а)? Like other past tense
forms, this phrase is marked for gender.
Women say **Я не опозда́ла?**
Men say **Я не опозда́л?**

4. Ковёр на стене́

— Вале́ра, кака́я краси́вая
  ко́мната!
— Да, что ты?! Она́ така́я
  ма́ленькая.
— Но ую́тная. Я ви́жу, что у тебя́
  на стене́ виси́т ковёр. Это
  ру́сская тради́ция?
— Да, а что? У вас тако́й
  тради́ции нет?
— Нет. До́ма у меня́ тако́й же
  ковёр, то́лько он лежи́т на полу́.

5. Хоти́те пое́хать на да́чу?

— Хоти́те, в воскресе́нье пое́дем на да́чу?
— На да́чу? У вас есть да́ча?
— Да, в при́городе.
— Она́ больша́я?
— Два этажа́, четы́ре ко́мнаты. Хоти́те
  посмотре́ть фотогра́фию?
— Это ва́ша да́ча? Жёлтая?
— Да.
— Кака́я ую́тная! Почему́ вы живёте
  здесь, в го́роде, когда́ есть тако́й дом?
— Понима́ете, на да́че нет ни га́за,
  ни горя́чей воды́.
— Тогда́ поня́тно.

Жили́щные усло́вия в Росси́и

Ру́сская кварти́ра. In Soviet times, privately owned housing was virtually unknown. Most Russians lived in communal apartments or small one- or two-bedroom apartments. It was not uncommon for several generations to share the same living space. On the other hand, rent and utilities for most represented a small fraction of household income. After the break-up of the Soviet Union, the Russian government began selling apartments to residents. Privatization of the housing market has spurred new construction leading to a steady increase in availability — albeit at much higher prices. Nevertheless, most Russians live in cramped quarters by U.S. standards. Those still living in communal apartments usually have one room of their own, which serves as a combination bedroom/living room. They share kitchen and bath facilities with others in the apartment.

Жилы́е ко́мнаты. When describing the number of rooms in a house or apartment, Russians count only those rooms where one sleeps or entertains (**жилы́е ко́мнаты**). They do not include the kitchen, bathroom, or entrance hall.

Гости́ная и столо́вая. The words **гости́ная** — *living room* and **столо́вая** — *dining room* are usually used to describe Western homes. Most Russian apartments are too small to have a dining room, and Russians usually refer to the room where they entertain (be it a combination bedroom/living room or the equivalent of a small living room) as **больша́я ко́мната.** If the bedroom is separate from the **больша́я ко́мната,** it is a **спа́льня.**

Ва́нная и туале́т. In most Russian apartments the toilet is in one room (**туале́т**) and the sink and bathtub in another (**ва́нная**).

Да́чи. **Да́чи** are summer houses located in the countryside surrounding most big cities in Russia. Many Russian families own one. These houses are usually not equipped with gas, heat, or running water. Toilets are in outhouses in the backyard. During the summer months Russians, especially old people and children, spend a lot of time at their dachas. Besides allowing them to get away from the city, dachas provide a place where people can cultivate vegetables and fruits to bottle for the winter.

Общежи́тие. Only students from another city live in the dormitory. Russian students studying at an institute in their home town are not given dormitory space. They usually live with their parents.

А. Где вы живёте? Describe where you live. Use as many descriptive words as you can.

Я живу́ в... (до́ме, кварти́ре, общежи́тии)

Наш дом... (большо́й, ма́ленький)

Моя́ кварти́ра о́чень... (ма́ленькая, краси́вая)

В на́шем до́ме... (оди́н эта́ж, два этажа́, три этажа́)

В мое́й кварти́ре... (одна́ ко́мната, две ко́мнаты, три ко́мнаты)

В мое́й ко́мнате.... (больша́я крова́ть...)

На пе́рвом этаже́... (гости́ная...)

На второ́м этаже́... (ма́ленькая спа́льня...)

У меня́ маши́на стои́т... (в гараже́, на у́лице)

Б. Что у вас в ко́мнате?

Use the verbs **стои́т/стоя́т, лежи́т/лежа́т,** and **виси́т/вися́т** to describe the position of objects.

В ко́мнате **стои́т**
большо́й стол.

О, я ви́жу, что у вас
ико́ны **вися́т**.

До́ма у меня́ ковёр
лежи́т на полу́.

Indicate what furniture you have in each room of your house or apartment. Use the
verbs **стои́т/стоя́т, виси́т/вися́т,** and **лежи́т/ лежа́т** as in the example.

Образе́ц: В гости́ной стоя́т дива́н, кре́сла и ма́ленький стол. На полу́ лежи́т бе́лый ковёр, а на
стене́ вися́т фотогра́фии.

		ла́мпа
		дива́н
		холоди́льник
		фотогра́фии
В гости́ной	стои́т/стоя́т	ковёр
В столо́вой	виси́т/вися́т	кре́сло
В спа́льне	лежи́т/лежа́т	стол
На ку́хне		сту́лья
		плита́
		пи́сьменный стол
		шкаф
		крова́ть
		ико́на

Давайте поговорим

А. Подготовка к разговору. Review the dialogs. How would you do the following?

1. Ask if someone has something (a photograph, car, television).
2. State what rooms are on the first and second floor of your house.
3. Find out if someone lives in a house, apartment, or dormitory.
4. Find out if someone has a roommate.
5. State what things you have in your dorm room.
6. State what things you don't have in your dorm room.
7. State that you have two of something (tables, beds, books).
8. State that someone (Mom, Dad, roommate) is not present.
9. Ask if you are late.
10. Ask permission to look at someone's apartment (book, icons).
11. Compliment someone on his/her room (house, car, icons).
12. Respond to a compliment about your room (car, rug).

Б. Что у кого есть? If you wanted to find out whether someone in your class lives in a large apartment, you could ask **Ты живёшь в большой квартире?** or **Твоя квартира большая или маленькая?** How would you find out the following?

1. If someone lives in a small apartment.
2. If someone has a car.
3. If someone has a radio.

Find answers to the following questions by asking other students and your teacher. Everyone asks and answers questions at the same time. Do not ask one person more than two questions in a row.

Кто живёт в большой квартире?

Кто живёт в маленькой квартире?

Кто живёт в общежитии?

У кого есть большой дом?

У кого нет телевизора?

У кого в комнате есть кресло?

У кого есть новая кровать?

У кого есть хорошее радио?

У кого есть очень большой письменный стол?

У кого есть белый свитер?

У кого есть красная машина?

У кого нет машины?

У кого есть компьютер и принтер?

У кого нет телефона в комнате?

У кого есть красивый ковёр?

У кого есть холодильник в комнате?

В. Планиро́вка до́ма. Make a detailed floor plan of:

1. Your home, or your parents' or grandparents' home.
2. Your dream home.

Г. Како́й у тебя́ дом? Describe your home. Based on what you say, your partner will draw a detailed floor plan. You will then correct any mistakes your partner makes in it. Throughout this activity you should speak only Russian. The expressions below will help you describe your home.

Нале́во стои́т/лежи́т/виси́т...	*On the left there is...*
Напра́во стои́т/лежи́т/виси́т...	*On the right there is...*
Ря́дом стои́т/лежи́т/виси́т...	*Nearby there is...*
Да́льше...	*Further...*

Д. Игровы́е ситуа́ции.

1. You have just arrived at a Russian friend's apartment. Ask to see the apartment. Ask as many questions as you can.
2. You have been invited to spend the weekend at a friend's dacha. Accept the invitation. Find out as much as you can about the dacha.
3. A Russian friend is interested in where you live. Describe your living situation in as much detail as you can.
4. You've just checked into a hotel in Russia and are not pleased with your room. Complain at the hotel desk. There is no television. The lamp doesn't work. The table is very small, and there is no chair. You want a different room.
5. You want to rent a furnished apartment in St. Petersburg. Ask the owner five or six questions to find out about the apartment.
6. Working with a partner, prepare and act out a situation of your own that deals with the topics of this unit.

Е. Устный перево́д. You have been asked to interpret for a Russian exchange student who is seeking accommodations at your university. He needs to talk to the housing director. Your task is to communicate ideas, not to translate word for word.

ENGLISH SPEAKER'S PART

1. What did you say your last name is?
2. First name?
3. Oh, yes, here it is. You're in a dorm. Do you know where Yates Hall is? You're on the fifth floor.
4. No, you have two roommates.
5. Bathrooms and showers are on the hall.
6. No, there's no refrigerator, but every room has a bed, a desk, and a lamp. There's a refrigerator on each floor.
7. There's a telephone and TV on each floor.
8. You're welcome.

Давайте почитаем

A. Продаю.

1. Look for these items in the classified ads on this page. What number(s) would you call to inquire about their prices?

   - dacha   _____
   - bed   _____
   - dining room set _____
   - refrigerator   _____
   - sleeper sofa   _____
   - television   _____

2. What do the following words mean, given these building blocks?

   двух — *two*   **ту́мба** — *pedestal*
   пи́сьменный — *writing*   **я́рус** — *tier*

   двухту́мбовый пи́сьменный стол
   двухкассе́тный магнитофо́н
   двухкассе́тник
   двухъя́русная крова́ть

3. Given that **на** means *on* and **стена́** means *wall*, what is a **насте́нный холоди́льник?**

4. What is the difference between a **кре́сло-крова́ть** and a **дива́н-крова́ть?**

ПРОДАЮ

7537-540. Дачу (на участке, 120 км от Москвы). Звонить с 19 до 21 час. по тел. 377-64-32.

7625-360. Импортный диван-кровать (в хорошем состоянии). Тел. 165-69-34.

7668-360. Телевизор «Рекорд-334». Тел. 286-34-67.

7557-360. Двухъярусную кровать. Тел. 464-61-55.

7535-560. Двухкассетник «Шарп-575». Тел. 398-03-51.

7632-340. Новую кухню. Тел. 997-58-38.

7599-660. Старинное пианино «Новик». Тел. 152-64-83.

7426-388. Два кресла-кровати (Чех). Тел. 332-64-79.

7446-52. Новый телевизор «Рекорд». ПАЛ/СЕКАМ-автомат. Тел. 461-15-87.

7692-540. Стол и стулья из гарнитура «Севан» (Румыния). Тел. 654-77-94.

7396-350. Двухъярусную кроватку. Тел. 127-71-28.

7600-532. Дом в деревне (140 км от Москвы). Звонить с 19 до 21 час. по тел. 378-74-85.

7786-507. Тренажер для занятий атлетической гимнастики. Тел. 452-17-66.

7610-543. Импортные CD рок-музыки. Тел. 289-30-24.

7257-720. Двухтумбовый письменный стол. Тел. 469-17-63.

7132-67. Двухкассетный магнитофон. Тел. 239-89-36.

7588-360. Холодильник «Минск-15». Тел. 532-69-71.

7353-721. Настенный холодильник «Сарма». Тел. 237-53-27.

7542-1260. Дом (на участке, в 80 км от Москвы, г. Серпухов, для постоянного проживания). Тел. 268-74-30, звонить с 10 до 18 час., кроме субботы и воскресенья.

Б.   Но́вая кварти́ра.

You are about to read a letter from Volodya to his American friend Jean, in which he describes his move from a downtown communal apartment to new housing on the outskirts of town.

In Soviet times, communal apartments were a way of life for millions of people. Families were allotted a room or two to themselves and shared kitchen and bathrooms with several others. A major housing program begun in the 1960s provided small apartments in cheap pre-fab buildings to many city dwellers, but communal housing survived in some areas through the fall of the Soviet Union.

1. **Reading strategies.** This letter contains lots of new words. You need to know *some* of the new words to understand what you are reading, but you don't need to know all of them to get large chunks of the meaning. Part of reading for content is knowing what to expect when you read. When you know what is likely to be said, you can figure out what to do with unfamiliar vocabulary, even if you cannot provide an exact definition.

   Therefore, before you read the letter, try to figure out what it is going to say. Which of the following topics do you expect to see in a letter describing this move? Put the topics in the correct order. Cross out those topics you do not expect to see.

   ____ Volodya's description of the new apartment
   ____ Volodya's description of the old apartment
   ____ Reasons for the move
   ____ Volodya's description of the family's last vacation
   ____ Volodya's medical problems
   ____ An invitation to come visit the new apartment once things are in order

2. **Words you will need.** You cannot do without some new words. Watch out for these new words, given in order of their appearance in the text.

   коммуна́льная кварти́ра or **коммуна́лка** — What do you think this word means?

   свой — here: *its* (plural): **У на́шей кварти́ры есть свои́ плю́сы.** Another form of the word that you will meet is **своя́: в свое́й ко́мнате** — *in one's own room.*

   са́мый — *most, very.* What then does **Мы живём в са́мом це́нтре го́рода** mean?

   ме́сяц: Э́то 100 до́лларов в ме́сяц. *Rent is $100 per. . .* what?

   заче́м = почему́

   на окра́йне го́рода — *on the outskirts of the city.*

   снима́ть — *to rent (an apartment).* Many people rent apartments from people who are taking extended business trips. That explains Volodya's statement: **Мы снима́ем у люде́й, кото́рые уе́хали на пять лет в командиро́вку заграни́цу** — *We're renting from people who have left for five years on a business trip abroad.*

   хозя́ева — *landlords. Landlord is* **хозя́ин.** *Landlady is* **хозя́йка.**

3. Now read over these questions. A few of the answers might be predictable. Which ones? Once you have read the questions, read the passage to find the answers.

   а. What are the disadvantages of a communal apartment?
   б. What advantages does Volodya see in his family's communal apartment?
   в. Why do Volodya and his family have to move?
   г. Where is the new apartment?
   д. Describe the new apartment.
   е. How much will Volodya's family have to invest in furniture?
   ж. What can you say about Volodya's financial situation after the move?
   з. What does Volodya invite Jean to do?

Дорогой Джин!

Наконец-то мы переезжаем![1] Ты, конечно, помнишь,[2] что мы жили в центре, в коммунальной квартире: я и жена в одной комнате, в соседних комнатах еще две семьи. Конечно, все наши друзья давно нас уговаривают[3] переехать. Да, у коммунальной квартиры есть свои минусы, но есть и свои плюсы. Во-первых, мы жили в самом центре города. Магазины, театры, рестораны, клубы тут рядом. Во-вторых, дёшево:[4] всего 50 000. Это 100 долларов в месяц.

Так зачем переезжать?[5] Ну, как ты знаешь, мы ждём ребёнка. Лара уже на третьем месяце. В коммуналке ребёнка девать некуда.[6]

Теперь о нашем новом доме. Эту квартиру мы снимаем у людей, которые уехали на пять лет в командировку заграницу. Значит, мы будем жить здесь несколько лет. Дом расположен на окраине города, но мы не очень далеко от метро: одна остановка на автобусе или 10 минут пешком. До центра всего 30-40 минут.

[1]move [2]remember [3]давно... have spent a long time talking us into [4]cheap [5]So why move? [6]ребёнка... there's no place to put a child

У нас три комнаты (!). Плюс новая кухня (с микроволновкой!) и новый туалет. (Хозяева сделали полный ремонт[1] год назад, так что квартира в прекрасном состоянии.[2])

Квартира наполовину[3] меблирована.[4] Хозяева оставили[5] большую кровать, еще 2 стола, ковры и занавески.[6] В общем, не пришлось покупать[7] ничего нового. Это хорошо, потому что всё равно, денег нет и не будет:[8] наша новая квартира обходится в 175$ в месяц. Это, конечно, дорого.[9] Зато[10] квартира не только новая и чистая, она еще на сигнализации,[11] и к сожалению,[12] в эти дни приходится думать о преступности,[13] особенно когда в доме есть маленький ребёнок.

[1]repair [2]в прекрасном... in great condition [3]half [4]furnished [5]left behind [6]curtains [7]не пришлось... wasn't necessary to buy [8]денег... There's no money now and there won't be in the future [9]expensive [10]но [11]alarm system [12]unfortunately [13]приходится... one is forced to think about crime

Джин! Мы очень ждём тебя в нашем новом доме. Собираешься¹ ли ты к нам¹ в Москву? Приедешь — не надо² будет жить в общежитии, сможешь жить у нас в своей комнате! Напиши, какие у тебя планы. Наш новый адрес:

113226 Москва.
ул. Башиловская, 14-47
Тел. (095) 485-41-57

¹Собираешься... are you planning to visit us ²it will not be necessary

4. **Но́вые слова́ из конте́кста.** You can probably figure out the meaning of these words in context:

плю́сы и ми́нусы: У коммуна́льной кварти́ры есть свои́ ми́нусы, но есть и свои́ плю́сы.

во-пе́рвых, ...во-вторы́х: Во-пе́рвых, мы жи́ли в са́мом це́нтре го́рода. Во-вторы́х, дёшево: всего́ пятьдеся́т ты́сяч.

ме́сяц: Given the situation in this family, what does **Она́ уже́ на тре́тьем ме́сяце** mean?

расположе́н: Дом расположе́н на окра́ине го́рода. Other examples:

> На́ша библиоте́ка располо́жена на Большо́й у́лице.
> Но́вые магази́ны располо́жены недалеко́ от Центра́льной пло́щади.
> Тристи́ческое аге́нтство располо́жено в це́нтре го́рода.

What does **расположе́н** mean? What word does it agree with grammatically?
Микроволно́вка is short for **микроволно́вая печь.** With what room is this item associated? What does it mean?

5. **Как по-ру́сски...?** You can use this text to find out how to say some useful things. (You will have to make some slight adjustments to some of the phrases in the text to come up with the expressions given below.)

We used to live downtown.
Our apartment has its good points and its bad points.
My neighbor is expecting.
I'm renting an apartment. It's $ . . . a month.
It's only . . . minutes to get to downtown (to the university, to the park, to our apartment, to our dorm, etc.).
The university isn't far: five minutes by foot or one stop.
You won't have to live in a dorm.
You can live at our place (at my place, at her place, at their place, at Valya's, etc.)

СЛОВАРЬ

всё равно — *nevertheless* I don't care

всего́ — *only* только

давно́ — *since long ago*

де́ньги: де́нег нет — *there's no money*

дёшево — *cheap(ly)*

до́рого — *expensive(ly)*

ждать: жд-у, -ёшь, -ут — *to await, to expect*

заграни́цу — *abroad (куда́)*

за́навески — *curtains*

зато́ — *then again*

командиро́вка — *business trip*

ли — *whether or not*

меблиро́ван — *furnished*

ме́сяц — *month*

мо́жно — *it is possible*

на́до — *it is necessary;* **на́до бу́дет** — *it will be necessary*

наза́д — *ago*

не́сколько лет — *several years*

ну́жно — *it is necessary*

обходи́ться: он обхо́дится — *it comes to (a sum of money)*

о́бщем: в о́бщем — *all in all*

окра́ина — *outskirts*

осо́бенно — *especially*

остано́вка — *bus (tram, trolley) stop*

пешко́м — *by foot*

покупа́ть — *to buy*

по́лный — *full, complete*

полови́на — *half:* **на полови́ну** — *halfway*

по́мнить: по́мн-ю, -ишь, -ят — *to remember*

престу́пность *(fem.)* — *crime*

прихо́дится — *it is necessary*

пришло́сь — *it was necessary*

ремо́нт — *repair*

располо́жен — *located*

ря́дом — *right nearby*

сигнализа́ция — *alarm system*

снима́ть: снима́-ю, -ешь, -ют — *to rent (an apartment, house)*

собира́ться: собира́-юсь, -ешься, -ются — *to plan:* **собира́ться куда́** — *to plan to go somewhere*

сожале́ние: к сожале́нию — *unfortunately*

состоя́ние — *condition, state*

так что — *and for that reason*

угова́ривать: угова́рива-ю, -ешь, -ют — *to try to convince*

хозя́ева — *owners, landlords*

чи́стый — *clean*

▣ Давайте послушаем

A. Ищу́ кварти́ру. Listen to the entire conversation. Decide which of the following statements best describes it.

1. Someone has come to look over an apartment for rent.
2. Someone has paid a visit to some new neighbors to see how they are doing.
3. A daughter is helping her mother move into a newly-rented apartment.
4. An apartment resident is selling her furniture.

Write down an expression or two from the conversation that supports your conclusion.

Б. Listen to the conversation again. Number the pictures to indicate the sequence.

_____ А те́хнику... отдаём сы́ну.

_____ Туале́т то́же по́лностью отремонти́рован.

_____ Вот э́то ку́хня.

_____ Я ви́жу, что у вас микроволно́вая печь.

_____ Больши́е ве́щи — шкафы́, дива́н, крова́ть, столы́ — да, оставля́ем.

_____ 150? Дорогова́то, коне́чно.

_____ Вы о́чень далеко́ от метро́.

_____ Кварти́ра на сигнализа́ции.

B. Now figure out the meaning of the following new expressions from context.

1. **микроволно́вая печь**
   а. microcomputer
   б. microwave oven
   в. minibike
   г. minicassette recorder

2. **Мы де́лали ремо́нт.**
   а. We had repairs done.
   б. We made a deal.
   в. We threw in the towel.
   г. We took out the garbage.

3. **остано́вки тролле́йбуса**
   а. trolley cars
   б. trolley traffic
   в. trolley repairs
   г. trolley stops

4. **сигнализа́ция**
   а. traffic light
   б. television signal
   в. anti-theft alarm
   г. microwave radiation

Г. You now have enough information to answer these questions about renting the apartment.

1. How many rooms does the apartment have (according to the way Russians count)?
2. The woman renting the apartment is leaving some furniture behind for the renters to use. Which furniture stays with the house?
3. What pieces will not be available to the renters?
4. List at least two good points about this apartment.
5. List at least two disadvantages.

В помощь учащимся

6.1   Хотеть

Learn the conjugation of the verb **хотеть** *(to want)*. It is one of only four irregular verbs in Russian and must be memorized.

хотеть (to want)	
хоч -	**у**
хо́ч -	**ешь**
хо́ч -	**ет**
хот -	**им**
хот -	**ите**
хот -	**ят**

Упражнения

А.   Заполните пропуски. Complete the dialog with the appropriate forms of **хотеть**.

— Алло́, Ли́за? Слу́шай, вы с Кристи́ной* не _____ пойти́ сего́дня на конце́рт?

— Я _____ . А Кристи́на говори́т, что она́ _____ смотре́ть телеви́зор.

***вы с Кристи́ной —** *you and Christina*

— Зна́ешь, у меня́ четы́ре биле́та. Если Кристи́на не _____ , дава́й пригласи́м Пи́тера и Ама́нду.

— Дава́й. Они́ у меня́ в ко́мнате и говоря́т, что _____ пойти́.

— Прекра́сно.

Б.   Соста́вьте предложе́ния. Make sentences by combining words from the columns. The question marks mean that you may use a phrase of your own.

я			смотре́ть телеви́зор
наш преподава́тель	всегда́		писа́ть пи́сьма
мы	никогда́ не		слу́шать ра́дио
вы	сейча́с	хоте́ть	убира́ть ко́мнату
студе́нты	сейча́с не		чита́ть по-ру́сски
ты			у́жинать в кафе́
?			?

➤   *Complete Oral Drill 4 and Written Exercise 1 in the Workbook.*

6.2 Soft-Stem Adjectives — си́ний

The adjective **си́ний** — *dark blue* has a soft (palatalized) stem. The softness (palatalization) of the last letter in the stem, **н,** is marked by the letter **и,** which follows it.

The letter written after a consonant indicates whether the consonant is hard or soft.

∅	а	э	о	у	ы	indicate that the preceding consonant is hard.
ь	я	е	ё	ю	и	indicate that the preceding consonant is soft.

The ending on **си́ний** is simply the soft variant of the ending on the hard-stem adjectives you have learned, like **но́вый, ста́рый,** and **кра́сный.** (The letters **ы** and **и** are "hard-soft partners.")

The **н** in **си́ний** is soft in all forms of the word.

Here is a summary of the cases you know, showing the hard-stem adjective **но́вый** and the soft-stem adjective **си́ний.** The soft-stem endings are identical to the hard-stem endings except that they begin with the "soft partner" vowels.

	MASCULINE	NEUTER	FEMININE	PLURAL
Nominative	но́вый си́ний дом	но́вое си́нее окно́	но́вая си́няя маши́на	но́вые си́ние маши́ны
Accusative				
Inanimate	*like nominative*	*like nominative*	но́вую си́нюю маши́ну	*like nominative*
Animate	*like genitive*	*like genitive*	но́вую си́нюю пти́цу	*like genitive*
Prepositional	о но́вом си́нем до́ме	о но́вом си́нем окне́	о но́вой си́ней маши́не	но́вых си́них маши́нах

Упражнение

Запо́лните про́пуски. Supply the adjective endings.

Образе́ц: У па́пы есть жёлт<u>ая</u> маши́на. У ма́мы есть си́<u>няя</u> маши́на.

1. У Ва́ни есть кра́сн____ дива́н. У Ани есть си́н____ дива́н. У Ма́ши есть голуб____ дива́н.

2. У Ди́мы есть краси́в____ си́н____ ла́мпа. У Бори́са есть ста́р____ чёрн____ дива́н.

3. У Ната́ши есть но́в____ зелён____ кре́сло. У Ле́ны есть ста́р____ си́н____ кре́сло.

4. У Ми́ши голуб____ и́ли си́н____ ковры́?

5. Покажи́те, пожа́луйста*, си́н____ дива́н и кра́сн____ стол.

6. Покажи́те, пожа́луйста, си́н____ и жёлт____ ковры́.

7. Покажи́те, пожа́луйста, си́н____ и бе́л____ ла́мпу.

8. Покажи́те, пожа́луйста, зелён____ стол.

9. Покажи́те, пожа́луйста, чёрн____ и́ли кори́чнев____ сту́лья.

10. Покажи́те, пожа́луйста, си́н____ и́ли се́р____ ковёр.

11. Покажи́те, пожа́луйста, жёлт____ и си́н____ кре́сло.

12. Ива́н живёт в но́в____ си́н____ до́ме. Мари́я живёт в краси́в____ бе́л____ общежити́и. Па́вел и Ла́ра живу́т в ста́р____ кварти́ре.

*Покажи́те, пожа́луйста, [direct object]. — *Show me* [direct object], *please.*

6.3   Genitive Case — Forms

The genitive case of pronouns

У **него́** есть кни́га.

У **неё** есть кни́га.

You already know how to express "having" by saying **У меня́ есть..., У тебя́ есть...,** and **У вас есть...** The word following the preposition **у** is in the genitive case. The table below gives the genitive case forms for all the pronouns.

NOMINATIVE CASE	У + GENITIVE CASE
кто	у кого́
я	у меня́
ты	у тебя́
он	у него́
она́	у неё
мы	у нас
вы	у вас
они́	у них

Упражнение

Соста́вьте предложе́ния. Make sentences out of these words as in the model.

Образе́ц: У/я/есть/телеви́зор.
       У меня́ есть телеви́зор.

1. У/вы/есть/те́хника.
2. У/я/есть/ра́дио и магнитофо́н.
3. Это Анто́н. У/он/есть/маши́на.
4. У/мы/есть/компью́тер.
5. Это мои́ роди́тели. У/они́/есть/компью́тер и при́нтер.
6. Это Ка́тя. У/она́/есть/да́ча.
7. У/ты/есть/но́вое пла́тье.

➤ *Complete Oral Drills 5–6 and Written Exercise 2 in the Workbook.*

The genitive case of modifiers and nouns

У э́того ма́льчика есть кни́га. **У э́той де́вочки** есть кни́га.
The genitive endings for *singular masculine and neuter phrases* are **-ого** for adjectives and **-а** for nouns:

NOMINATIVE CASE	GENITIVE CASE	
э́тот ма́льчик	э́т**ого** ма́льчик**а**	*this boy*
но́вый сосе́д	но́в**ого** сосе́д**а**	*new neighbor*
большо́й дом	больш**о́го** до́м**а**	*big house*
ма́ленькое окно́	ма́леньк**ого** окна́	*little window*
краси́вое кре́сло	краси́в**ого** кре́сл**а**	*pretty armchair*

The adjective ending is spelled **-его** instead of **-ого** if necessary

a. to avoid breaking the 5-letter spelling rule:

NOMINATIVE	GENITIVE	
наш хоро́ший стол	на́ш**его** хоро́ш**его** стола́	*our good table*
ва́ше хоро́шее письмо́	ва́ш**его** хоро́ш**его** письма́	*your good letter*

б. if the adjective stem is soft:

NOMINATIVE	GENITIVE	
мой си́ний стол	мо**его́** си́**него** стола́	*my dark blue table*
твоё си́нее окно́	тво**его́** си́**него** окна́	*your dark blue window*

The noun ending is spelled **-я** rather than **-а** if the noun stem is soft:

NOMINATIVE	GENITIVE	
преподава́тель	преподава́тел**я**	*teacher*
общежи́тие	общежи́ти**я**	*dormitory*

The genitive endings for *singular feminine phrases* are **-ой** for adjectives and **-ы** for nouns:

NOMINATIVE	GENITIVE	
э́та ко́мната	э́т**ой** ко́мнат**ы**	*this room*
но́вая ла́мпа	но́в**ой** ла́мп**ы**	*new lamp*
больша́я кварти́ра	больш**о́й** кварти́р**ы**	*big apartment*
ру́сская ико́на	ру́сск**ой** ико́н**ы**	*Russian icon*

The adjective ending is spelled **-ей** instead of **-ой** if necessary

a. to avoid breaking the 5-letter spelling rule:

NOMINATIVE	GENITIVE	
на́ша хоро́шая ла́мпа	на́ш**ей** хоро́ш**ей** ла́мпы	*our good lamp*
горя́чая вода́	горя́ч**ей** воды́	*hot water*

б. if the adjective stem is soft:

NOMINATIVE	GENITIVE	
моя́ си́няя маши́на	мо**е́й** си́**ней** маши́ны	*my dark blue car*
твоя́ ко́мната	тво**е́й** ко́мнаты	*your room*

The noun ending is spelled **-и** rather than **-ы**

    a. to avoid breaking the 7-letter spelling rule:

NOMINATIVE	GENITIVE	
де́вочка	де́вочки	*girl*
да́ча	да́чи	*summer house*
руба́шка	руба́шки	*shirt*

    б. if the noun stem is soft:

NOMINATIVE	GENITIVE	
ку́хня	ку́хни	*kitchen*
тради́ция	тради́ции	*tradition*

GENITIVE CASE OF ADJECTIVES AND NOUNS				
	Masculine singlar	**Neuter singular**	**Feminine singular**	**Plural**
Nominative	но́вый чемода́н∅ (большо́й)	но́вое письмо́	но́вая ви́за	но́вые чемода́ны
Genitive	но́вого чемода́на	но́вого письма́	но́вой ви́зы	*[learn later]*

Notes

1   Some masculine nouns have end stress whenever an ending is added: **стол →** **стола́; гара́ж → гаража́.**

2. Some masculine nouns with **е** or **о** in the semi-final position lose this vowel whenever an ending is added: **оте́ц → отца́.**

3. The words **мать** and **дочь** have a longer stem in every case except the nominative and accusative singular. Their genitive singular forms are **ма́тери** and **до́чери.**

4. Nouns ending in **-а** or **-я** that refer to men and boys decline like feminine nouns, but they are masculine and take masculine modifiers: **У ма́ленького Ди́мы есть** **кни́га.**

5. The genitive endings for the special modifiers are not irregular, but because they involve accent shifts, soft endings, and application of the 5-letter spelling rule, you may wish simply to memorize them.

Masculine and neuter singular	моего́	ва́шего	э́того
	твоего́	своего́	одного́
	на́шего	чьего́	тре́тьего
Feminine singular	мое́й	ва́шей	э́той
	твое́й	свое́й	одно́й
	на́шей	чье́й	тре́тьей

Упражнение

Put the following phrases into the genitive case.

1. наш отец
2. моя мать
3. этот американец
4. старая соседка
5. большое общежитие
6. его брат
7. твоя сестра
8. наша семья
9. интересный журнал
10. хорошая книга

➤ *Complete Oral Drill 7 and Written Exercises 3–4 in the Workbook.*

6.4 Expressing Ownership, Existence, and Presence: есть что

Russian expresses ownership by using **у + genitive case + есть + nominative case.**

The preposition **у** means *at* or *next to*. It is always followed by a noun, noun phrase, or pronoun in the genitive case. Russians don't say *Ivan has a book.* Instead they say *There is a book at Ivan* (**У Ивана есть книга**). This literal translation might help you understand the grammar of the Russian construction. Note that in the sentence *There is a book at Ivan,* the word *book* (**книга**) is the subject of the sentence. That is why it is in the nominative case.

Russians often answer questions about ownership with the short answer **Да, есть.** Note that **есть** has several different English translations depending on context.

— **У них есть** компьютер?   *Do they have* a computer?
— Да, **есть.**   Yes, they *do.*
— **У твоей сестры есть** пальто?   *Does your sister have* a coat?
— Да, **есть.**   Yes, she *does.*

Simple presence *(There is…/There are…)* is also expressed by using **есть.**

— Здесь **есть** книга?   *Is there* a book here?
— Да, **есть.**   Yes, *there is.*

Just as in English, the object or person present is the subject of the sentence, and therefore it is in the nominative case.

Упражнение

Соста́вьте предложе́ния. Make 5 questions and 5 statements about things people have by combining words from the columns below.

Образе́ц: У твоего́ отца́ есть да́ча?
              У меня́ есть но́вая маши́на.

я	да́ча
мы	компью́тер
ваш сосе́д	большо́й дива́н
твой оте́ц	краси́вая ла́мпа
твоя́ сестра́	япо́нский телеви́зор
э́та америка́нка	большо́й стол
её дочь	но́вая маши́на

➤ *Review Oral Drills 5–7 and Written Exercises 2–4 in the Workbook.*

6.5   Expressing Nonexistence and Absence: нет чего́

When the word **есть** is negated, the result is the contraction **нет.** To express nonexistence, the negation of **есть**, Russian uses **нет** *plus the genitive case.* (**Здесь нет кни́ги.** *There's no book here.* **Здесь нет общежи́тия.** *There's no dormitory here.* **Здесь нет студе́нта.** *There's no student here.*) Russian sentences with this contraction have no grammatical subject.

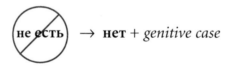

— Где Ка́тя?	— Где Ми́ша?	— Где роди́тели?
— **Её** здесь нет.	— **Его́** здесь нет.	— **Их** здесь нет.

Note that the genitive case of **он, она́,** and **они́** in the example sentences above differ slightly from the forms introduced before: **у него́, у неё, у них.** The third person pronouns begin with the letter **н** only when they follow a preposition.

The contraction **нет** + *genitive* is also used to say that someone does *not have* or *own* something:

HAVING

у + *genitive* есть + *nominative*
У меня́ **есть брат.**
У нас **есть кассе́та.**
У неё **есть пла́тье.**

NOT HAVING

у + *genitive* нет + *genitive*
У меня́ **нет бра́та.**
У нас **нет кассе́ты.**
У неё **нет пла́тья.**

Упражнения

А. **Отве́тьте на вопро́сы.** Indicate that the following people are not present.

Образе́ц: — Ма́ша здесь? — *Её нет.*

1. Никола́й Константи́нович здесь?
2. Па́па здесь?
3. Ива́н здесь?
4. Анна Серге́евна здесь?
5. Ма́ма здесь?
6. Со́ня здесь?
7. Вади́м и Ка́тя здесь?
8. Ва́ши сосе́ди здесь?
9. Ма́ма и па́па здесь?

Б. Indicate that the following things are not present.

Образе́ц: — Ла́мпа здесь? — *Её нет.*

1. Телеви́зор здесь?
2. Холоди́льник здесь?
3. Ковёр здесь?
4. Кре́сло здесь?
5. Общежи́тие здесь?
6. Ико́на здесь?
7. Крова́ть здесь?
8. Кварти́ра здесь?
9. Кни́ги здесь?
10. Стол и сту́лья здесь?
11. Письмо́ здесь?
12. Кни́га здесь?
13. Слова́рь здесь?

В. **Отве́тьте на вопро́сы.** Answer the following questions, following the model.

Образе́ц: — У вас есть но́вый телеви́зор?
  — *Да, у меня́ есть но́вый телеви́зор. ИЛИ — Нет, у меня́ нет но́вого телеви́зора.*

1. У вас есть брат?
2. У вас есть сестра́?
3. У вас есть да́ча?
4. У вас есть дом?
5. У вас есть кварти́ра?
6. У вас есть но́вая маши́на?
7. У вас есть гара́ж?
8. У вас есть ру́сско-англи́йский слова́рь?
9. У вас есть англо-ру́сский слова́рь?
10. У вас есть кре́сло?
11. У вас есть компью́тер?

➤ *Complete Oral Drills 8–13 and Written Exercises 5–7 in the Workbook.*

6.6 Possession and Attribution (of) — Genitive Case of Noun Phrases

To express possession Russian uses the genitive case where English uses a noun + 's.

Это **кварти́ра Вади́ма**.   This is *Vadim's apartment.*

The genitive case is used to answer the question **чей** when the answer is a noun or noun phrase.

— Чья э́то кварти́ра?   Whose apartment is this?
— Это кварти́ра **Вади́ма**.   This is *Vadim's* apartment.

— Чей э́то ковёр?   Whose rug is this?
— Это ковёр **Ки́ры**.   This is *Kira's* rug.

— Чьё э́то письмо́?   Whose letter is this?
— Это письмо́ **на́шего сосе́да**.   This is our *neighbor's* letter.

— Чьи э́то кни́ги?   Whose books are these?
— Это кни́ги **мое́й сестры́**.   These are *my sister's* books.

In Russian the genitive case is also used where English uses *of*.

Это фотогра́фия **Ка́ти**.   This is *Katya's* photo.
                                       OR
                                       This is a photograph *of Katya.*

Note the word order in the Russian sentences. The word or words in genitive case indicating possession or *of* come at the end.

Упражнение

Как по-ру́сски? Express the following short dialog in Russian. Pay special attention to the words in italics.

— Do you have a picture *of your house?*
— Yes, I do. This is *my family's* house. This is my room, and this is *my sister's* room.
— Is that your car?
— That's *my father's* car. *My mother's* car is on the street.

➤   *Complete Oral Drill 14 and Written Exercises 8–9 in the Workbook.*

6.7   Specifying Quantity

оди́н, одно́, одна́

The Russian word **оди́н** is a modifier. It agrees with the noun it modifies:

оди́н	брат, журна́л, студе́нт, стол
одно́	окно́, пла́тье, общежи́тие
одна́	сестра́, газе́та, студе́нтка, крова́ть

Compound numerals ending in **оди́н (одно́, одна́)** follow the same pattern:

два́дцать оди́н	журна́л, студе́нт, стол
сто одно́	окно́, пла́тье, общежи́тие
пятьдеся́т одна́	газе́та, студе́нтка, крова́ть

2, 3, 4 + genitive singular noun

A noun following **два, три,** or **четы́ре** will be in the genitive singular:

2 ⎫ бра́та, журна́ла, студе́нта, стола́
3 ⎬ окна́, пла́тья, общежи́тия
4 ⎭ сестры́, газе́ты, студе́нтки, крова́ти

The numeral 2 is spelled and pronounced **два** before masculine and neuter nouns, and **две** before feminine nouns:

два { бра́та, журна́ла, студе́нта, стола́ / окна́, пла́тья, общежи́тия }   **две** { сестры́, газе́ты, / студе́нтки, крова́ти }

Compound numerals ending in **два (две), три,** or **четы́ре** follow the same pattern: В э́том до́ме **два́дцать три этажа́.**

Other expressions of quantity

The genitive plural is used after all other numbers (5–20, tens, hundreds, thousands, etc., and compound numbers ending in 5, 6, 7, 8, or 9). Until you learn the genitive plural, avoid specifying quantity unless the number ends in **оди́н, два, три,** or **четы́ре** and avoid using adjectives with numbers other than one.

Упражнение

Запо́лните про́пуски. Supply the needed endings.

1. У Ки́ры есть два компью́тер____.
2. У Ми́ши есть две сестр____.
3. В на́шей кварти́ре четы́ре ко́мнат____.
4. У тебя́ то́лько оди́н брат____?
5. В на́шем го́роде три библиоте́к____.

➤ *Complete Oral Drills 15–16 and Written Exercise 10 in the Workbook.*

6.8 At Someone's Place: у кого́

To indicate *at someone's place* in Russian, use **у** + *genitive case*. Context dictates what the "place" is (house, office, city, or country).

Мы живём **у бра́та.**	We live *at my brother's (house).*
Студе́нт сейча́с **у преподава́теля.**	The student is now *at the teacher's (office).*
У нас интере́сно.	It's interesting *in our town.*
У вас нет тако́й тради́ции?	Isn't there a similar tradition *in your country?*

Упражнение

Как по-ру́сски? Pay special attention to the phrases in italics.

1. There's no library *in our town.*
2. Petya is *at Sasha's* today.
3. I'm living *at my sister's place* right now.
4. It's interesting *in our country.*

➤ *Complete Written Exercise 11 in the Workbook.*

6.9 Review of Genitive Case Uses

Read the following sentences. Underline the pronouns, adjectives, and nouns in the genitive case. Indicate (а, б, в, or г) why the genitive case was used.

a. Appears after **у** to indicate *have.*
б. Follows the number **два/две, три,** or **четы́ре.**
в. Used in connection with **нет** to indicate absence or nonexistence.
г. Indicates possession or the notion *of.*

Образе́ц: ___в___ Здесь нет большо́й ко́мнаты.

1. _____ У моего́ бра́та есть маши́на.
   _____ Это маши́на моего́ бра́та.

2. _____ В университе́те четы́ре общежи́тия.
   _____ Это ко́мната Мари́и.
   _____ Здесь нет цветно́го телеви́зора.
   _____ Но у неё есть кре́сло, стол и шкаф.
   _____ Здесь ещё два сту́ла.

3. _____ У ма́тери зелёный ковёр.

4. _____ —У кого́ есть фотогра́фии?
   _____ — У меня́ есть.
   _____ Вот фотогра́фия мое́й сестры́.
   _____ А э́то её де́ти — две до́чери.

5. _____ В на́шем университе́те четы́ре библиоте́ки.
   _____ У нас хоро́ший спорти́вный зал.
   _____ Но здесь нет бассе́йна.

Обзорные упражнения

 A. Разговóры. Listen to the conversations with the following questions in mind.

Разговóр 1. Приглашáем на дáчу.
   Разговáривают Нáдя и Лúза.

1. Where is Nadya's dacha?
2. How many rooms does it have?
3. Why doesn't Nadya's family live at the dacha all the time?

Разговóр 2. Кóмната в общежúтии.
   Разговáривают Мúтя и Кэ́ти.

1. In what city does Kathy live?
2. What sort of housing does she have?
3. What can you say about her room furnishings?
4. Kathy's Russian friend asks where she got her rug. What does her friend assume? Is this assumption correct?

Б. Нóвая квартúра в Москвé. Your company has just purchased an unfurnished two-room apartment in Moscow. You have been asked to furnish it.

1. List at least ten items you would like to buy. Use at least one adjective with each item.
2. Read the ads on page 162 to see if they include any of the items on your list. If so, jot down the telephone numbers next to the appropriate items on your list.
3. For one of the advertised items on your list, place a phone call to find out whether it is still available, and whether it is suitable (e.g., if you wanted a red rug, ask if the rug advertised is red or some other color).
 4. Assume that you have been able to purchase everything you wanted for the apartment. Write a paragraph of 5–7 sentences describing the apartment to your colleagues.

Новые слова и выражения

NOUNS

брат (*pl.* бра́тья)	brother
ва́нная (*declines like adj.*)	bathroom (*bath/shower; no toilet*)
ве́рующий (*declines like adj.*)	believer
вода́ (*pl.* во́ды)	water
газ	natural gas
гара́ж (*ending always stressed*)	garage
гости́ная (*declines like adj.*)	living room
да́ча (на)	summer home, dacha
дверь (*fem.*)	door
де́вочка	(little) girl
дива́н	couch
ико́на	religious icon
кабине́т	office
ков(ё)р (*ending always stressed*)	rug
коридо́р	hallway, corridor
кре́сло	armchair
крова́ть (*fem.*)	bed
ку́хня (на)	kitchen
ла́мпа	lamp
ле́стница	stairway
ма́льчик	(little) boy
ме́бель (*fem., always sing.*)	furniture
обе́д	lunch
окно́ (*pl.* о́кна)	window
плита́ (*pl.* пли́ты)	stove
подва́л	basement
пол (на полу́)	floor (*as opposed to ceiling*)
потол(о́)к (*ending always stressed*)	ceiling
при́город	suburb
сосе́д(ка) по ко́мнате	roommate
спа́льня	bedroom
стена́ (*pl.* сте́ны)	wall
стол (*ending always stressed*)	table
пи́сьменный стол	desk
столо́вая (*declines like adj.*)	dining room, cafeteria
стул (*pl.* сту́лья)	(hard) chair
тради́ция	tradition
туале́т	bathroom
у́лица (на)	street
фотогра́фия (на)	photograph

холоди́льник	refrigerator
черда́к (на) (*ending always stressed*)	attic
шкаф (в шкафу́) (*ending always stressed*)	cabinet; wardrobe; free-standing closet
эта́ж (на) (*ending always stressed*)	floor, storey

ADJECTIVES

цвета́	colors
бе́лый	white
голубо́й	light blue
жёлтый	yellow
зелёный	green
кори́чневый	brown
кра́сный	red
се́рый	gray
си́ний	dark blue
цветно́й	color
чёрно-бе́лый	black and white
чёрный	black

Other adjectives

высо́кий	high
горя́чий	hot (*of things, not weather*)
ни́зкий	low
оди́н (одна́, одно́, одни́)	one
пи́сьменный	writing
свой (своя́, своё, свои́)	one's own
тако́й	such, so (*used with nouns*)
тако́й же	the same kind of
тот (та, то, те)	that, those (*as opposed to э́том*)
у́зкий	narrow
ую́тный	cozy, comfortable (*about room or house*)
широ́кий	wide

QUESTION WORDS

почему́	why
ско́лько	how many

VERBS

хоте́ть
   (хочу́, хо́чешь, хо́чет,
   хоти́м, хоти́те, хотя́т)
	to want

есть *(+ nominative)*	there is
нет *(+ genitive)*	there is not
виси́т, вися́т	hang(s)
лежи́т, лежа́т	lie(s)
стои́т, стоя́т	stand(s)

ADVERBS

да́льше	further, next
ря́дом	alongside
тогда́	in that case
нале́во	on the left
напра́во	on the right

PHRASES AND OTHER WORDS

жили́щные усло́вия	living conditions
Како́го цве́та...?	What color is/are...?
Мо́жно посмотре́ть кварти́ру?	May I look at the apartment?
ни... ни...	neither... nor...
Обе́д гото́в.	Lunch is ready.
Пое́дем...	Let's go...
Посмо́трим.	Let's see.
Проходи́(те).	Come in.
Ско́лько у вас ко́мнат?	How many rooms do you have?
у + *genitive*	at *(somebody's)* house
у + *genitive* + есть + *nominative*	*(someone)* has *(something)*
у + *genitive* + нет + *genitive*	*(someone)* doesn't have *(something)*
Хо́чешь посмотре́ть?	Would you like to see [it, them]?
Я ви́жу...	I see...
Я не опозда́л(а)?	Am I late?

PERSONALIZED VOCABULARY

_____

_____

_____

_____

Наша семья

Коммуникативные задания

- Naming family members
- Talking about people: names, ages, professions, where they were born, and where they grew up
- Exchanging letters about families

В помощь учащимся

- **Люби́ть**
- Stable vs. shifting stress in verb conjugation
- **Роди́лся, вы́рос**
- Expressing age — the dative case of pronouns
- Specifying quantity
  - **год, го́да, лет** in expressions of age
  - **Ско́лько дете́й, бра́тьев, сестёр?**
- **Зову́т**
- Accusative case of pronouns and masculine animate singular modifiers and nouns
- **О(б)** + prepositional case
- Prepositional case of question words, personal pronouns, and plural modifiers and nouns
- **Workbook:**   Review of numbers 1–100,000
      IC–2 for emphasis

Между прочим

- Russian families
- Teachers vs. professors

Точка отсчёта

О чём идёт речь?

А. Это наша семья.

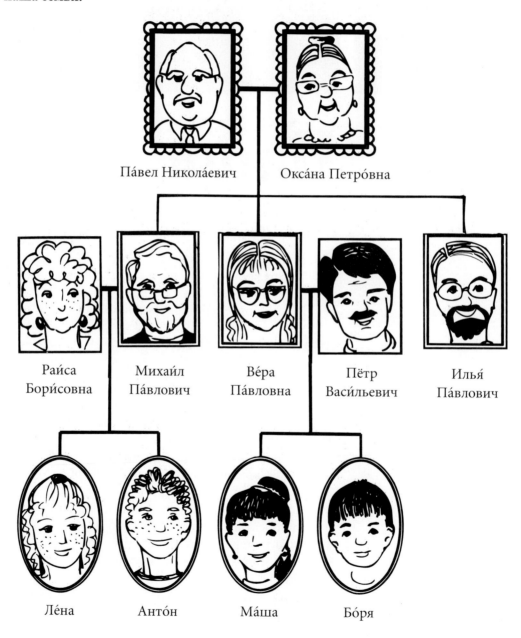

Па́вел Никола́евич Окса́на Петро́вна

Раи́са Бори́совна Михаи́л Па́влович Ве́ра Па́вловна Пётр Васи́льевич Илья́ Па́влович

Ле́на Анто́н Ма́ша Бо́ря

Фотогра́фии семьи́ Ле́ны

Познако́мьтесь. Это мои́ роди́тели. Вот мать. Её зову́т Раи́са Бори́совна. А вот оте́ц. Его́ зову́т Михаи́л Па́влович. Анто́н мой брат. Я его́ сестра́.

Это мой дя́дя Илья́. У него́ нет жены́. А э́то моя́ тётя Ве́ра и её второ́й муж, Пётр Васи́льевич. Я их племя́нница, а мой брат Анто́н их племя́нник.

Па́вел Никола́евич мой де́душка. Окса́на Петро́вна моя́ ба́бушка. Я их вну́чка, а Анто́н их внук.

Это де́ти тёти Ве́ры. Вот её сын Бо́ря. Он мой двою́родный брат. А вот её дочь Ма́ша. Она́ моя́ двою́родная сестра́.

Чле́ны семьи́

оте́ц	мать	роди́тели
сын	дочь	де́ти
дя́дя	тётя	
де́душка	ба́бушка	
внук	вну́чка	
брат	сестра́	
двою́родный брат	двою́родная сестра́	
племя́нник	племя́нница	
муж	жена́	

Б.   У тебя́ есть...? Find out if your partner has the family members shown on pages 188–189.

Образе́ц: — У тебя́ есть сестра́?
            — Да, есть.   *или*   — Нет, нет.

В.   Профе́ссии. Find out what your partner's relatives do for a living. Use the pictures to help you with the names of some typical occupations. Ask your teacher for other professions if you need them.

Образе́ц: — Кто по профе́ссии твой оте́ц?
            — По профе́ссии мой оте́ц преподава́тель.

врач   учи́тель   учи́тельница   медсестра́/
                                                     медбра́т

учёный   секрета́рь   бизнесме́н   музыка́нт

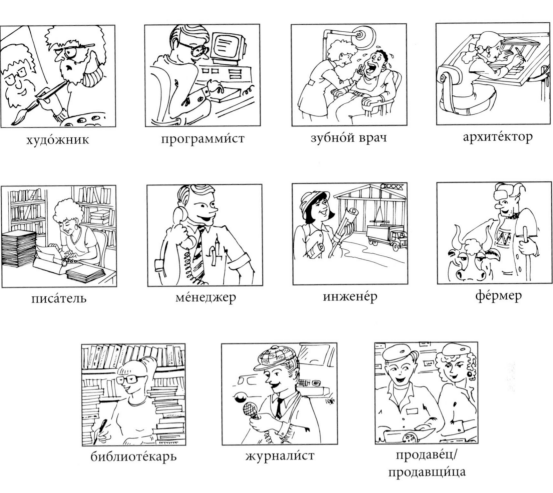

художник

программи́ст

зубно́й врач

архите́ктор

писа́тель

ме́неджер

инжене́р

фе́рмер

библиоте́карь

журнали́ст

продаве́ц/
продавщи́ца

домохозя́йка

бухга́лтер

юри́ст

учи́тель — преподава́тель — профе́ссор

Although these words all describe teachers, they are not interchangeable.

Учи́тель. Учителя́ work in a **шко́ла**, that is, a grade school or high school; a male teacher is an **учи́тель,** a female teacher is an **учи́тельница.**

Преподава́тель. Преподава́тели work at an **институ́т** or **университе́т.** Their job is most equivalent to the job of a lecturer or instructor in a U.S. college or university. Although the feminine form **преподава́тельница** exists, **преподава́тель** is usually used to identify either a man or a woman in this job.

Профе́ссор. Профессора́ also work at an **институ́т** or **университе́т.** They normally have a **до́кторская сте́пень,** which is considerably more difficult to obtain than a U.S. doctoral degree. The closest equivalent in the U.S. educational system is a full professor.

Г. Места́ рабо́ты. Find out where your partner's relatives work. Review the prepositional case endings for adjectives and nouns in Unit 3 if necessary.

Образе́ц: — Где рабо́тает твоя́ мать?
— Она́ рабо́тает в больни́це.

библиоте́ка

газе́та

комме́рческая фи́рма

теа́тр

лаборато́рия

заво́д (на)

музе́й

фе́рма (на)

телеста́нция (на)

университе́т

шко́ла

учрежде́ние

поликли́ника

магази́н

юриди́ческая фи́рма

туристи́ческое бюро́

бюро́ недви́жимости

Между прочим

В учрежде́нии

We often say, "So-and-so works in an office." One can translate this phrase directly (**рабо́тать в учрежде́нии,** where **учрежде́ние** is any sort of white-collar setting), but by and large Russians describe jobs more specifically: **Ма́ма рабо́тает в бухгалте́рии небольшо́й фи́рмы** *My mother works in the accounting department of a small company.*

Разгово́р 1.   На́ша семья́.
            Разгова́ривают Мэ́ри и Ната́ша.

1. What does Natasha want to know about Mary's parents?
2. What does Mary's father do for a living?
3. What does Mary's mother do?
4. Does Mary have any siblings?
5. What does Natasha say about the size of Russian families?

Разгово́р 2.   До́ма у Оле́га.
            Разгова́ривают Оле́г и Джон.

1. What is Oleg showing John?
2. What do Oleg's parents do for a living?
3. Who else lives with Oleg and his parents?

Widowed grandmothers often live with their married children and take care of the grandchildren. This is the preferred childcare solution for many families.

Разгово́р 3.   Немно́го о бра́те.
            Разгова́ривают На́дя и Дже́ннифер.

1. Who does Nadya want to introduce to Jennifer?
2. What does he do for a living?
3. What kind of person is he?
4. What do we learn about Jennifer's brother?

Язык в действии

📼 Диалоги

1. Я родила́сь в Калифо́рнии.

— Дже́ннифер, где ты родила́сь?
— Я родила́сь в Калифо́рнии.
— И там вы́росла?
— Нет, я вы́росла в Нью-Йо́рке.
— А кто по профе́ссии твой отец?
— Оте́ц? Он архите́ктор.
— А мать рабо́тает?
— Коне́чно. Она́ юри́ст.
— А как её зову́т?
— По́ла.
— А как зову́т отца́?
— Эрик.

роди́лся/родила́сь/ роди́лись вы́рос/вы́росла/ вы́росли
Like all past tense verbs, these are marked for gender and number. See 7.3.

2. Немно́го о на́шей семье́

— Послу́шай, Марк! Я ничего́ не зна́ю о твое́й семье́. Расскажи́ мне, кто твои́ роди́тели.
— Ла́дно. Зна́чит так. Оте́ц у меня́ бизнесме́н. У него́ ма́ленькая фи́рма.
— Пра́вда? А мать?
— Ма́ма — врач. У неё ча́стная пра́ктика.
— Ты еди́нственный ребёнок?
— Нет, у меня́ есть ста́рший брат. Он у́чится в аспиранту́ре. Я его́ о́чень люблю́.

When adult Russians speak of **моя́ семья́,** they normally speak of a spouse and children. When children or young adults speak about their parents and siblings, they are likely to refer to them as **на́ша семья́.**

3. Кто э́то на фотогра́фии?

— Мэ́ри! Кто э́то на фотогра́фии?
— Брат.
— А э́то?
— Это моя́ мла́дшая сестра́, Кэ́рол.
— А бра́та как зову́т?
— Дже́йсон. Он ещё у́чится в шко́ле. Он у́чится в оди́ннадцатом кла́ссе. Очень лю́бит спорт и му́зыку.
— Он, наве́рное, о́чень весёлый?
— Вы зна́ете, не о́чень. Он о́чень серьёзный, но симпати́чный.

4. В Аме́рике се́мьи больши́е?

— Фрэнк! Говоря́т, что в Аме́рике больши́е се́мьи. Это пра́вда?

— Да как сказа́ть? Есть больши́е, есть ма́ленькие. У нас, наприме́р, семья́ ма́ленькая: я, оте́ц и мать. Бра́тьев и сестёр у меня́ нет.

— А кто по профе́ссии твой оте́ц?

— Оте́ц? Он преподава́тель матема́тики в университе́те.

— А мать?

— Ма́ма по профе́ссии медсестра́. Рабо́тает в больни́це. Очень лю́бит свою́ рабо́ту.

Russian families in large urban centers tend to be small. Couples rarely have more than one child.

5. Де́душка и ба́бушка

— Ване́сса! Кто э́то на фотогра́фии?

— Это моя́ ба́бушка. А вот э́то — мой де́душка.

— Они́ совсе́м не ста́рые! Ско́лько им лет?

— Ей шестьдеся́т пять. А ему́ се́мьдесят. Ба́бушка и де́душка на пе́нсии. Они́ живу́т во Флори́де. Они́ о́чень здоро́вые и энерги́чные. Лю́бят спорт.

— Интере́сно. А у нас ба́бушки и де́душки совсе́м не таки́е.

Russians are often surprised by the youthfulness of American senior citizens.

A. Draw your family tree. Write in your relatives' names and their relationship to you. If you need words that are not in the textbook, consult your teacher.

Б. In Russian, list ten of your relatives and friends. Indicate their profession and relationship to you.

Образе́ц: Ли́нда — сестра́ — профе́ссор.

В. Write three sentences about each of your family members.

Дава́йте поговори́м

A. **Немно́го о семье́.** As you ask your partner the questions in 1–5, make notes of the information you learn so you can verify it in 6.

1. — Ско́лько у тебя́ бра́тьев и сестёр?
   — У меня́ ...

оди́н	брат
два, три, четы́ре	бра́та
пять	бра́тьев
одна́	сестра́
две, три, четы́ре	сестры́
пять	сестёр

2. Твой брат у́чится и́ли рабо́тает? Где?
   Твоя́ сестра́ у́чится и́ли рабо́тает? Где?

3.

— Как зову́т твоего́ отца́?
— Его́ зову́т Джон.

— Как зову́т твою́ мать?
— Её зову́т Мели́сса.

— Как зову́т твою́ сестру́?
— Её зову́т Кристи́на.

— Как зову́т твоего́ бра́та?
— Его́ зову́т Марк.

4. Use two or three of the following adjectives to describe your parents and siblings.

Образе́ц: Мой брат о́чень серьёзный.
 Мои́ роди́тели энерги́чные.

энерги́чный — неэнерги́чный

серьёзный — несерьёзный

у́мный — *smart*

симпати́чный — несимпати́чный
(not) nice

весёлый — невесёлый
(not) cheerful

обыкнове́нный — необыкнове́нный
ordinary — unusual

здоро́вый — нездоро́вый
(un)healthy

5. Где роди́лись твои́ роди́тели? Где роди́лся твой брат? Где родила́сь твоя́ сестра́?

6. Verify with your partner that the information you jotted down is correct. Your partner will respond appropriately.

То́чно!	**Нет, э́то не совсе́м так!**	**Нет, совсе́м не так!**
That's right!	*No, that's not completely right.*	*No, that's not it at all!*

Б. **Подгото́вка к разгово́ру.** Review the dialogs. How would you do the following?

1. Ask where someone was born.
2. State where you were born.
3. Ask where someone grew up.
4. State where you grew up.
5. Ask what someone's father (mother, brother) does for a living.
6. State what you do for a living.
7. Ask what someone's father's (mother's, sister's) name is.
8. Ask if someone is an only child.
9. State you have an older brother or sister.
10. State you have a younger brother or sister.
11. Say your mother (father, brother) really likes her (his) job.
12. Describe the size and composition of your family.

В. **Фотогра́фия семьи́.** Bring a picture of your family to class. Pass it around. Your classmates will ask you questions about various members of your family. Answer in as much detail as you can.

Г. **Игровы́е ситуа́ции.**

1. Working with a partner, develop a list of questions for interviewing the following people about their families. Then act out one or more of the interviews with your teacher playing the role of the Russian.
   а. A Russian student who has just arrived in the United States.
   б. A new teacher from Russia who will be teaching Russian.
   в. A Russian rock musician who will be performing in your town.
2. You were invited to an informal get-together of Russian students attending St. Petersburg University. They ask you about your family.
3. With a partner, prepare and act out a situation of your own that deals with the topics of this unit.

Д. **Устный перево́д.** You have been asked to interpret at a university reception for a group of visiting Russian students.

ENGLISH SPEAKER'S PART

1. Where do your parents live?
2. Where were they born?
3. What does your father do for a living?
4. Does your mother work?
5. What does she do for a living?
6. Do you have any brothers and sisters?
7. What are their names?
8. What a pretty Russian name!
9. That was very interesting.

Давайте почитаем

A. Реклама. Advertisements like these are common in local Russian newspapers.

1. For each ad, indicate
   - who placed it.
   - what kind of help is wanted.
   - any other details you understand.

совместное
советско-американское
предприятие «АМФАРМ».
приглашает на работу
фармацевтов
со знанием английского языка

Телефон для справок (095) 151-38-44.
факс (095) 151-11-78

ЭНЕРГИЧНЫЕ

- редакторы
- дизайнеры
- художники
- журналисты

Вас приглашает редакция нового
журнала в области
рекламы и информации
о программных продуктах
и компьютерной технике.

Телефон для справок: (812) 903-04-57.
Факс: (812) 934-9870

РОССИЙСКАЯ ТОВАРНО-СЫРЬЕВАЯ БИРЖА ОБЪЯВЛЯЕТ КОНКУРС

для специалистов высокой квалификации:
бухгалтеров, менеджеров, консультантов,
юристов всех специализаций,
экономистов, финансистов,
специалистов по рекламе,
психологов,
переводчиков,
секретарей,
журналистов, редакторов, художников,
шоферов.

Просим составить резюме на одной странице, описание
биографических данных, этапов карьеры и
профессиональных навыков и вместе с 2 фотографиями
выслать по адресу *Москва 125190 а/я 225.*

2. Find the abbreviation for **абонентный ящик** — *post office box.*
3. Look at the list of professions in the third ad. They are all in the genitive plural. What is the genitive plural ending for most masculine nouns? What is the genitive plural ending for nouns ending in -ь?

Б. Свиде́тельство о рожде́нии. Look through the following text.

1. What kind of document is it?
2. Find as much information as you can in two minutes.
3. Find all the words that contain the root **род-/рожд-,** and determine their meaning from context.

СВИДЕТЕЛЬСТВО О РОЖДЕНИИ	РОДИТЕЛИ
Гражданин(ка) *Розенштейн Александр Михайлович*	Отец *Розенштейн Михаил Аврамович*
родился(лась) *16. 09. 1978 шестнадцатого сентября тысяча девятьсот семьдесят восьмого года*	национальность *еврей*
Место рождения *Украинская ССР г. Львов*	Мать *Розенштейн Римма Григорьевна*
	национальность *еврейка*
	Место регистрации *Дворец торжественных событий Львовского горисполкома УССР*
Регистрация рождения произведена в соответствии с Законом 19*78* года *ноября* месяца *2* числа	Дата выдачи *20 ноября* 19 *80*
	Регистратор актов гражданского состояния *Л. Зубал*
	ДИЗ I-CI № 001029

B.   **Здра́вствуйте далёкие друзья!** The following letter is similar to many that were written in response to an American organization's request for Russian citizens to become pen pals with Americans. Although there is much in the letter that you will not yet understand, you will be able to get some basic information from it.

1. First look through the letter to find out which paragraphs contain the following information.

   а.   the languages known by the writer
   б.   where the writer lives
   в.   the writer's family
   г.   the writer's hobby (**увлече́ние**)
   д.   her husband's hobby

2. Now go through the letter again to answer the following questions.
   а.   Who wrote the letter?
   б.   What foreign languages does she know?
   в.   Where does she live?
   г.   The author discusses her nationality and that of family members. What nationalities does she mention?
   д.   What family members does she mention? What are their names? Where do they work?

3. а.   Determine the meaning of the word **жена́т(ы)** from context (paragraph 2). Note: **Он жена́т, они́ жена́ты,** but **она́ за́мужем.**
   б.   Find a synonym for the word **увлече́ние** *(hobby)*.
   в.   What is special about the way Russians write **вы, ваш,** and all their forms in letters to one person?

Здравствуйте далёкие незнакомые друзья!

К сожалению, я не знаю английского языка, в школе учила французский. Пишу Вам из старинного города Переславля-Залесского. Наш город входит в Золотое кольцо России.[1]

Немного о себе. Зовут меня Ольга, мне 46 лет, по профессии я инженер, работаю в проектном институте. Очень люблю свою работу. У меня два взрослых сына: один—профессиональный спортсмен, живёт в Киеве, женат, другой—достиг призывного возраста и служит в армии. Мы с мужем живём сейчас вдвоём.[2] Мой муж Толя тоже инженер. Как опытный[3] специалист, он работает в отделе экспертизы. С ним мы женаты 12 лет.

Наша семья интересна в национальном отношении: в моих жилах[4] течёт польская и русская кровь.[5] Мой первый муж и отец моих детей по национальности украинец. Жена старшего сына —наполовину[6] эстонка.

У меня есть увлечение, я пишу стихи[7]. Печататься[8] я никогда не пыталась,[9] писала для себя.[10] Муж мой тоже имеет хобби: он поёт в хоре.[11] Голос у него очень хороший и он поёт с удовольствием.

У нас есть небольшой участок земли[12] на берегу реки Волги в лесу с небольшим домиком. Там мы выращиваем ягоды,[13] ряд интересных растений и много цветов,[14] особенно любим розы и гвоздики. Вот такая наша жизнь.

Жду письма. Хотелось бы узнать о Вас, о Вашей семье.

С огромным приветом

Ольга Соколова

[1]Золото́е кольцо́ *"Golden Ring"* — area of historically preserved Russian cities to the northeast of Moscow [2]*the two of us together* [3]*experienced* [4]*veins* [5]*blood* [6]*half* [7]*poetry* [8]*publish* [9]*try* [10]для себя́ — *for (my)self* [11]*choir* [12]уча́сток земли — *real estate property* [13]выра́щиваем я́годы — *grow berries* [14]цветы́ — ро́зы, ли́лии и т.д.

Викторина. You are about to listen to the opening of a game show in which one family plays against another. As you tune in, the contestants are being introduced. Listen for the information requested below.

THE BELOVS: Head of the family—Name (and patronymic if given):
Age (if given):
Job:
Hobby (at least one):

Her brother—Name (and patronymic if given):
Age (if given):
Job:
Hobby (at least one):

Her sister—Name (and patronymic if given):
Age (if given):
Job:
Hobby (at least one):

Her aunt's husband—Name (and patronymic if given):
Age (if given):
Job:
Hobby (at least one):

THE NIKITINS: Head of the family—Name (and patronymic if given):
Age (if given):
Job:
Hobby (at least one):

His son—Name (and patronymic if given):
Age (if given):
Job:
Hobby (at least one):

His daughter-in-law—Name (and patronymic if given):
Age (if given):
Job:
Hobby (at least one):

His wife —Name (and patronymic if given):
Age (if given):
Job:
Hobby (at least one):

7.1   Люби́ть

Люби́ть is a second-conjugation verb.

люби́ть (to like or to love)
любл - **ю́**
лю́б - **ишь**
лю́б - **ит**
лю́б - **им**
лю́б - **ите**
лю́б - **ят**

Notes

1. The letter **б** becomes **бл** in the **я** form of the verb. This kind of change is called consonant mutation and is common in the **я** form of second-conjugation verbs.

2. The stress is on the ending in the infinitive and the **я** form, but it is on the stem everywhere else.

Упражнение

Соста́вьте предложе́ния.   Make grammatically correct statements and/or questions, using the words and phrases from the columns. Follow the model. You will need to conjugate the verb **люби́ть.** The verb that follows it is an infinitive.

Образе́ц: Я люблю́ смотре́ть телеви́зор.

я		говори́ть по-ру́сски
ты		занима́ться в библиоте́ке
вы		учи́ться в университе́те
моя́ сосе́дка по ко́мнате		слу́шать му́зыку
мой сосе́д по ко́мнате	(не) люби́ть	писа́ть пи́сьма
мои́ друзья́		говори́ть о семье́
я и ма́ма		говори́ть о себе́
на́ша семья́		у́жинать в кафе́
студе́нты		убира́ть ко́мнату
		смотре́ть телеви́зор

➤   *Complete Oral Drill 6 and Written Exercise 1 in the Workbook.*

7.2   Stable and Shifting Stress in Verb Conjugations

Russian verb conjugations have three possible stress patterns:

1.   Stress always on the ending, as in **говори́ть.**
2.   Stress always on the stem, as in **чита́ть.**
3.   Stress on the ending in the infinitive and **я** forms, and on the last syllable of the stem in all other forms, as in **люби́ть, писа́ть, смотре́ть,** and **учи́ться.**

Thus, if you know the stress on the infinitive and the **они́** form, you can predict the stress for the entire conjugation.

Stable stress
infinitive stress = stress
on all forms

Shifting stress
end stress on infinitive and **я** form;
stress on all other forms one syllable
closer to beginning of word

говор	и́ть	чита́	ть	пис	а́ть	уч	и́ться
говор	ю́	чита́	ю	пиш	у́	уч	у́сь
говор	и́шь	чита́	ешь	пи́ш	ешь	у́ч	ишься
говор	и́т	чита́	ет	пи́ш	ет	у́ч	ится
говор	и́м	чита́	ем	пи́ш	ем	у́ч	имся
говор	и́те	чита́	ете	пи́ш	ете	у́ч	итесь
говор	я́т	чита́	ют	пи́ш	ут	у́ч	атся

Упражнение

Как по-ру́сски? Pay special attention to the stress on the verbs.

— Ты *(like)* ста́рые фи́льмы?
— Да, я их *(like)*.
— Где ты *(study)*?
— Я *(study)* в университе́те. Мла́дший брат и сестра́ *(study)* в шко́ле,
   а ста́рший брат *(studies)* в институ́те.
— Что вы *(write)*?
— Я *(am writing)* письмо́, а Ма́ша *(is writing)* сочине́ние.*

*сочине́ние — *a composition*

➤   *Complete Oral Drill 7 and Written Exercise 2 in the Workbook.*

7.3 Was Born, Grew Up

— Джéннифер, где ты **родилáсь?**	Jennifer, where *were you born?*
— Я **родилáсь** в Калифóрнии.	I *was born* in California.
— И там **вы́росла?**	And *did you grow up* there?
— Нет, я **вы́росла** в Нью-Йóрке.	No, I *grew up* in New York.
Марк **роди́лся** и **вы́рос** в Мичигáне.	Mark *was born* and *grew up* in Michigan.
Нáши роди́тели **роди́лись** и **вы́росли** во Флори́де.	Our parents *were born* and *grew up* in Florida.

Learn to say where you and other people *were born* and *grew up.* Note the past-tense marker **-л** for masculine singular, **-ла** for feminine singular, and **-ли** for plural forms.

was (were) born		
Singular		**Plural**
он	**роди́лся**	мы
онá	**родилáсь**	вы } **роди́лись**
		они́

grew up		
Singular		**Plural**
он	**вы́рос**	мы
онá	**вы́росла**	вы } **вы́росли**
		они́

Notes

1. The forms used after **я** and **ты** depend on the gender of the person referred to.

2. The forms used after **вы** are always **роди́лись** and **вы́росли,** even when referring to only one person.

Упражнения

А. Как по-ру́сски? How would you ask the following people where they were born and grew up?

1. your best friend
2. your Russian teacher

Б. Отвéтьте на вопрóсы. Где вы роди́лись? Где вы вы́росли?

➤ *Complete Oral Drill 8 and Written Exercise 3 in the Workbook.*

7.4 Expressing Age — The Dative Case of Pronouns

Note how to ask someone's age in Russian, and how to tell how old someone is:

— Кто э́то на фотогра́фии?
— Ба́бушка.
— Она́ совсе́м не ста́рая! Ско́лько **ей** лет?
— **Ей** шетсьдеся́т два го́да.

— Ско́лько **им** лет?
— **Им** пять лет.

— Ско́лько **ему́** лет?
— **Ему́** шестьдеся́т лет.
— А **ей**?
— **Ей** четы́ре го́да.

The person is in the *dative case.* Learn the dative case forms of the personal pronouns.

Nominative case	что	кто	я	ты	он	она́	мы	вы	они́
Dative case	чему́	кому́	мне	тебе́	ему́	ей	нам	вам	им

Упражнения

А. Как по-ру́сски? How would you ask the following people how old they are?

1. a female friend
2. a friend's father
3. friends who are twins

Б. Как по-ру́сски? How would you ask the following questions?

1. How old is she?
2. How old is he?
3. How old are they?

➤ *Complete Oral Drill 9 and Written Exercise 4 in the Workbook.*

7.5 Specifying Quantity

In Russian the nominative singular of nouns is used after 1, and the genitive singular of nouns is used after the numbers 2, 3, and 4. The words for 1 (**оди́н, одна́, одно́**) and 2 (**два, две**) are influenced by the gender of the following noun. After numbers 5 through 20, after the question word **ско́лько,** and after the quantity word **мно́го,** Russian uses the genitive plural. To talk about the age and family topics of this unit, learn the forms for the words **год** — *year,* **брат** — *brother,* and **сестра́** — *sister.*

1 { год
брат
сестра́ (одна́)

2, 3, 4 { го́да
бра́та
сестры́ (две)

5–20
ско́лько {
мно́го
лет
бра́тьев
сестёр

Note

In compound (two-word) numbers, it is the last *word,* not the last number, that determines the form of the following noun:

два́дцать оди́н + nominative singular
два́дцать два/две + genitive singular
два́дцать пять + genitive plural
двена́дцать + genitive plural

Упражнения

А. Express the following people's ages in Russian.

он — 13   она́ — 31   они́ — 3   вы — 2   я — ?

Б. **Запо́лните про́пуски.** Complete the dialogs by using the correct forms of the words given in parentheses. Answer the question in the last dialog about yourself.

1. — Ди́ма, ско́лько у тебя́ (брат) и (сестра́)?
    — У меня́ (2) (сестра́) и (1) (брат).
    — Кака́я больша́я семья́!
2. — Са́ша, у тебя́ больша́я семья́?
    — То́лько я и (1) (сестра́).
3. — Ско́лько у вас (сестра́) и (брат)?
    — У меня́. . .

➤ *Complete Oral Drills 10–12 in the Workbook.*

Де́ти. When talking about the number of children in a family, use the following special forms:

Ско́лько дете́й?

оди́н ребёнок

дво́е дете́й

тро́е дете́й

че́тверо дете́й

пять дете́й

нет дете́й

Упражне́ние

Как по-ру́сски?

— Ско́лько у но́вой сосе́дки (*children*)? Па́па говори́т, что у неё (*five kids*)!
— Нет, у неё то́лько (*three kids*). Па́ша и его́ (*two sisters*).
— И в сосе́дней кварти́ре то́же есть (*children*)?
— Нет, там (*there aren't any children*).

➤ *Complete Oral Drills 13–14 and Written Exercises 5–6 in the Workbook.*

7.6 The Accusative Case of Pronouns

Remember that Russian uses the accusative case for direct objects. When the direct object is a pronoun, it usually comes before the verb (because of the tendency for old information to appear before new information).

Это мой ста́рший брат. Я **его́** о́чень люблю́.
Это на́ши роди́тели. Мы **их** о́чень лю́бим.
Вы понима́ете **меня́,** когда́ я говорю́ по-ру́сски?

Here are the forms of the question words and personal pronouns in the accusative case.

Nominative case	что	кто	я	ты	он/оно́	она́	мы	вы	они́
Accusative case	что	кого́	меня́	тебя́	его́	её	нас	вас	их

Упражнения

A.   **Как по-ру́сски?** Express the following in Russian.

— (*Whom*) ты зна́ешь в на́шем университе́те?
— Ве́ру Па́вловну. Ты (*her*) зна́ешь? Она́ чита́ет о́чень интере́сный курс.
— Я зна́ю. Я (*it*) слу́шаю.
— Зна́чит, ты, наве́рное, зна́ешь Са́шу Бело́ва. Он то́же слу́шает э́тот курс.
— Да, коне́чно я (*him*) зна́ю.

Б.   **Как по-ру́сски?** Express the following in Russian.

1. "Where is my magazine?"
   "Masha is reading it."
2. "Do you know my sister?"
   "No, I don't know her."
   "Interesting... She knows you!"
   "She knows me?"

➤   *Complete Oral Drill 15 in the Workbook.*

7.7   Telling Someone's Name: зову́т

Note the structure for asking and telling someone's name in Russian:

> — Как **вас** зову́т?
> — **Меня́** зову́т Кири́лл.
> — А как зову́т **ва́шего бра́та** и **ва́шу сестру́**?
> — **Их** зову́т Ди́ма и Со́ня.

Как вас зову́т? actually means *How do they call you?* **Меня́ зову́т Кири́лл** means *They call me Kirill.* These literal translations should help you to see that the words in boldface in the preceding dialog are direct objects, and therefore are in the accusative case.

In questions with **Как зову́т,** nouns normally come at the end of the question (**Как зову́т** *ва́шу сестру́?*), whereas pronouns normally immediately follow the question word (**Как** *вас* **зову́т?**).

➤   *Read 7.8. Then complete Oral Drill 16 in the Workbook.*

7.8   The Accusative Case

The accusative case is used:

*   for direct objects
    Меня́ зову́т Ива́н.
    Я чита́ю **ру́сскую газе́ту**, а Ва́ня чита́ет **ру́сский журна́л**.
*   after the prepositions **в** or **на** to answer the question **куда́**
    Мы идём **в библиоте́ку**. Пото́м мы идём **в музе́й**.
    Студе́нты иду́т **на ле́кцию**.
*   after **в** with days of the week
    Мы не рабо́таем **в суббо́ту** и **в воскресе́нье**.

Review the accusative case endings you learned in Unit 4:

*   The accusative singular endings for feminine phrases are **-ую** for adjectives (**-юю** if the adjective has a soft stem) and **-у** for nouns (**-ю** if the noun stem is soft; **-ь** for feminine **-ь** words): **ру́сскую газе́ту, си́нюю дверь, интере́сную студе́нтку**.
*   For all other phrases (masculine singular, neuter singular, all plurals), the accusative endings are the same as the nominative endings if the phrase refers to something *inanimate* (not an animal or person).

Learn the accusative endings for singular masculine animate phrases:

The adjective ending is **-ого** and the noun ending is **-а:**

NOMINATIVE	ACCUSATIVE	
но́вый студе́нт	но́в**ого** студе́нт**а**	*new student*
ста́рый сосе́д	ста́р**ого** сосе́д**а**	*old neighbor*
молодо́й профе́ссор	молод**о́го** профе́ссор**а**	*young professor*

The adjective ending is spelled **-его** rather than **-ого** if necessary to avoid breaking the 5-letter spelling rule:

NOMINATIVE	ACCUSATIVE	
хоро́ший студе́нт	хоро́ш**его** студе́нта	*good student*
наш сосе́д	на́ш**его** сосе́да	*our neighbor*
ваш брат	ва́ш**его** бра́та	*your brother*

or to keep a soft stem soft:

NOMINATIVE	ACCUSATIVE	
мой студе́нт	мо**его́** студе́нта	*my student*
твой сосе́д	тво**его́** сосе́да	*your neighbor*

The noun ending is spelled **-я** rather than **-а** if necessary to keep a soft stem soft:

NOMINATIVE	ACCUSATIVE	
преподава́тель	преподава́тел**я**	*teacher*
Юрий	Юри**я**	*Yury*

	Masculine singular	Neuter singular	Feminine singular	Plural
Nominative	но́в**ый** чемода́н∅ (большо́й)	но́в**ое** письмо́	но́в**ая** ви́за	но́в**ые** чемода́ны
Accusative inanimate animate	*like nominative* но́в**ого** студе́нт**а**	*like nominative* —	но́в**ую** ви́зу но́в**ую** студе́нтку	*like nominative* *like genitive*

ACCUSATIVE CASE OF ADJECTIVES AND NOUNS — SUMMARY

Notes

1. Some masculine nouns have end stress whenever an ending is added: **оте́ц → отца́.**

2. Some masculine nouns with **о** or **е** in the semi-final position lose this vowel whenever an ending is added: **америка́нец → америка́нца, оте́ц → отца́.**

3. The accusative singular of feminine **-ь** nouns looks the same as the nominative case: **мать → мать, дочь → дочь.**

4. Nouns ending in **-а** or **-я** that refer to men or boys decline like feminine nouns, but they are masculine and take masculine modifiers: **Мы зна́ем ва́шего па́пу.**

5. The possessive forms **его́, её,** and **их** never change. Examples: **Вы зна́ете его́ ма́му? Я чита́ю её журна́л. Она́ чита́ет их письмо́.**

Упражнения

А.   Соста́вьте предложе́ния. Ask what the following people's names are.

Образе́ц: ваш но́вый сосе́д   *Как зову́т ва́шего но́вого сосе́да?*

1. э́тот молодо́й инжене́р
2. э́та молода́я продавщи́ца
3. ваш зубно́й врач
4. твоя́ но́вая учи́тельница
5. ваш люби́мый писа́тель
6. ты
7. э́та у́мная но́вая студе́нтка
8. симпати́чный музыка́нт
9. наш энерги́чный ме́неджер
10. твой брат
11. вы
12. твоя́ мать
13. твоя́ ба́бушка
14. твой де́душка
15. твой племя́нник
16. твоя́ племя́нница
17. они́
18. твоя́ сестра́

Б.   Соста́вьте предложе́ния. Construct meaningful and grammatically correct sentences from the following elements. Do not change word order, but do conjugate the verbs and put direct objects in the accusative case.

я	люби́ть	мой брат и моя́ сестра́
на́ши роди́тели	чита́ть	ру́сская литерату́ра
мой преподава́тель	писа́ть	э́тот ру́сский писа́тель
моя́ сосе́дка по ко́мнате	знать	америка́нские газе́ты
мой сосе́д по ко́мнате	слу́шать	интере́сная кни́га
		но́вый рома́н*
		интере́сные пи́сьма
		ру́сская му́зыка
		энерги́чный друг

*****рома́н** — novel

➤   *Complete Oral Drills 16–17 and Written Exercises 7–8 in the Workbook.*

7.9 About: о (об) and the Prepositional Case

You already know that the prepositional case is used after the prepositions **в** and **на** to answer the question **где**.

The prepositional case is also used after the preposition **о** (**об** before a vowel *sound*) to express the notion *about*.

— **О ком** говори́т Дже́ннифер?	*Who is Jennifer talking about?*
— Она́ говори́т **об отце́ и ма́тери**.	*She is talking about her father and mother.*
— **О чём** вы говори́те?	*What are you talking about?*
— Мы говори́м **о на́шей но́вой да́че**.	*We are talking about our new dacha.*

The form **об** is used before words beginning with the vowel letters **а, э, и, о,** or **у**. The form **о** is used everywhere else.

об архитекту́ре	*about architecture*	**о** языке́	*about language*
об эконо́мике	*about economics*	**о** его́ бра́те	*about his brother*
об уро́ке	*about the lesson*	**о** юри́сте	*about the lawyer*
об общежи́тии	*about the dormitory*	**о** семье́	*about the family*
об исто́рии	*about history*	**о** ру́сском языке́	*about Russian*

➤ *Complete Written Exercise 9 in the Workbook.*

7.10 The Prepositional Case

The question words for the prepositional case are **о ком?** *(about whom?)* and **о чём?** *(about what?)*.

Review the endings for singular modifiers and nouns in the prepositional case (pp. 81–83).

Learn the prepositional singular for **мать** (**о ма́тери**) and **дочь** (**о до́чери**).

The prepositional plural ending for modifiers is **-ых** and for nouns is **-ах**.

NOMINATIVE PLURAL	PREPOSITIONAL PLURAL	
но́вые студе́нты	о но́в**ых** студе́нт**ах**	*new students*
молоды́е профессора́	о молод**ы́х** профессор**а́х**	*young professors*
ста́рые пи́сьма	о ста́р**ых** пи́сьм**ах**	*old letters*
интере́сные кни́ги	об интере́сн**ых** кни́г**ах**	*interesting books*

The modifier ending is spelled **-их** instead of **-ых** if necessary

    a.   to avoid breaking the 7-letter spelling rule:

NOMINATIVE PLURAL	PREPOSITIONAL PLURAL	
хоро́шие студе́нты	о хоро́ш**их** студе́нтах	*good students*
на́ши профессора́	о на́ш**их** профессора́х	*our professors*

    б.   or to keep a soft stem soft:

NOMINATIVE PLURAL	PREPOSITIONAL PLURAL	
мои́ сёстры	о мо**и́х** сёстрах	*my sisters*
си́ние блу́зки	о си́н**их** блу́зках	*dark blue blouses*

The noun ending is spelled **-ях** instead of **-ах** if necessary to keep a soft stem soft:

NOMINATIVE PLURAL	PREPOSITIONAL PLURAL	
преподава́тели	о преподава́тел**ях**	*teachers*
музе́и	о музе́**ях**	*museums*
бра́тья	о бра́ть**ях**	*brothers*
общежи́тия	об общежи́ти**ях**	*dormitories*
лаборато́рии	о лаборато́ри**ях**	*laboratories*

PREPOSITIONAL CASE OF ADJECTIVES AND NOUNS				
	Masculine singular	**Neuter singular**	**Feminine singular**	**Plural**
Nominative	но́в**ый** чемода́н∅ (больш**о́й**)	но́в**ое** письмо́	но́в**ая** ви́за	но́в**ые** чемода́ны
Prepositional	о но́в**ом** чемода́не	о но́в**ом** письме́	о но́в**ой** ви́зе	о но́в**ых** чемода́н**ах**

Notes

1. Some masculine nouns have end stress whenever an ending is added: **оте́ц → об отце́.**

2. Some masculine nouns with **о** or **е** in the semi-final position lose this vowel whenever an ending is added: **америка́нец → об америка́нце, оте́ц → об отце́.**

3. The prepositional singular ending of feminine **-ь** nouns and of nouns ending in **-ий, -ие,** and **-ия** is **-и: за́пись → о за́писи, мать → о ма́тери, дочь → о до́чери, Васи́лий → о Васи́лии, общежи́тие → об общежи́тии, лаборато́рия → о лаборато́рии.**

Here are the forms of the question words and the personal pronouns in the prepositional case:

Nominative case	что	кто	я	ты	он/оно́	она́	мы	вы	они́
Prepositional case	о чём	о ком	обо мне́*	о тебе́	о нём	о ней	о нас	о вас	о них

* Note that the preposition **о** becomes **обо** in the phrase **обо мне́.**

Упражнение

Как по-ру́сски? Express the following in Russian.

1. — Вы говори́те *(about her older brothers)?*
    — Да, мы говори́м *(about them).*
2. — Она́ ду́мает *(about our energetic grandmother)?*
    — Да, она́ ду́мает *(about her).*
3. — Что вы зна́ете *(about our new teachers)?*
    — Я ничего́ *(about them)* не зна́ю.
4. — Что пи́шут *(about the Russian dorms)?*
    — Ничего́ не пи́шут *(about them).*
5. — Вы говори́те *(about me)* и́ли *(about my father)?*
    — Мы говори́м *(about him).*

➤   *Complete Oral Drills 18–19 and Written Exercises 10–11 in the Workbook.*

Обзорные упражнения

А. Выступле́ние. Prepare a two-minute oral presentation on your family. Give it without looking at your notes.

 Б. Звуково́е письмо́. You received a letter on cassette from a Russian pen pal with the picture shown below. Listen to the letter. Then prepare a response. Include as much information about your family as you can, while staying within the bounds of the Russian you know.

В. Семья́ и кварти́ра. Divide the class into small groups of 3–6 people. Each group is to be a family.

1. Using Russian only, decide what your names are and how you are related. On large sheets of paper, draw a diagram of the house or apartment where you live. Label the rooms and furniture.
2. Invite another "family" to your house. Introduce yourselves, and show them around your home.

NOUNS

ро́дственники	**relatives**
ба́бушка	grandmother
брат (*pl.* бра́тья)	brother
двою́родный брат	male cousin
внук	grandson
вну́чка	granddaughter
де́душка	grandfather
де́ти (5 дете́й)	children
дочь (*gen. and prep. sg.* до́чери *nom. pl.* до́чери)	daughter
дя́дя	uncle
жена́ (*pl.* жёны)	wife
мать (*gen. and prep. sg.* ма́тери *nom. pl.* ма́тери)	mother
муж (*pl.* мужья́)	husband
от(е́)ц (*ending always stressed*)	father
племя́нник	nephew
племя́нница	niece
ребён(о)к (*pl.* де́ти)	child(ren)
сестра́ (*pl.* сёстры)	sister
двою́родная сестра́	female cousin
сын (*pl.* сыновья́)	son
тётя	aunt

профе́ссии	**professions**
архите́ктор	architect
библиоте́карь	librarian
бизнесме́н	businessperson
бухга́лтер	accountant
врач (*ending always stressed*)	physician
зубно́й врач	dentist
домохозя́йка	housewife
журнали́ст	journalist
инжене́р	engineer
коммерса́нт	businessperson
медбра́т (*pl.* медбра́тья)	nurse (*male*)
медсестра́ (*pl.* медсёстры)	nurse (*female*)
ме́неджер	manager
музыка́нт	musician
писа́тель	writer
программи́ст	computer programmer
продав(е́)ц (*ending always stressed*)	salesperson (*man*)

продавщи́ца	salesperson (*woman*)
секрета́рь (*ending always stressed*)	secretary
учёный (*declines like an adjective*)	scholar, scientist
учи́тель (*pl.* учителя́)	school teacher (*man*)
учи́тельница	school teacher (*woman*)
худо́жник	artist
юри́ст	lawyer

места́ рабо́ты — **places of work**

больни́ца	hospital
бюро́ (*indecl.*)	bureau, office
бюро́ недви́жимости	real estate agency
туристи́ческое бюро́	travel agency
заво́д (на)	factory
лаборато́рия	laboratory
магази́н	store
музе́й	museum
поликли́ника	health clinic
теа́тр	theater
телеста́нция (на)	television station
учрежде́ние	office
фе́рма (на)	farm
фи́рма	company, firm
комме́рческая фи́рма	trade office, business office
юриди́ческая фи́рма	law office

други́е слова́ — **other words**

год (2–4 го́да, 5–20 лет)	year(s) (old)
класс	grade (*in school: 1st, 2nd, 3rd, etc.*)
курс (на)	year (*in college*), course
лет (*see* год)	years
пе́нсия	pension
на пе́нсии	retired
пра́вда	truth
пра́ктика	practice
ча́стная пра́ктика	private practice
профе́ссия	profession
спорт (*always singular*)	sports

ADJECTIVES

весёлый (не-)	cheerful (melancholy)
еди́нственный	only
здоро́вый (не-)	healthy (un-)
комме́рческий	commercial, trade

мла́дший	younger
молодо́й	young
обыкнове́нный (не-)	ordinary (unusual)
серьёзный (не-)	serious (not)
симпати́чный (не-)	nice (not)
ста́рший	older
ста́рый	old
туристи́ческий	tourist, travel
у́мный	intelligent
ча́стный	private (business, university, etc.)
энерги́чный (не-)	energetic (not)
юриди́ческий	legal, law

VERBS

люби́ть (люблю́, лю́бишь, лю́бят)	to love

only past tense forms of these verbs

вы́расти	to grow up
вы́рос, вы́росла, вы́росли	
роди́ться	to be born
роди́лся, родила́сь, родили́сь	

ADVERBS

ла́дно	okay
наве́рное	probably
совсе́м	completely
совсе́м не	not at all
то́чно	precisely

PREPOSITIONS

о, об (чём)	about (The form **об** is used before words beginning with the vowels **а, э, и, о,** or **у**.)

PHRASES AND OTHER WORDS

Говоря́т, что...	They say that ...; It is said that ...
Да как сказа́ть?	How should I put it?
Зна́чит так.	Let's see ...
Как зову́т (кого́)	What is ...'s name?
Кто по профе́ссии (кто)	What is ...'s profession?
люби́ть свою́ рабо́ту	to like one's work
наприме́р	for example
Послу́шай(те)!	Listen!
Расскажи́(те) (мне)...	Tell (me) ... (request for narrative, not just a piece of factual information)

Ско́лько (кому́) лет?   How old is …?

(Кому́) … год (го́да, лет).   … is … years old.

Я ничего́ не зна́ю.   I don't know anything.

COLLECTIVE NUMBERS

дво́е, тро́е, че́тверо   2, 3, 4 *(apply to children in a family)*

PERSONALIZED VOCABULARY

_____

_____

_____

_____

УРОК

8

В магазине

Коммуникативные задания

- ❖ Asking for advice about purchases
- ❖ Making simple purchases
- ❖ Birthday greetings

В помощь учащимся

- ❖ Past tense
- ❖ **Был**
- ❖ Past tense of **есть** and **нет**
- ❖ **Ходи́л** vs. **пошёл**
- ❖ Dative case of modifiers and nouns
  - Uses of the dative case
  - Expressing age
  - Indirect objects
  - The preposition **по**
  - Expressing necessity and possibility: **ну́жно, на́до, мо́жно**
- ❖ Review of question words and pronouns
- ❖ **Workbook:** Soft consonants [д], [т], [л], [н]
  - IC–3 and pauses

Между прочим

- ❖ Russian stores
- ❖ Shopping etiquette
- ❖ Metric clothing sizes
- ❖ Evgeny Zamyatin

О чём идёт речь?

А. Что продают в этом универмаге?

ОТДЕЛ	ЭТАЖ	ОТДЕЛ	ЭТАЖ
галантерея	1-ый	носки	3-ий
головной убор	2-ой	обувь	1-ый
грампластинки	1-ый	пальто	1-ый
женская одежда	3-ий	спорттовары	2-ой
мужская одежда	3-ий	сувениры	2-ой
товары для детей	2-ой		

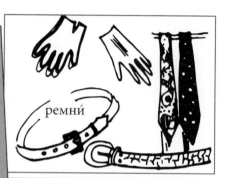

ремни

шляпы

игрушки

матрёшки

шкатулки

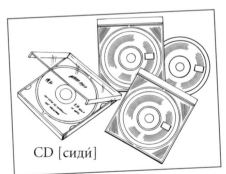

CD [сиди]

Б. Make a list of gifts you could buy for the following people. Next to each item indicate the department in which you are most likely to find the gifts.

оте́ц   друг/подру́га
мать   ба́бушка/де́душка
брат/сестра́

В. Что продаю́т в э́тих магази́нах?

1. Где мо́жно купи́ть кни́ги?
2. Где мо́жно купи́ть брю́ки?
3. Где мо́жно купи́ть игру́шки?
4. Где мо́жно купи́ть ту́фли?
5. Где мо́жно купи́ть матрёшки?

6. Где мо́жно купи́ть пла́тья?
7. Где мо́жно купи́ть ка́рту?
8. Где мо́жно купи́ть блу́зки?
9. Где мо́жно купи́ть кроссо́вки?

Разгово́р 1.   Джим покупа́ет пода́рок.
Разгова́ривают Вале́ра и Джим.

1.   What does Valera advise Jim to get as a gift for Masha's birthday?
2.   Jim says he has already been to the Dom Knigi bookstore. Did he see anything interesting there?
3.   Valera suggests that Jim go to the book mart. Will he accompany him?
4.   What are the Russian equivalents of the following expressions?
     а.   birthday
     б.   book mart
     в.   very expensive

Разгово́р 2.   На кни́жном ры́нке.
Разгова́ривают Джим и продавщи́ца.

1.   How does Jim address the salesperson?
2.   What kind of book does Jim ask the salesperson for?
3.   Are there any such books in stock?
4.   Jim decides to buy Zamyatin's *We*. How much does it cost?

Разгово́р 3.   С днём рожде́ния!
Разгова́ривают Джим и Ма́ша.

1.   What does Jim say to Masha as he gives her the birthday present?
2.   Has Masha heard of Zamyatin?
3.   What does Masha ask Jim?
4.   What does Jim tell her?
5.   Does Masha like the present?

Ме́жду про́чим

Евге́ний Замя́тин

Evgeny Zamyatin (1884–1937) was an engineer, prose writer, and playwright. His dystopian novel *We*, written in 1919 and 1920 and published in English translation in 1924, is a precursor to Aldous Huxley's *Brave New World* and George Orwell's *1984*. *We* was published in Zamyatin's homeland in 1989.

Язык в действии

Диалоги

1. **Дома: Я хочу́ сде́лать Ма́ше пода́рок.**

— Пе́тя, я хочу́ сде́лать на́шей сосе́дке Ма́ше пода́рок. У неё ведь ско́ро день рожде́ния.
— Ой, я совсе́м забы́л об э́том!
— Что ты мне посове́туешь ей купи́ть?
— Мо́жет быть, кни́гу?
— Да, мо́жно подари́ть кни́гу.
— Ты зна́ешь, я неда́вно был на кни́жном ры́нке. Там бы́ли интере́сные ве́щи.
— А, мо́жет быть, пойдём туда́ сего́дня ?
— Дава́й.

2. **В магази́не: Покажи́те, пожа́луйста...**

— Де́вушка! Покажи́те, пожа́луйста, вот э́тот плато́к.
— Вот э́тот, зелёный?
— Нет, тот, си́ний. Ско́лько он сто́ит?
— Пятьдеся́т.
— А вы принима́ете креди́тные ка́рточки?
— Принима́ем. Плати́те в ка́ссу.

The forms of address **де́вушка** and **молодо́й челове́к** may sound rude to you, but they are in fact neutral. Use them to attract the attention of younger service personnel, and do not be offended if you are addressed in this way.

 To find more about the latest prices in Russia, see the Golosa Web page: http://www.gwu.edu/~slavic/golosa.htm.

3. **Дома: Где мо́жно купи́ть ту́фли?**

— Ми́ла, где у вас мо́жно купи́ть ту́фли?
— В универма́ге и́ли в магази́не «Обувь».
— А мо́жет быть, мы пойдём туда́ вме́сте? Мне на́до купи́ть но́вые ту́фли.
— Разме́р ты зна́ешь?
— Да, зна́ю. А ещё мне на́до купи́ть носки́ и перча́тки.
— Хорошо́. Пойдём в «Гости́ный двор». Там вы́бор неплохо́й. Одну́ мину́точку. Я забы́ла: я там была́ вчера́. Отде́л был закры́т. Пойдём лу́чше в «ДЛТ».

Ру́сские магази́ны

Универма́г (an abbreviation for **универса́льный магази́н**) is usually translated as *department store*. Some **универма́ги** look like smaller versions of their Western counterparts, while others are little more than lines of stalls in which goods are displayed behind a counter. **Светла́на, ДЛТ (Дом Ленингра́дской торго́вли), Пасса́ж,** and **Гости́ный двор** are the names of some St. Petersburg **универма́ги.** The famous **ГУМ (Госуда́рственный универса́льный магази́н)** is on Red Square in Moscow. Many stores have no name other than that of the product sold there: **Обувь**—*Shoes,* **Оде́жда**—*Clothing,* **Молоко́**—*Milk.*

In many Russian stores, customers look at selections kept behind a sales counter and ask the salesperson **Покажи́те, пожа́луйста...** (**кни́гу, перча́тки, кассе́ту,** etc.). Having made their selection, they are directed to the **ка́сса,** a few meters away. There they pay and get a receipt (**чек**), which they take to the original counter and exchange for the item.

A **ры́нок** is a free market where prices are set by supply and demand. Every major city has at least one **ры́нок** for produce.

Prices for big-ticket items are sometimes quoted in dollars, but payment in rubles is required nearly everywhere. Larger stores and restaurants may accept **креди́тные ка́рточки,** but the Russian economy is still very much based on cold hard cash (**нали́чные**).

Размéр. Russian clothing sizes follow the metric system.

0 см	10 см	20 см	30 см	40 см	50 см	60 см	70 см	80 см	90 см	1 метр

0	1 foot	2 feet	3 feet

Here are some sample adult clothing sizes. All measurements are in centimeters.

ITEM	HOW TO MEASURE	SAMPLE SIZES
most clothing (shirts, blouses, dresses, coats)	chest measurement divided by 2	44–56 (even numbers only)
hats	circumference of head at mid-forehead	53–62
shoes	length of foot times 1.5	33–42 (women) 38–47 (men)
gloves	same sizes all over world	6–12

4. Дом кни́ги

— Ко́ля, ты зна́ешь, куда́ я сего́дня ходи́ла?

— Куда́?

— В «Дом кни́ги».

— Мне сказа́ли, что там откры́ли но́вый отде́л. Ты была́?

— Да, и да́же купи́ла вот э́ту но́вую кни́гу по иску́сству.

— Авангарди́сты? Интере́сно. А ско́лько она́ сто́ила?

— Шестьдеся́т пять (ты́сяч).

— Это совсе́м не до́рого! А импрессиони́сты бы́ли?

— Они́ бы́ли ра́ньше, а тепе́рь их уже́ нет.

The word **тепе́рь** — *now* always implies a contrast with some other time. It is often used to contrast a former time with the present: **ра́ньше..., а тепе́рь...** The other word for *now*, **сейча́с**, is neutral.

5. С днём рожде́ния!

— Ма́ша, с днём рожде́ния! Я купи́л тебе́ ма́ленький пода́рок.

— Ой, Замя́тин! Я уже́ давно́ хоте́ла его́ почита́ть. Как ты узна́л?

— Ми́ша мне посове́товал купи́ть тебе́ кни́гу.

— Но как ты узна́л, что я люблю́ Замя́тина?

— Ты же неда́вно сама́ говори́ла о Замя́тине.

— Како́й ты молоде́ц! Спаси́бо тебе́ огро́мное.

The word **сам** — *self* is marked for gender and number. When using **вы** to one person say **вы са́ми**. When using **ты**, say **ты сам** to a man, **ты сама́** to a woman.

А. Что здесь продают?

Б. Ско́лько сто́ит...? Ask how much the following items cost.

Образе́ц: — Ско́лько сто́ит чемода́н?

B. В каком отделе...? In which department of a store do you think the following items are sold? Verify your answers by asking your teacher where these items can be bought.

отдел	этаж	отдел	этаж
товары для детей	3	мужская одежда	3
парфюмерия	1	игрушки	1
фототовары	4	обувь	3
мебель	2	головной убор	2
электротовары	4	подарки	1
женская одежда	3	грампластинки	4

Образец:

— Где можно купить лампу?

1.

5.

2.

6.

3.

7.

4.

8.

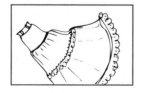

Г. Где мо́жно купи́ть э́ти ве́щи?

1. _____ кни́га о му́зыке
2. _____ пласти́нки и кассе́ты
3. _____ пальто́
4. _____ фотоаппара́т
5. _____ сапоги́
6. _____ игру́шки
7. _____ шкаф
8. _____ матрёшки

а. «Дом о́буви»
б. «Пода́рки»
в. «Ме́бель»
г. «Де́тский мир»
д. «Мело́дия»
е. «Дом кни́ги»
ж. Же́нская и мужска́я оде́жда
з. Фототова́ры

Давайте поговорим

А. **Подготовка к разговору.** Review the dialogs. How would you do the following?

1. Say you want to give your friend a present.
2. Ask a friend to help you choose a gift for someone.
3. Suggest that your friend go with you to the book mart.
4. Get a salesperson's attention.
5. Ask a salesperson to show you a scarf (book, hat).
6. Ask how much the scarf (book, hat) costs.
7. Ask if the store accepts credit cards.
8. Ask a friend where you can buy shoes (gloves, hats, pants).
9. State that you need to buy socks (shoes, gloves).
10. Tell a friend to wait a minute.
11. Wish someone a happy birthday.
12. Ask how someone knew you love Zamyatin (Chekhov, Bunin).
13. Thank someone enthusiastically.

Б. In the third dialog Mila first proposes going to **Гостиный двор,** then changes her mind and suggests going to **ДЛТ** instead. Review the dialog to find out how she makes the second proposal. Then respond to the following suggestions with counter-proposals of your own.

1. Пойдём в Дом книги.
2. Пойдём в Макдоналдс.
3. Пойдём на рынок.
4. Пойдём в парк.
5. Пойдём в кино.

В. **Давай пойдём вместе!**

1. In the first dialog the speaker invites Petya to go with him to the book mart. Review the dialog to find out how he issues the invitation.
2. Now look at the following possible responses. Which one(s) would you use to accept an invitation? To make a counter-proposal? To turn down an invitation?

   - Хорошо, давай.
   - Сегодня не могу. Я должен заниматься.
   - Давай лучше пойдём в кино.

3. How do you signal agreement to plans that you have made with someone?
4. Prepare and act out a dialog in which you invite a partner to do something.

Г. Игровы́е ситуа́ции.

1. Ask a friend where you can buy a good book on

   a. art   г. sociology
   б. medicine   д. literature
   в. biology   е. your field of interest

   Invite your friend to go with you to make the purchase.

2. You are in a clothing store. Ask the salesperson to let you see

   a. a shirt   г   a swimming suit
   б. a dress   д. a blouse
   в. a pair of pants   е. a pair of shoes

   Specify which item you want to look at and what your size is. Find out how much it costs. Find out if you can pay with a credit card.

3. You want to buy a present for the 7-year-old son of your Russian teacher. Ask the salesperson for advice on what to buy.

4. Help a Russian visitor to your town decide what presents to buy for family members at home. Your friend wants to know what's available and how much it will cost.

5. Working with a partner, prepare and act out a situation of your own that deals with the topics of this unit.

Д. Устный перево́д. You are in Russia. A friend who knows no Russian passes through on a two-week tour and asks you to help buy gifts. Serve as the interpreter in a store.

ENGLISH SPEAKER'S PART

1. Could I take a look at that scarf over there?
2. No, the red one.
3. How much does it cost?
4. That's awfully expensive. How much do those gloves cost?
5. Okay. I'll take the gloves then.

Е. Когда́ ты был ма́леньким... Ask other students as many questions as you can about what they did when they were little.

Образе́ц:

— Когда́ ты был ма́леньким, где жила́ твоя́ семья́?
— Когда́ ты была́ ма́ленькой, каку́ю му́зыку ты слу́шала?

When you were little...
Note that this phrase is marked for gender. Use **когда́ ты был ма́леньким** for a man, and **когда́ ты была́ ма́ленькой** for a woman.

Давайте почитаем

A.   Магази́ны. Look through the lists of St. Petersburg stores to find answers to these questions.

1.   Where would you go to look for the following items?

   - children's clothing
   - men's clothing
   - children's books
   - sporting goods
   - shoes

   - women's clothing
   - books
   - souvenirs
   - cosmetics
   - furniture

2.   If you were planning to be on Nevsky Prospekt, a main thoroughfare in St. Petersburg, what stores would you have a chance to visit?

3.   What are the standard abbreviations for

   - **проспе́кт** — *avenue?*
   - **у́лица** — *street?*
   - **пло́щадь** — *square?*

4.   What are the Russian expressions for

   - goods for children?
   - goods for women?

   - goods for men?
   - goods for newlyweds?

СПЕЦИАЛИЗИРОВАННЫЕ МАГАЗИНЫ

«Болгарская роза» (косметика). Невский пр., 55
«Ванда» (косметика). Невский пр., 111
Гастроном «Центральный». Невский пр., 56
«Детский книжный мир». Лиговский пр., 105
«Дом книги». Невский пр., 28
«Дом мод» (торговые залы). Каменноостровский пр., 37
«Дом обуви». пл. Красногвардейская, 6
«Изделия художественных промыслов». Невский пр., 51
Магазин-салон «Лавка художников». Невский пр., 8
«Мебель». пр. Загородный, 34
Ленвест. Невский пр., 119
«Подарки». Невский пр., 54
«Рапсодия». ул. Б. Конюшенная, 13
«Рекорд» (телевизоры и радиотовары). пр. Просвещения, 62
Спортивные товары. пр. Шаумяна, 2
«Сувениры». Невский пр., 92
«Товары для новоселов». Якорная ул., 1, 2
«Фарфор». Невский пр., 147
«Цветы Болгарии». Каменноостровский пр., 5
«Элегант» (модные товары). Большой пр., 55

УНИВЕРМАГИ

«Выборгский». Лесной пр., 37

«Гостиный двор». Невский пр., 35

«Дом ленинградской торговли»
    (ДЛТ-товары для детей). Ул. Желябова, 21-23

«Ждановский». Богатырский пр., 4, 5

«Калининский». Кондратьевский пр., 40

«Кировский». пл. Стачек, 9

«Купчинский». пр. Славы, 4, 12, 16, 30

«Московский». Московский пр., 205, 220

«Нарвский». Ленинский пр., 120-136

«Невский». Ивановская ул., 6, 7

«Нью Форм» (мебель, оборудование дома и
    офиса). Морская наб. 9, к.2

«Пассаж» (товары для женщин). Невский пр., 48

«Ржевский». Рябовское шоссе, 101

«Светлановский». пр. Энгельса, 21

«Северомуринский». пр. Просвещения, 84, 87

«Юбилей» (товары для мужчин). Московский
    пр., 60

«Юность» (товары для новобрачных и
    юбиляров, подарки). Свердловская
    наб., 60

Б. Американские мо́ллы.

Ле́на Нику́лина студе́нтка университе́та. Стажи́руется[1] в го́роде Атла́нте, где живёт с америка́нской семьёй. Её америка́нского «бра́та» зову́т Джеймс. Ле́на то́лько что написа́ла письмо́ свое́й подру́ге Ни́не. В нём она́ расска́зывает, что тако́е «шо́ппинг-молл». Име́йте в виду́[2], что в Росси́и кру́пные[3] магази́ны нахо́дятся[4] в це́нтре го́рода. Мо́ллов нет. Для Ле́ны э́то всё но́вое.

[1]она́ стажёр   [2]*keep in mind*   [3]больши́е   [4]*are located*

1. **Прочита́йте письмо́ Ле́ны.** Узна́йте:

    How long has Lena been in Atlanta?
    On what day did her family take her to the mall?
    With what Russian stores does she contrast the mall?
    What specialty stores was she surprised to see?
    What does Lena say about the location of shopping malls?
    What did James tell her about the location of malls?
    According to Lena, what two things can you do at a mall besides shop?
    What does Lena say about paying for things?
    What disadvantage does Lena see in malls?

2. **Язы́к к конте́ксте.** Как по-ру́сски...?

    First of all..., second of all...
    in the suburbs
    much more expensive than...
    to mail a letter
    there's one drawback
    one can't get around without a car

3. Russians don't always use the exact words that you already know. Find new
    Russian phrases that more or less correspond to these familiar ones.

    Мы пое́хали в шо́ппинг-молл.
    Мо́жно пойти́ в кино́.

Здравствуй, Нина!

Пишу тебе из солнечной Атланты (это на юге США). Уже прошло три недели со дня моего приезда[1]. Занятия идут хорошо. О моей американской семье я уже писала. Вчера (в воскресенье) мы с ними съездили в шоппинг-молл.

Молл — это огромная куча магазинов под одной крышей[2]. Чем же отличается[3] типично американский молл от гума или, скажем, Пассажа? Во-первых, масштабом[4]. В молле расположены[5] 100 или даже 200 магазинов, из них два или три больших универмага, остальные[6] специализированные. Тут всё, что только можно придумать:[7] шмотки,[8] обувь, косметика, игрушки, кухонные наборы, электроника... ну это само собой разумеется[9]. Но еще я видела целый[10] магазин, где продаются только антикварные лампы. В другом магазине нижнее бельё, в третьем одни кухонные ножи[11].

[1]со дня... *from the day of arrival* [2]огромная... *a giant pile of stores under one roof* [3]чем... *how does [something] differ* [4]*scope, scale* [5]*are located* [6]*the rest* [7]Тут... *Here there's everything you could possibly imagine* [8]одежда [9]*that goes without saying* [10]*entire* [11]кухонные ножи—*kitchen knives*

Во-вторых, если у нас крупные магазины расположены в центре города, то американские моллы все находятся подальше в пригороде, или прямо в глуши[1]. Сначала я не понимала, почему это так. Но Джеймс мне объяснил: в пригороде живёт большинство[2] покупателей. Центр города — это в основном место работы — государственные учреждения[3] и коммерческие офисы. А живут люди подальше от центра. Кроме того, если арендовать помещения[4] для магазина в центре города, то это стоит очень дорого, намного дороже, чем в пригороде. Поэтому неудивительно,[5] что в воскресенье центр города практически мертв,[6] а моллы все работают.

[1]прямо... *right in the middle of nowhere* [2]*majority* [3]*bureaus* [4]арендовать... *to rent a building* [5]*not surprising* [6]*dead*

Еще одна разница:[1] американский молл — это не только магазины. В молле можно сходить в кино, отправить письмо на почте,[2] послушать концерт и даже пойти к глазному[3] врачу (и тут же купить очки!)

И наконец: здесь почти никто не платит наличными. Если покупка стоит больше чем, скажем, 20 долларов, то скорее всего пользуются[4] кредитными карточками.

Всё это, конечно, очень удобно[5]. Но есть один минус: так как[6] моллы разбросаны[7] далеко от центра, без машины не обойтись.

[1]*difference* [2]*post office* [3]*eye (adj.)* [4]скорее всего... *most likely people use* [5]*convenient* [6]≡потому что [7]*scattered*

Давайте послушаем

В магази́не.

1. Где нахо́дятся каки́е отде́лы? На како́м этаже́ мо́жно найти́ э́ти ве́щи?

му́зыка

оде́жда

буфе́т

таре́лки и кастрю́ли

де́тская ку́ртка

2. Ну́жные слова́:

назва́ние — *name* (of a thing, not a person)
о́чередь — *line*
про́бовать — *to try* [something] *out*
распрода́жа — *sale* (as when a store lowers prices)
сомнева́ться — *to doubt*
ски́дка — *discount*
спи́сок цен — *price list*
сто́ит — *it costs; it's worth;* **не сто́ит** — *it's not worth* (doing something)
това́ры — *goods, wares*
шмо́тки (colloquial) = **оде́жда**
твёрдый — *hard*

3. Прослу́шайте текст и найди́те ну́жную информа́цию.

What product does Jenny want to look at first?
What doubts does Lina have?
What does Jenny suggest looking at on the second floor? Why does Lina not want to do that?
What does Jenny hope to find on the third floor? What does she discover?
What does Jenny end up buying? What does she find surprising?

4. Пересмотри́те но́вые слова́ из Ча́сти 2. Как они́ употребля́ются? Запо́лните про́пуски.

Из объявле́ния:

а. Мы вам предлага́ем фантасти́ческие _____ на де́тские _____.

б. Сего́дня, и то́лько сего́дня, _____ мужски́х и же́нских джи́нсов и джинсо́вых костю́мов.

Из диало́га ме́жду Дже́нни и Ли́ной:

в. Мо́жет быть, _____ посмотре́ть косме́тику?

г. «Le Beste»? Это, ви́димо, како́е-то францу́зское _____.

д. Ну, тогда́ мо́жет быть, не _____ смотре́ть. Дава́й лу́чше посмо́трим шмо́тки.

е. Ой, посмотри́, кака́я больша́я _____! Нет, я в таку́ю _____ станови́ться не бу́ду.

ж. Я ка́к-то _____, что ты каки́е-нибудь интере́сные фи́льмы найдёшь.

з. Вон там виси́т _____ цен.

и. Тут мно́го ди́сков «Се́ктора га́за». Что э́то за гру́ппа? — Это _____ рок.

8.1   The Past Tense — Introduction

— Что вы **де́лали** вчера́?	What *did* you *do* yesterday?
— Мы **чита́ли, слу́шали** ра́дио и **смотре́ли** телеви́зор.	We *read, listened* to the radio, and *watched* TV.
— А что **де́лала** Анна?	And what *did* Anna *do*?
— Она́ **ходи́ла** в кино́.	She *went* to a movie.
— А её брат?	And her brother?
— Он **занима́лся.**	He *studied*.

You already know several past tense verb forms (**Где вы родили́сь?** — *Where were you born?*; **Где вы вы́росли?** — *Where did you grow up?*; **Как вы сказа́ли?** — *What did you say?*). In this unit you will learn to form past-tense verbs on your own.

Forms. For most verbs, form the past tense by removing the **-ть** from the infinitive and adding **-л.**

If the verb has the particle **-ся**, do not drop it:

Agreement. Russian past-tense verbs agree with their grammatical subjects:

■ When the subject is masculine and singular, the past-tense verb ends in -л (де́лал, чита́л, жил). This form is also used with the question word **кто.** For example: **Кто вчера́ был в библиоте́ке?**

■ When the subject is feminine and singular, the past-tense verb ends in -ла (де́лала, чита́ла, жила́).

■ When the subject is neuter and singular, the past-tense verb ends in -ло (де́лало, чита́ло, жи́ло). This form is also used with the question word **что.** For example: **Что бы́ло в чемода́не?**

■ When the subject is plural, the past-tense verb ends in -ли (де́лали, чита́ли, жи́ли). This form of the verb is always used with **вы,** even when **вы** refers to only one person.

If the verb has the particle **-ся,** that particle is never dropped. Remember that this particle is spelled **-ся** after consonant letters, and **-сь** after vowel letters.

> он роди́лся, занима́лся
> она́ родила́сь, занима́лась
> оно́ родило́сь, занима́лось
> они́ родили́сь, занима́лись

Stress. The glossary will give the past-tense forms for which the stress is not always the same as in the infinitive:

> роди́ться (роди́лся, родила́сь, родили́сь)
> жить (жил, жила́, жи́ли)

In the absence of such a note, you may assume that the stress in the past tense is the same as in the infinitive.

New verbs. Some new verbs introduced in this unit will be used only in the past tense for the time being. They are:

был (была́, бы́ло, бы́ли)	*was*
пошёл (пошла́, пошли́)	*set out* (see 8.4)
ходи́л	*went and returned* (see 8.4)
забы́л	*forgot*
сказа́л	*said*
откры́л	*opened*
купи́л	*bought*
узна́л	*found out*

Упражнения

A. How would you ask these people if they did the activities listed?

Образе́ц: Анто́н Па́влович, вы вчера́ отдыха́ли?

1. your teacher
2. a female classmate
3. a male classmate
4. your parents

отдыха́ть; смотре́ть телеви́зор; ходи́ть в кино́; рабо́тать ве́чером; за́втракать в столо́вой; у́жинать в рестора́не; чита́ть газе́ту; занима́ться

How would you indicate whether or not you did these things yesterday?

Б. Construct truthful and grammatically correct sentences about what you and your acquaintances did yesterday by combining the words and phrases from the columns below. Do not change word order. Be sure to make the verb agree with the grammatical subject and to put direct objects into the accusative case.

Образе́ц: Вчера́ я убира́ла ко́мнату.

				газе́ты
				дом
			слу́шать	журна́л
			смотре́ть	интере́сная кни́га
	мои́ друзья́		убира́ть	кварти́ра
вчера́	мой сосе́д по ко́мнате	(не)	чита́ть	ко́мната
	моя́ сосе́дка по ко́мнате		купи́ть	пи́сьма
	я		писа́ть	ра́дио
				телеви́зор
				фильм
				фотогра́фии

➤ *Complete Oral Drills 1–4 and Written Exercises 1–3 in the Workbook.*

8.2 Past Tense — Был

Russian usually does not use a verb for *to be* in present-tense sentences. In the past tense, however, the verb *to be* is expressed. Its forms are **был, была́, бы́ло, бы́ли.**

PRESENT TENSE		PAST TENSE	
Джон в библиоте́ке.	John *is* at the library.	Джон **был** в библиоте́ке.	John *was* at the library.
Ка́тя на ле́кции.	Katya *is* at class.	Ка́тя **была́** на ле́кции.	Katya *was* at class.
Их роди́тели в рестора́не.	Their parents *are* at the restaurant.	Их роди́тели **бы́ли** в рестора́не.	Their parents *were* at the restaurant.
Кто здесь?	Who *is* here?	Кто здесь **был?**	Who *was* here?
Что здесь?	What *is* here?	Что здесь **бы́ло?**	What *was* here?

Упражне́ния

А. Отве́тьте на вопро́сы. Answer the questions as in the example.

Образе́ц: — Ма́ша сего́дня в библиоте́ке?
             — Нет, но она́ вчера́ была́ в библиоте́ке.

1. Анато́лий Петро́вич сего́дня на ле́кции?
2. Ве́ра Па́вловна сего́дня до́ма?
3. Э́рик сего́дня в па́рке?
4. Его́ бра́тья сего́дня в кино́?
5. Мари́на сего́дня на кни́жном ры́нке?

Б. Look at Victor's daily schedule and tell where he was and what he might have done there.

8.00 буфет
9.00 лекция
13.00 ресторан
14.00 банк
17.00 кино
20.00 библиотека
23.00 дома

➤ *Complete Oral Drills 5–6 and Written Exercise 5 in the Workbook.*

8.3   *Had* and *Did Not Have* — The Past Tense of есть and нет

Existence. Russian expresses existence, presence, and "having" by using **есть** (see p. 175). To express sentences with **есть** in the past, use **был (была, было, были).** The verb agrees with the grammatical subject of the Russian sentence (the thing that exists or that one has).

PRESENT TENSE		PAST TENSE	
Здесь **есть** письмо.	There *is* a letter here.	Здесь **было** письмо.	There *was* a letter here.
Здесь **есть** библиотека.	There *is* a library here.	Здесь **была** библиотека.	There *was* a library here.
Там **есть** книги.	There *are* books here.	Там **были** книги.	There *were* books here.
У меня **есть** компьютер.	I *have* a computer.	У меня **был** компьютер.	I *had* a computer.
У неё **есть** платье.	She *has* a dress.	У неё **было** платье.	She *had* a dress.
У меня **есть** машина.	I *have* a car.	У меня **была** машина.	I *had* a car.
У меня **есть** деньги.	I *have* money.	У меня **были** деньги.	I *had* money.

Упражнение

Your friends told you they forgot to take many things on their trip last week. How would you ask if they had the following items?

Образец: паспорт
              У вас был паспорт?

деньги, чемодан, одежда, книги, газета, джинсы, фотоаппарат, компьютер, радио, кроссовки, словарь, роман Замятина

➤ *Complete Oral Drill 7 in the Workbook.*

Nonexistence. Russian expresses nonexistence, absence, and "not having" by using **нет** plus the genitive case (see pp. 176–177). To express these negative conditions with **нет** in the past, use **не́ было** (note the stress).

PRESENT TENSE		PAST TENSE	
Здесь **нет** письма́.	There *is* no letter here.	Здесь **не́ было** письма́.	There *was* no letter here.
Здесь **нет** библиоте́ки.	There *is* no library here.	Здесь **не́ было** библиоте́ки.	There *was* no library here.
У меня́ **нет** журна́ла.	I *do not* have a magazine.	У меня́ **не́ было** журна́ла.	I *did not have* a magazine.
У неё **нет** пла́тья.	She *does not have* a dress.	У неё **не́ было** пла́тья.	She *did not have* a dress.
У меня́ **нет** маши́ны.	I *do not have* a car.	У меня́ **не́ было** маши́ны.	I *did not have* a car.

Упражнения

A. Отве́тьте на вопро́сы, употребля́я слова́ *не́ было*. Answer these questions in the negative.

Образе́ц: — Здесь был институ́т?
                            — Нет, здесь не́ было институ́та.

1. Здесь был универма́г?
2. Здесь была́ шко́ла?
3. Здесь бы́ло кафе́?
4. Здесь был медици́нский институ́т?

5. У Ма́ши был большо́й чемода́н?
6. У Ки́ры была́ но́вая оде́жда?
7. У Ви́ктора бы́ло но́вое пальто́?
8. У Юры был рома́н Замя́тина?

Б. Соста́вьте предложе́ния. Create meaningful and grammatically correct sentences by combining words from the columns below. The question marks indicate that you may substitute a word or phrase of your own in this position.

	у меня́	есть	краси́вое пла́тье
	у моего́ бра́та	был	хоро́шая маши́на
	у мое́й <u>сестры́</u>	была́	кни́га по иску́сству
ра́ньше	у нас	бы́ло	рома́н «Мы»
сейча́с	у роди́телей	бы́ли	хоро́шее ра́дио
	здесь	нет	но́вая библиоте́ка
	у моего́ дру́га	не́ было	большо́й университе́т
	?		?

➤   *Complete Oral Drill 8 and Written Exercise 5 in the Workbook.*

8.4 Went — ходи́л vs. пошёл

Russian differentiates between *went* in the sense of *set out* and *went* in the sense of *went and came back* within the confines of one city.

пошёл-пошла́-пошли́ *set out* →	ходи́л-ходи́ла-ходи́ли *went and came back* ←
— Где Вади́м? — Он **пошёл** на ле́кцию.	— Где был Вади́м? — Он **ходи́л** на ле́кцию.
— Где Ма́ша и Ю́ра? — Они́ **пошли́** в кино́.	— Что де́лали Ма́ша и Ю́ра вчера́? — Они́ **ходи́ли** в кино́.
— Где Алекса́ндра? — Она́ **пошла́** в библиоте́ку.	— Что де́лала Алекса́ндра у́тром? — Она́ **ходи́ла** в библиоте́ку.
Мы вста́ли в 6 часо́в, **пошли́** на рабо́ту в 7 и **пошли́** на обе́д в 12.	Мы вчера́ **ходи́ли** на рабо́ту.

For the time being, use a form of **пошёл** (**пошла́, пошли́**) if the people are still gone or if you are specifying the precise time they set out. Use a form of **ходи́л** otherwise — e.g., if the entire trip is over and you are not specifying the precise time of departure.

Упражнение

Select the correct verb.

1. — Где Анна?
   — Она́ (**пошла́ — ходи́ла**) на заня́тия.
2. — Где Ви́тя ?
   — Он (**пошёл — ходи́л**) в магази́н.
3. — Где они́ бы́ли вчера́?
   — Они́ (**пошли́ — ходи́ли**) в Дом кни́ги.
4. — Что вы де́лали вчера́?
   — Мы (**пошли́ — ходи́ли**) в центр.
5. У Анто́на был интере́сный день. Он (**пошёл — ходи́л**) в зоопа́рк.
6. Оля была́ о́чень занята́ вчера́. В 9 часо́в она́ (**пошла́ — ходи́ла**) на заня́тия, в 2 часа́ она́ (**пошла́ — ходи́ла**) в центр и в 7 часо́в она́ (**пошла́ — ходи́ла**) на конце́рт.

➤ *Complete Oral Drills 9–11 and Written Exercise 6 in the Workbook.*

8.5   The Dative Case

Мне два́дцать оди́н год.	*I am twenty-one.*
Мое́й сестре́ два́дцать два го́да.	*My sister is twenty-two.*
Моему́ бра́ту шестна́дцать лет.	*My brother is sixteen.*
На́шим роди́телям со́рок семь лет.	*Our parents are forty-seven.*

In Unit 7 you learned the forms of the personal pronouns in the dative case and the use of the dative case to express age. This unit introduces the forms of nouns and their modifiers in the dative, and some additional uses of the dative case.

The dative singular endings for most masculine and neuter phrases are **-ому** for adjectives and **-y** for nouns:

NOMINATIVE	DATIVE	
но́вый студе́нт	но́в**ому** студе́нт**у**	*new student*
интере́сный профе́ссор	интере́сн**ому** профе́ссор**у**	*interesting professor*
ру́сский президе́нт	ру́сск**ому** президе́нт**у**	*Russian president*
большо́й универма́г	больш**о́му** универма́г**у**	*large department store*
дли́нное письмо́	дли́нн**ому** письм**у́**	*long letter*

The noun ending is spelled **-ю** instead of **-y** if necessary to keep the stem soft:

NOMINATIVE	DATIVE	
преподава́тель	преподава́тел**ю**	*teacher*
Юрий	Юри**ю**	*Yury*
пла́тье	пла́ть**ю**	*dress*

The adjective ending is spelled **-ему** instead of **-ому** if necessary

a.   to keep the stem soft:

NOMINATIVE	DATIVE	
си́ний дива́н	си́н**ему** дива́н**у**	*dark blue couch*
мой оте́ц	мо**ему́** отц**у́**	*my father*

б.   or to avoid breaking the 5-letter spelling rule:

NOMINATIVE	DATIVE	
хоро́ший преподава́тель	хоро́ш**ему** преподава́телю	*good teacher*
наш брат	на́ш**ему** бра́ту	*our brother*

The dative singular endings for feminine phrases are the same as the prepositional singular endings. For most feminine phrases, the endings are **-ой** for adjectives and **-е** for nouns:

NOMINATIVE	DATIVE	
но́вая студе́нтка	но́в**ой** студе́нтк**е**	*new [female] student*
интере́сная де́вушка	интере́сн**ой** де́вушк**е**	*interesting young woman*
ру́сская газе́та	ру́сск**ой** газе́т**е**	*Russian newspaper*
больша́я ко́мната	больш**о́й** ко́мнат**е**	*large room*

The noun ending is **-и** rather than **-е** for feminine **-ь** nouns and for nouns ending in **-ия**:

NOMINATIVE	DATIVE	
за́пись	за́пис**и**	*recording*
мать	ма́тер**и**	*mother*
дочь	до́чер**и**	*daughter*
конститу́ция	конститу́ци**и**	*constitution*

The adjective ending is spelled **-ей** instead of **-ой** if necessary

a.   to keep the stem soft:

NOMINATIVE	DATIVE	
си́няя ма́йка	си́н**ей** ма́йк**е**	*dark blue T-shirt*
моя́ сестра́	мо**е́й** сестре́	*my sister*

б.   or to avoid breaking the 5-letter spelling rule:

NOMINATIVE	DATIVE	
хоро́шая кни́га	хоро́ш**ей** кни́ге	*good book*
на́ша ма́ма	на́ш**ей** ма́ме	*our mom*

The dative plural endings for most phrases are **-ым** for adjectives and **-ам** for nouns:

NOMINATIVE PLURAL	DATIVE PLURAL	
но́вые студе́нты	но́в**ым** студе́нт**ам**	*new student*
ста́рые магази́ны	ста́р**ым** магази́н**ам**	*old stores*
интере́сные пи́сьма	интере́сн**ым** пи́сьм**ам**	*interesting letters*
у́мные сёстры	у́мн**ым** сёстр**ам**	*smart sisters*

The noun ending is spelled **-ям** instead of **-ам** if necessary to keep a soft stem soft:

NOMINATIVE PLURAL	DATIVE PLURAL	
преподава́тели	преподава́тел**ям**	*teachers*
бра́тья	бра́ть**ям**	*brothers*
общежи́тия	общежи́ти**ям**	*dormitories*
лаборато́рии	лаборато́ри**ям**	*laboratories*

The adjective ending is spelled **-им** instead of **-ым** if necessary

   a.   to keep the stem soft:

NOMINATIVE PLURAL	DATIVE PLURAL	
си́ние ма́йки	си́ним ма́йкам	*dark blue T-shirts*
мои́ сёстры	мои́м сёстрам	*my sisters*

   б.   or to avoid breaking the 7-letter spelling rule:

NOMINATIVE PLURAL	DATIVE PLURAL	
хоро́шие кни́ги	хоро́шим кни́гам	*good books*
на́ши ма́мы	на́шим ма́мам	*our moms*

(The plural endings are not drilled in the exercises for this unit, but are given here so that you have a complete picture of the dative case.)

DATIVE CASE OF ADJECTIVES AND NOUNS				
	Masculine singular	**Neuter singular**	**Feminine singular**	**Plural**
Nominative	но́в**ый** студе́нт∅ (больш**о́й**)	но́в**ое** письмо́	но́в**ая** студе́нт**ка**	но́в**ые** студе́нт**ы**
Dative	но́в**ому** студе́нт**у**	но́в**ому** письм**у́**	но́в**ой** студе́нт**ке**	но́в**ым** студе́нт**ам**

Notes

1.   Some masculine nouns have end stress whenever an ending is added: **стол** → **столу́, стола́м** *(pl.)*, **гара́ж** → **гаражу́, гаража́м** *(pl.)*.

2.   Some masculine nouns with **o** or **e** in the semi-final position lose this vowel whenever an ending is added: **оте́ц** → **отцу́, отца́м** *(pl.)*.

3.   The words **мать** and **дочь** have a longer stem in every case except the nominative and accusative singular. Their dative forms are **мать** → **ма́тери** *(sg.)*, **матеря́м** *(pl.)* and **дочь** → **до́чери** *(sg.)*, **дочеря́м** *(pl.)*.

4.   The possessive modifiers **его́** — *his,* **её** — *her,* and **их** — *their* never change. Do not confuse *his* (**его́**) with the dative form *him* (**ему́**)!

Мы хоти́м сде́лать **его́ бра́ту** пода́рок.	We want to give a gift to *his brother.*
BUT	*BUT*
Мы хоти́м сде́лать **ему́** пода́рок.	We want to give *him* a gift.

Упражнение

Сколько лет? Ask how old these people and things are.

Образе́ц: э́тот но́вый студе́нт
             Ско́лько лет э́тому но́вому студе́нту?

1. ваш интере́сный сосе́д
2. твой профе́ссор
3. хоро́ший учи́тель
4. его́ ста́рое пальто́
5. это ста́рое зда́ние

6. но́вая балери́на
7. на́ша интере́сная сосе́дка
8. её ку́хня
9. э́та больша́я лаборато́рия
10. твоя́ мать

➤ *Complete Oral Drill 12 and Written Exercises 7–8 in the Workbook.*

8.6   Uses of the Dative Case

Expressing age. The dative case is used to express age:

Мне два́дцать оди́н год, а **моему́ бра́ту** девятна́дцать.

Indirect objects. The dative case is used for indirect objects. An indirect object is the person to whom or for whom an action is done.

Я хочу́ сде́лать **Ма́ше** пода́рок.   I want to give *Masha* a gift.

The present, the thing being given, is the direct object; it is in the accusative case. Masha, the person for whom the present is intended, is the indirect object; it is in the dative case.

Упражнение

Identify the direct objects and the indirect objects in the following English text.

Everyone bought a present for Masha. John gave Masha a book. Jenny gave her a sweater. Her mother bought her a new record. She told them "Thank you."

Now fill in the blanks in the equivalent Russian text:

Все купи́ли пода́рки _____ . Джон подари́л _____ кни́гу. Дже́нни подари́ла _____ сви́тер. Её ма́ма купи́ла _____ но́вую пласти́нку Она́ сказа́ла _____ «Спаси́бо».

➤ *Complete Oral Drill 13 and Written Exercise 9 in the Workbook.*

The preposition по. The dative case is used after the preposition **по.** You have seen several examples of this:

Кто **по национа́льности** ва́ши роди́тели?	*What is your parents' nationality?*	Use the structure
Кто **по профе́ссии** ва́ша сестра́?	*What is your sister's profession?*	**кни́ги по** +
У вас есть сосе́дка (сосе́д) **по ко́мнате?**	*Do you have a roommate?*	*dative* only for
У вас есть кни́ги **по иску́сству?**	*Do you have any books on art?*	fields of study.

Упражнение

Как по-ру́сски?

1. Do you have any music books?
2. Do you have any philosophy books?
3. Do you have any books on medicine?
4. Do you have any books on [fill in *your* field of special interest]?

➤ *Complete Oral Drill 14 and Written Exercise 10 in the Workbook.*

Expressing necessity and possibility. The dative case is used with the words **на́до** and **ну́жно** to express necessity and with **мо́жно** to express possibility.

Этому студе́нту ну́жно (на́до) рабо́тать.	*This student* has to work.
Где **мне** мо́жно купи́ть пода́рок?	Where can *I* buy a present?

Note the structure used for these sentences:

кому́	на́до	
(person in dative case)	ну́жно	*+ infinitive*
	мо́жно	

Упражнения

А. Соста́вьте предложе́ния. Create truthful and grammatically correct sentences by combining the elements from the columns, or substituting words of your own choosing in the columns with the question mark.

Образе́ц: Мне всегда́ на́до занима́ться.

я	сейча́с		занима́ться
мой сосе́д по ко́мнате	ча́сто	мо́жно	рабо́тать
моя́ сосе́дка по ко́мнате	ре́дко	на́до	купи́ть пода́рок
наш преподава́тель	всегда́	ну́жно	отдыха́ть
на́ши роди́тели			смотре́ть но́вости
?			?

Б. In the following paragraph, find the words that are in the dative case and explain why the dative is used in each instance. Then answer the question at the end in Russian.

У нас большая семья — трóе детéй! Стáршего сы́на зовýт Кири́лл. Емý вóсемь лет, он ужé хóдит в шкóлу. Млáдшему сы́ну Макси́му пять лет. А дóчери три гóда. Её зовýт Натáша. Скóро у Натáши бýдет день рождéния. Её брáтья хотя́т ей сдéлать подáрок. Когдá у меня́ был день рождéния, они́ мне купи́ли кни́гу. Но Натáша ещё не читáет. Что вы им посовéтуете ей купи́ть?

➤ *Complete Oral Drills 15–16 and Written Exercise 11 in the Workbook.*

8.7   Question Words and Pronouns

Several oral drills and written exercises in this unit give you a chance to practice the pronouns and question words in the different cases you already know. This table summarizes the forms of the pronouns and question words.

	QUESTION WORDS		PRONOUNS						
Nominative	кто	что	я	ты	он/онó	онá	мы	вы	они́
Accusative	когó	что	меня́	тебя́	(н)егó	(н)её	нас	вас	(н)их
Genitive	когó	чегó	меня́	тебя́	(н)егó	(н)её	нас	вас	(н)их
Prepositional	о ком	о чём	обо мнé	о тебé	о нём	о ней	о нас	о вас	о них
Dative	комý	чемý	мне	тебé	(н)емý	(н)ей	нам	вам	(н)им

The forms of **он, онó, онá,** and **они́** have an initial **н** when they immediately follow a preposition:

У **негó** есть кни́га.   *But*   **Егó** нет.

Упражнения

А. Ask questions about the words in boldface.

Образе́ц: **Моего́ бра́та** зову́т Алёша.
Кого́ зову́т Алёша?

> **Моего́ бра́та** зову́т Алёша. **Ему́** 16 лет. **Он**
> хорошо́ у́чится . Он изуча́ет **хи́мию и матема́тику.**
> Ещё он о́чень лю́бит **теа́тр.** Он ча́сто говори́т об **э́том.**
> На день рожде́ния я хочу́ сде́лать **ему́** пода́рок. Я ду́маю
> купи́ть ему́ **кни́гу.** Он о́чень лю́бит **Шекспи́ра и**
> **Пу́шкина.** У **него́** есть Пу́шкин. Но у него́ нет ни
> одно́й **кни́ги** Шекспи́ра.

Б. Отве́тьте "да" на вопро́сы. Answer yes to the questions. Use complete
sentences and replace the nouns with pronouns.

1. Алёша лю́бит Пу́шкина?
2. Вы чита́ли о Пу́шкине?
3. Пу́шкин писа́л о Росси́и?
4. Ру́сские студе́нты чита́ют интере́сные кни́ги?
5. Вы хоти́те чита́ть ру́сскую литерату́ру?

➤ *Complete Oral Drills 17–21 and Written Exercises 12–14 in the Workbook.*

Обзорные упражнения

 А. Разгово́ры.

Разгово́р 1. Где мо́жно купи́ть шля́пу?
Разгова́ривают Ди́на и Нэ́нси.

1. Nancy is talking to Dina about a hat. What does she ask?
2. Who gave Nancy the idea to buy a hat?
3. Two stores are mentioned in this conversation. Name one.
4. What is the Russian word for *hat*?

Разгово́р 2. В магази́не «Светла́на».
Разгова́ривают Ди́на, Нэ́нси и продавщи́ца.

1. Does Nancy want to look at the yellow hat or the red hat?
2. What is Nancy's hat size?
3. How much does the hat cost?

Разгово́р 3. Джеф пла́тит за това́р.
Разгова́ривают Джеф и продавщи́ца.

Remember that in many Russian stores customers pay for goods at a separate cashier's booth. When paying, they must name the **отде́л** from which they are making their purchase.

1. Does Jeff want to see the red gloves or the black leather ones?
2. How much does the scarf cost?
3. What happens when Jeff goes to pay?

 Б. Посове́туй мне. A Russian friend wants your advice on what gifts to buy for three family members. Listen to the descriptions, and select the most appropriate gift for each person.

1. па́па:	джи́нсы	ша́пка	телеви́зор	кни́га по иску́сству
2. сестра́:	телеви́зор	телефо́н	пласти́нка	ра́дио
3. сын:	игру́шка	кни́га	телеви́зор	магнитофо́н

В. **Сувениры.** Imagine that you are going to Russia next week.

1. In Russian, list five family members and/or friends. Next to each name indicate what present you would like to buy for that person.
2. Ask a Russian friend in St. Petersburg where you can buy the presents on your list.
3. On the lists of stores on pages 236–237, circle the location of the store(s) suggested.
4. Act out a scene in which you make one or more of your intended purchases.
5. After your shopping spree, tell a Russian friend what you bought for whom.

Г. **Записка друзьям.** Tomorrow is your last shopping day in Moscow. You would like to buy gifts for a relative, but don't know what to get. You won't see your Russian friends today, but you know if you leave them a note, they'll call you later with suggestions. Write a note asking for advice.

Новые слова и выражения

NOUNS

авангарди́ст	avant-garde artist
вещь (*fem.*)	thing
вы́бор	selection
галантере́я	men's accessories (*store or department*)
головно́й убо́р	hats
грампласти́нки	records (*store or department*)
де́вушка	(young) woman
д(е)нь рожде́ния	birthday (*lit.* day of birth)
де́ньги (*always plural*)	money
до́ллар (5–20 до́лларов)	dollar
игру́шки	toys
импрессиони́ст	impressionist
иску́сство	art
ка́рта	map
ка́рточка	card
креди́тная ка́рточка	credit card
ка́сса	cash register
матрёшка	Russian nested doll
метр	meter
молодо́й челове́к	young man
о́бувь (*fem.*)	footwear
отде́л	department
парфюме́рия	cosmetics (*store or department*)
перча́тки	gloves
пласти́нка	record
плат(о́)к (*ending always stressed*)	(hand)kerchief
разме́р	size
рем(е́)нь (*ending always stressed*)	belt (*man's*)
рубль (2–4 рубля́, 5–20 рубле́й) (*ending always stressed*)	ruble
ры́н(о)к (на)	market
кни́жный ры́н(о)к	book mart
сантиме́тр	centimeter
сувени́р	souvenir
това́р	goods
универма́г	department store
цент (5–20 це́нтов)	cent
чек	check, receipt
челове́к (*pl.* лю́ди)	person
чулки́	stockings
ша́пка	cap, fur hat, knit hat
шкату́лка	painted or carved wooden box (souvenir)
шля́па	hat (e.g., business hat)

ADJECTIVES

дешёвый	cheap
дорого́й	expensive
же́нский	women's
закры́т (-а,-о,-ы)	closed
кни́жный	book(ish)
креди́тный	credit
креди́тная ка́рточка	credit card
мужско́й	men's
неплохо́й	pretty good
огро́мный	huge

VERBS

плати́ть (плачу́, пла́тишь, пла́тят)	to pay
покупа́ть	to buy
(покупа́ю, покупа́ешь, покупа́ют)	
продава́ть	to sell
(продаю́, продаёшь, продаю́т)	

For now, use the following verbs only in the forms given
<u>Infinitives and Past Tense:</u>

быть (был, была́, бы́ли)	to be
забы́ть (забы́л, забы́ла, забы́ли)	to forget
закры́ть (закры́л, закры́ла, закры́ли)	to close
купи́ть (купи́л, купи́ла, купи́ли)	to buy
откры́ть (откры́л, откры́ла, откры́ли)	to open
подари́ть (подари́л, подари́ла, подари́ли)	to give a present
посове́товать (посове́товал, посове́товала, посове́товали)	to advise
сказа́ть (сказа́л, сказа́ла, сказа́ли)	to say
узна́ть (узна́л, узна́ла, узна́ли)	to find out
ходи́ть (ходи́л, ходи́ла, ходи́ли)	to go (and come back) on foot

<u>Third-Person Forms:</u>

сто́ить (сто́ит, сто́ят)	to cost
(сто́ил, сто́ила, сто́ило, сто́или)	

ADVERBS

давно́	for a long time
да́же	even
наприме́р	for instance
неда́вно	recently
ра́ньше	previously
ско́ро	soon

тепе́рь	now (*as opposed to some other time*)
туда́	there (*answers* куда́)

SUBJECTLESS CONSTRUCTIONS

(кому́) мо́жно + *infinitive*	it is possible
(кому́) на́до + *infinitive*	it is necessary
(кому́) ну́жно + *infinitive*	it is necessary

QUESTION WORD

Ско́лько?	How much?

PHRASES AND OTHER WORDS

ведь	you know, after all (*filler word, never stressed*)
Дава́й(те)	Let's
Де́вушка!	Excuse me, miss!
Мне сказа́ли, что...	I was told that …
Молоде́ц! [Како́й ты (он, она́, *etc.*) молоде́ц!]	Good show! (*lit.* Good fellow, *but used for both sexes*)
Молодо́й челове́к!	Excuse me, sir!
Огро́мное спаси́бо!	Thank you very much!
Одну́ мину́точку!	Just a moment!
Плати́те в ка́ссу.	Pay the cashier.
Пойдём!	Let's go!
Пойдём лу́чше...	Let's go to … instead.
Покажи́(те)!	Show!
сам (сама́, са́ми)	-self
С днём рожде́ния!	Happy birthday!
Ско́лько сто́ит ...?	How much does ... cost?
Ско́лько сто́ят ...?	How much do ... cost?
Что вы посове́туете нам взять?	What do you advise us to take?
Это (совсе́м не) до́рого!	That's (not at all) expensive!
Я хочу́ сде́лать (кому́) пода́рок.	I want to give (someone) a present.

PERSONALIZED VOCABULARY

_____

_____

_____

_____

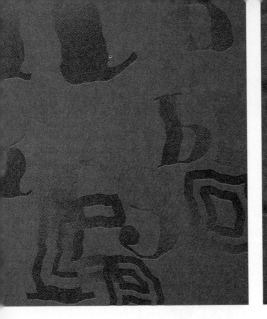

УРОК 9

Что мы будем есть?

Коммуникативные задания

◈ Reading menus
◈ Making plans to go to a restaurant
◈ Ordering meals in a restaurant
◈ Making plans to cook dinner
◈ Interviews about food stores

В помощь учащимся

◈ Conjugation of the verbs **есть** and **пить**
◈ Instrumental case with **с**
◈ Subjectless expressions: **нельзя́, невозмо́жно, легко́, тру́дно**
◈ The future tense
◈ Introduction to verbal aspect
◈ **Workbook:** Prices in thousands: long and short forms
  Vowel reduction: **о, а, ы**

Между прочим

◈ Russian food stores
◈ Russian restaurants, cafés, and cafeterias
◈ The metric system: pounds vs. kilograms; measurements of liquids

О чём идёт речь?

A. Что вы еди́те? Which of the following foods would you eat for breakfast, lunch, or dinner?

о́вощи

сала́т
капу́ста
лук
помидо́р
пе́рец
огуре́ц
чесно́к
карто́фель
морко́вь

фру́кты

виногра́д
я́блоко
бана́н
апельси́н

напи́тки

минера́льная вода́
вино́
чай
лимона́д
ко́фе

хлеб

чёрный хлеб
бу́блики
бу́лка
бе́лый хлеб

моро́женое
те́сто
со́ус
соль
я́йца

мя́со

ку́рица
колбаса́
фарш
ры́ба

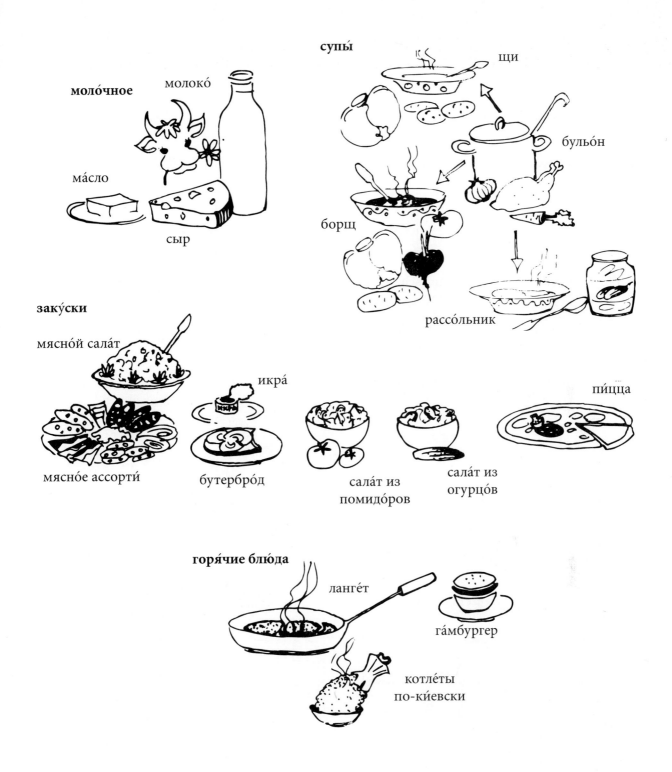

молóчное

молокó

мáсло

сыр

супы́

щи

бульóн

борщ

рассóльник

закýски

мяснóй салáт

мяснóе ассортú

икрá

бутербрóд

салáт из помидóров

салáт из огурцóв

пúцца

горя́чие блю́да

лангéт

гáмбургер

котлéты по-кúевски

Б. List your most and least favorite foods.

B. List the ingredients you would need for **пи́цца, га́мбургер, and сала́т.**

пи́цца	га́мбургер	сала́т
		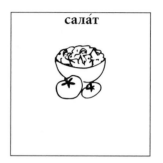

Г. Identify the foods being sold in each of these stores.

Магази́ны

Food stores in Russia tend to specialize in one or two types of items. **Гастроно́м** usually specializes in **колбаса́** and **сыр. Бу́лочная** and **бакале́я** sell fresh bread, pastries, and baking goods. **Кулина́рия** sells ready-to-bake items, such as pre-made dough and ground beef as well as other prepared food items. **Моло́чный магази́н** offers dairy products. **Продово́льственный магази́н** is a generic grocery store. **Универса́м** or **суперма́ркет** is a self-service grocery store, found in large cities.

Metric System: Weight and Volume

Most food sold in Russian stores is not pre-packaged. When you buy an item, you need to specify how much you want. When you buy drinks by the bottle, they are measured in liters. When you order individual servings in a restaurant, they are measured in grams. The following conversion information should help you with the metric system.

один литр   одна ква́рта

один килогра́мм   один фунт

стака́нчик моро́женого: 100 г.

3 помидо́ра: 500 г. (полкило́)

буты́лка шампа́нского: 0,75 л.
небольшо́й стака́н воды́: 200 г. (0,2 л.)

Он роди́лся сего́дня! 3,5 кг.

18-ле́тняя де́вушка (1,6 м.): 52 кг.
баскетболи́ст (2 м.): 80 кг.

Автомоби́ль берёт 40 л. бензи́на.

Разгово́р 1. Ты уже́ обе́дала?
Разгова́ривают Вади́м и Кэ́рен.

1. Where do Vadim and Karen decide to go?
2. What street is it located on?
3. What time of day is it easiest to get in?

Разгово́р 2. В кафе́.
Разгова́ривают Вади́м, Кэ́рен и официа́нт.

1. What kind of soup does the waiter recommend?
2. What does Vadim order to drink?
3. Does Karen get dessert?

Разгово́р 3. В кафе́.
Разгова́ривают Вади́м и официа́нтка.

1. How much does the meal cost?

Между прочим

The English *restaurant* applies to almost any eatery. The Russian **рестора́н** is a full-service restaurant featuring a three-course meal, live entertainment, and dancing. A bit less formal is a **кафе́,** which can range from a few tables in a small room to something quite elaborate. A **кафете́рий** is a first-class self-service establishment, while a **столо́вая** is a cafeteria, often at school or work.

In many restaurants a menu is provided only after you have asked for one (**Принеси́те меню́, пожа́луйста),** and often only one menu is provided for a table. Not everything listed on the menu may be available, however. Prices are customarily written in only for the available items. It is thus not unusual for a customer to ask the waiter what is available (**Что у вас есть сего́дня?**) or to ask for a recommendation (**Что вы посове́туете взять?**).

Tips (**чаевы́е**) in Russian restaurants are normally about five percent.

Диалоги

1. Мóжет быть, пойдём в кафé?

— Кэ́рен, ты ужé обéдала?

— Нет, но ужé стрáшно хочý есть.

— Мы с Анной дýмали пойти́ в кафé «Минýтка». Не хóчешь пойти́ с нáми?

— В «Минýтку»? Но я слы́шала, что попáсть тудá прóсто невозмóжно.

— Вéчером попáсть трýдно, а днём мóжно. Я дýмаю, что сейчáс мы тóчно попадём.

— Хорошó, пошли́.

Между прочим

While **зáвтрак** is indisputably breakfast, one can argue about **обéд** and **ýжин**. Traditionally **обéд** is the largest meal of the day (dinner), whereas **ýжин** is the evening meal (supper). In the past, the largest meal was taken at midday. Now **обéд** is usually lunch, regardless of size. However, you may hear any large meal taken in the afternoon or early evening referred to as **обéд**.

Обéд usually consists of two, three, or even four courses. **Закýски** are appetizers. The first course (**пéрвое**) is **борщ, бульóн, щи,** or some other kind of **суп.** The main course (**вторóе**) follows, and the meal is rounded off by **слáдкое** (dessert and/or coffee). Dessert is ordered at the same time as the rest of the meal.

---

2. Что вы бýдете закáзывать?

— Что вы бýдете закáзывать?

— А что вы нам посовéтуете взять?

— На пéрвое я вам посовéтую взять борщ украи́нский. Или суп с ры́бой.

— Хорошó. Суп с ры́бой — две пóрции.

— А на вторóе? Есть лангéт. Есть цыплята табакá.

— Принеси́те два лангéта.

— А пить что вы бýдете? Есть лимонáд, минерáльная водá.

— Два лимонáда, пожáлуйста.

— Морóженое бýдете?

— Да.

— А я возьмý кóфе с молокóм.

3. Рассчитайте нас!

— Дѐвушка! Бу́дьте добры́, рассчита́йте нас!
— Зна́чит так: суп с ры́бой, ланге́т с пюре́ —
— Мину́точку! С каки́м пюре́? Никако́го пюре́ не́ было!
— Ой, извини́те. Вы пра́вы. Так... да́льше...
— А да́льше у нас бы́ли два лимона́да, одно́ моро́женое, оди́н ко́фе с молоко́м.
— Так. С вас 72-50 (се́мьдесят два, пятьдеся́т).
— Се́мьдесят два, пятьдеся́т? Вот. Получи́те, пожа́луйста.

4. Хо́чешь, я тебе́ пригото́влю пи́ццу?

— Оля, хо́чешь, я тебе́ пригото́влю пи́ццу?
— Да, коне́чно. Что на́до купи́ть?
— Смотря́, с чем де́лать. Мо́жно сде́лать пи́ццу с колбасо́й и́ли с мя́сом и́ли с гриба́ми.
— Ну, колбаса́ у нас уже́ есть.
— Хорошо́. Тогда́ на́до сде́лать тома́тный со́ус.
— Я́сно. Зна́чит, мы ку́пим помидо́ры и лук.
— Мне нельзя́ есть лук. У меня́ аллерги́я.
— Тогда́ сде́лаем без лу́ка. Что ещё ну́жно?
— Ну, ещё те́сто и сыр.
— Зна́чит, так. Те́сто мо́жно купи́ть в гастроно́ме. Сыр и помидо́ры ку́пим на ры́нке.
— Отли́чно!

5. Хо́чешь, я тебе́ пригото́влю бутербро́ды?

— Хо́чешь, я тебе́ пригото́влю бутербро́ды?
— Да, коне́чно!
— Мне то́лько на́до купи́ть хлеб.
— Слу́шай, хлеб куплю́ я. Бу́лочная недалеко́.
— Хорошо́, а я пока́ пригото́влю тома́тный со́ус.
— Что ещё ну́жно? Соль у нас есть?
— Есть. Купи́ то́лько хлеб. Чёрный и бе́лый.

А **бутербро́д** — *open face sandwich* usually consists of a piece of cheese or meat on a small piece of white or black bread.

Russian prices have undergone major changes. For the latest on prices, see the Golosa Web page: http://www.gwu.edu/~slavic/golosa.htm.

Давайте поговорим

А. Что вы любите есть?

1. Какие овощи вы любите?
2. Какие фрукты вы любите?
3. Вы пьёте кофе? С молоком или без молока? С сахаром или без сахара?
4. Вы пьёте чай? С лимоном или без лимона? С сахаром или без сахара?
5. Вы часто или редко ужинаете в ресторане?
6. Что вы любите заказывать в ресторане?
7. Вы любите пиццу? С грибами или без грибов? С колбасой или без колбасы?

Б. Подготовка к разговору. Review the dialogs. How would you do the following?

1. Ask if someone has had lunch.
2. Say you are (very) hungry.
3. Suggest going out to eat.
4. Say that it is impossible to get into a new restaurant.
5. Ask a waiter for suggestions on what to order.
6. Order a complete meal (soup, main course, dessert, drinks) in a restaurant.
7. Order two (three, four, etc.) servings of fish soup.
8. Tell the waiter to bring you the check.
9. Pay the check.
10. Offer to make someone pizza (sandwiches, dinner).
11. Say you have an allergy.
12. Ask what you need to buy.
13. Tell someone that one can buy dough (cheese, vegetables) in the grocery store.

В. Как вы думаете? A number of assertions reflecting common Russian views of life in the West are listed below. Working in pairs, use your own experience to respond to each assertion. The following expressions will help you organize your responses.

Я думаю, что...	
Это так.	
Это не совсем так.	
Это совсем не так.	
Если говорить о себе, то...	*If I use myself as an example, then...*
С одной стороны...	*On the one hand...*
А с другой стороны...	*On the other hand...*
Во-первых...	*First of all...*
Во-вторых...	*Second of all...*

1. Я слы́шал(а), что америка́нцы (кана́дцы, англича́не) о́чень лю́бят есть в Макдо́налдсе.
2. Говоря́т, что америка́нская (кана́дская, англи́йская) ку́хня совсе́м не интере́сная.
3. Америка́нцы до́ма не гото́вят. Они́ покупа́ют гото́вые проду́кты в магази́не.

Г. Игровы́е ситуа́ции. Imagine that you are in Russia. Act out the following situations.

1. In a café, order yourself and a friend a meal. Find out if your friend wants an appetizer or soup. Use the menu on page 273.
2. At a restaurant you ordered soup with fish, Chicken Kiev, and coffee, but the waiter brought borsch and some kind of beef, and completely forgot the coffee. Complain.
3. You are in a restaurant. Order a complete meal for yourself and a friend who is a vegetarian.
4. A Russian friend would like to try hamburgers. Offer to make them and explain what ingredients are needed. Decide who will buy what.
5. To celebrate a Russian friend's birthday, invite her to a new restaurant that you have heard is really good. Agree on a time.
6. Working with a partner, prepare and act out a situation of your own that deals with the topics of this unit.

Д. Устный перево́д. In Moscow, you are in a restaurant with a friend who doesn't know Russian. Help him order a meal.

ENGLISH SPEAKER'S PART

1. Can we get a menu?
2. I don't understand a thing. Do they have any salads?
3. I'll get the tomatoes, I guess.
4. I don't want any soup.
5. Do they have any chicken dishes?
6. Okay. And I'd like to get a Pepsi.
7. How about coffee? Do they have coffee?
8. I'll take coffee then... with milk please.
9. No, that's it for me.

Давайте почитаем

А. Меню́.

1. Scan the menu to see whether these dishes are available.
   - Люля-кеба́б
   - Шашлы́к
   - Котле́ты по-ки́евски
   - Ку́рица
2. Look at the menu again to find out whether these drinks are available.
   - Во́дка
   - Пепси-Ко́ла
   - Минера́льная вода́
   - Пи́во
3. How much do the following cost?
   - Grilled chicken
   - Black coffee
   - Bottle of Stolichnaya vodka
   - 100 grams of Stolichnaya vodka
   - Bottle of Zhigulevskoe beer
   - A glass of fruit punch
4. What kinds of mineral water are available?
5. What kinds of wine are available?
6. This menu contains a number of words you do not yet know. What strategies would you use to order a meal if you were in this restaurant, alone and hungry, and no one else in the restaurant knew English?

This menu shows "old" prices. See the Golosa Web page for information on current prices.

МЕНЮ

ВИНО-ВОДОЧНЫЕ ИЗДЕЛИЯ	100 г.	БУТЫЛКА
Водка «Русская»	4.000	19.000
Водка «Столичная»	5.000	22.000
Водка «Смирнов»	10.000	35.000
Вино «Цинандали»	2.100	12.000
Рислинг	2.000	11.000
Минеральная вода «Боржоми»	— —	2.000
Минеральная вода «Эвиан»	— —	6.000
Пиво «Жигулевское»	— —	10.500
Пиво «Хайнекен»	— —	12.000
«Кока-Кола», «Спрайт»	— —	5.000

ЗАКУСКИ

Блины с икрой	13.000
Блины с капустой	10.000
Пирожки с капустой	20.000
Пирожки с мясом и луком	7.500
Мясной салат	7.000
Салат со свежей капустой	4.000
Сосиска в тесте	4.000
Бутерброд с сыром	5.000

ПЕРВЫЕ БЛЮДА

Борщ	8.000
Бульон	4.000
Щи	3.500

ВТОРЫЕ БЛЮДА

Шашлык с рисом	12.000
Пельмени со сметаной	18.000
Курица жареная на гриле	19.000
Плов	8.000
Котлеты из индейки	13.000
Сосиски с гарниром	10.000
Колбаса	12.000
Осетрина жареная на решетке	24.000

СЛАДКИЕ БЛЮДА И ГОРЯЧИЕ НАПИТКИ

Кофе черный	1.200
Кофе со сливками	1.600
Чай	1.200
Пломбир с джемом (100 г.)	6.000
Мороженое фруктовое (100 г.)	5.000
Пирожки с изюмами	2.500
Печенье	2.000

Б. **Но́вые суперма́ркеты.** В больши́х города́х но́вые суперма́ркеты вытесня́ют[1] ста́рые гастроно́мы. В суперма́ркетах чи́сто,[2] удо́бно и всё есть. Но це́ны[3] о́чень высо́кие.[4] Ста́рые жи́тели вспомина́ют[5] гастроно́мы[6] сове́тской эпо́хи. В них тру́дно бы́ло найти́ хоро́шее мя́со, покупа́тели стоя́ли в дли́нных очередя́х, но це́ны бы́ли норма́льные.

[1]*squeeze out*   [2]*clean*   [3]*prices*   [4]*high*   [5]*remember*   [6]*food stores*

1. **Что вы уже́ зна́ете?** Much of understanding what you read is figuring out what is likely to be said. Which of the following statements do you expect to see in the text?
    *   Очень мно́гие из ста́рых магази́нов преврати́лись в но́вые суперма́ркеты.
    *   Москвичи́ встреча́ют откры́тия ка́ждого но́вого суперма́ркета с больши́м энтузиа́змом.
    *   Це́ны в но́вых магази́нах о́чень невысо́кие.
    *   Типи́чный покупа́тель в суперма́ркете е́здит на свое́й маши́не.
    *   Суперма́ркеты не рабо́тают ве́чером.

    Now read the text to see if you were right.

2. **Но́вые и ста́рые назва́ния.** This article names quite a few stores. Determine which of the following are stores from the "good old days" and which are new. **Бакале́я, Колба́сы, Проду́кты, Гурма́н, Гастроно́м, Айриш ха́ус, Food Land, Юрс, Nik's**

3. **Что где нахо́дится?** Place each of the stores mentioned above on the map.

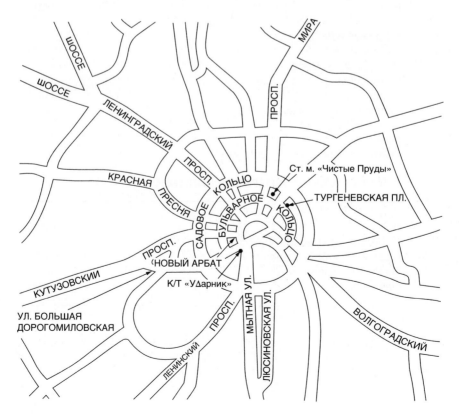

Суперцены в супермаркетах

Перепечатанный из «Аргументов и фактов» с сокращениями.

Москвичи обычно не испытывают[1] особого энтузиазма, когда открывается очередной[2] супермаркет. "Это не для нас", — говорят они и вспоминают[3]: "Совсем недавно здесь была неплохая "Бакалея"..." Магазин "Колбасы" на пересечении[4] Мытной и Люсиновской после ремонта[5] превратился[6] в супермаркет. "Продукты" у станции метро "Чистые пруды" уже "Гурман". "Гастроном" у кинотеатра "Ударник" переехал в подвал[7]. У Велозаводского рынка "Nik's" вытеснил[8] винный магазин. В самом "Nik's"е алкоголь тоже продается, но по каким ценам[9]: **6$** за бутылку "Столичной".

[1]*experience*   [2]*latest*   [3]*remember*   [4]*intersection*   [5]*refurbishing*   [6]*turned into*
[7]переéхал...—*moved into the basement*   [8]*took over*   [9]*prices*

В супермаркетах покупают те, кто[1] делает шопинг на машине. Поэтому и располагаются[2] на самых оживленных трассах[3]: на Кутузовском, Ленинском, Ленинградском проспектах, по Садовому и Бульварному кольцу, на Новом Арбате и Красной Пресне... Многие работают без перерывов[4], до 22 часов или даже круглосуточно[5], учитывая ненормированный рабочий день бизнесменов.

Правда, в последнее время[6] в супермаркеты заходят и люди среднего достатка[7]. Но надо располагать лишней сотней тысяч[8] и приготовить себя к тому, что ничего существенного[9] на нее все равно не купишь, разве что[10] коробку конфет (**7$**), кусочек деликатесного сыра (**5$**), баночку паштета (**4-6$**), томатный соус (**3$**)... Даже булка[11] стоит **1$**.

[1]те, кто—*those who*   [2]*are located*   [3] на сáмых...—*on the busiest highways*   [4]*breaks*
[5]*24 hours a day*   [6]сейчáс   [7]срéднего достáтка—*middle income*   [8] располагáть...—*to have a spare 100,000*   [9]*substantial*   [10]*except maybe*   [11]*loaf*

У многих супермаркетов своя "изюминка"[1]. В "Айриш хаус" отличный отдел мясных полуфабрикатов[2]. Сюда можно зайти, чтоб увидеть настоящий мясной фарш[3]. На Кутузовском, 14 — хороший хозяйственный[4] отдел. В "Food Land" на Большой Дорогомиловской выпечка[5] из Италии (до **35$**).

"Гурман" на Тургеневской и еще "Юрс" на Красной Пресне из нового поколения[6] супермаркетов. Они конкурируют[7] со старыми магазинами при помощи цен[8] – они тут не в долларах, а в рублях. И главное[9], цены не слишком высоки[10], так что сюда заходят даже пенсионеры из соседних домов.

Инга БЕЛОВА
Фото Сергея Хальзова

[1]своя изюминка—*its own specialty*   [2]*ready-to-cook foods*   [3]чтоб увидеть...—*in order to get a look at real ground beef*   [4]*household goods*   [5]готóвая едá   [6]*generation*
[7]*compete*   [8]*on the basis of price*   [9]*the main thing*   [10]слишком высоки—*too high*

4. **Что чего?** This article has a number of phrases such as a *piece of meat* and a *can of peas*. From the list below, match the amount with the object. Then produce the correct phrase. Each of the words is given in nominative. Your final phrase must consist of nominative + genitive.

amount	food	final phrase
1. буты́лка	а. паштёт	_____
2. коро́бка	б. сыр	_____
3. кусо́к (кусо́чек)	в. «Столи́чная»	_____
4. ба́нка (ба́ночка)	г. конфёты	_____

Now place each of the following foods into a "container," *e.g., bottle of…, piece of…, box of…, jar [or] can of…*

Образёц: минера́льная вода́ — *буты́лка минера́льной воды́*

молоко́, чёрная икра́, кра́сное вино́, бёлый хлеб, голла́ндский сыр, ма́сло, «Кока-Ко́ла», вку́сное мя́со, колбаса́, шампа́нское

5. **Имени́тельный падёж.** When reading, you are most likely to meet new words in cases other than the nominative. To look a word up in the dictionary, you need to figure out its nominative case. Determine the nominative cases of these words. The stress is supplied to help you.

Образёц:

ENGLISH	IN THE TEXT	NOMINATIVE SINGULAR
Moscovites	москвичи́	<u>мо скви́ч</u>
sausages	колба́сы	__ __ ´
prices	цёны, цен, цёнам	__ __ ´ __
highways	тра́ссах	´ __ __
breaks, time-outs	переры́вов	__ __ ´ __
ready-to-cook meats	мясны́х полуфабрика́тов	__ __ ´ __ __ __ __ __ __ ´
new generation	но́вого поколёния	´ __ __ __ __ __ ´ __ __
rubles	рубля́х	´ __ __
neighboring houses	сосёдние дома́	__ __ ´ __ __ ´

6. **Но́вые слова́ из ста́рых.** Find adjectives that correspond to these words.

Образёц:

мя́со	*мясно́й* фарш (Found in the next-to-last paragraph.)
вино́	_____ магази́н
рабо́та	_____ день
(домо)хозя́йка	_____ отдёл
сосёд	_____ дом

Давайте послушаем

Интервью. Сейча́с вы услы́шите интервью́ с покупа́телями в но́вом суперма́ркете **«За ва́ше здоро́вье»** (*To Your Health*). Вы та́кже услы́шите интервью́ с дире́ктором магази́на.

1. Е́сли вы прочита́ли материа́л в разде́ле «Дава́йте почита́ем», то вы уже́ зна́ете немно́го о ста́рых магази́нах сове́тской эпо́хи и но́вых суперма́ркетах.

   — Как вы ду́маете, что мо́гут сказа́ть покупа́тели?

   a. The new store has empty shelves. Why did they bother opening this store to begin with?
   б. The new store has a lot, but the prices are outrageous!
   в. The service in the old stores was much better.
   г. There isn't much available in state-run stores, so people end up coming here.
   д. The new stores don't have enough meat.

   — Как вы ду́маете, что мо́жет сказа́ть дире́ктор магази́на?

   e. We have to keep prices low or else we won't be able to compete with smaller stores.
   ж. More traditional stores are no competition for us—either in the variety of things available or in terms of customer service.
   в. Other new supermarkets should be closed.

2. **Словарь.** Вы услы́шите э́ти слова́ в интервью́. Обрати́те внима́ние на ме́сто ударе́ния. Pay attention to stress.
   магази́ны ста́рой закла́дки — *old-style stores*
   ассортиме́нт небольшо́й — *the assortment is small*
   зако́н — *law*
   он(а́) гото́в(а) плати́ть — *he (she) is willing to pay*
   полкило́ — *half a kilo;* (пол — *half*)
   ...с полови́ной — *and a half:* четы́ре с полови́ной
   цена́ — *price;* высо́кие це́ны — *high prices*
   це́рковь — *church*

3. Тепе́рь прослу́шайте интервью́. Бы́ли ли вы пра́вы в ва́ших прогно́зах? Were your predictions correct?

4. Прослу́шайте интервью́ ещё раз. Каки́е ве́щи назва́ли? What foods were mentioned?

апельси́н — *orange*
виногра́д — *grapes*
гру́ша — *pear*
карто́шка — *potatoes*
колбаса́ — *sausage*
лимо́н — *lemon*
смета́на — *sour cream*
творо́г — *cottage cheese*
я́блоко — *apple*

5. В интервью́ мно́го говори́ли о высо́ких це́нах. Су́дя по интервью́, ско́лько сто́ят э́ти ве́щи?

наименова́ние	коли́чество	цена́
молоко́	1 л.	?
колбаса́	1 кг.	?
мя́со	1 кг.	?
смета́на	1 кг.	?

6. Which of the following best describes the attitude of the manager? After you make your choice, listen to the interview again. Jot down the Russian words that correspond to the key portions (indicated in italic) of the statement you chose:

   а. Perhaps I should *apologize for our prices,* but the *law* makes operating expenses very high.
   б. We only charge *high prices* for *meat, potatoes, and milk.* All of our other prices match those of the *state stores.*
   в. We compromise with those who *cannot pay* what we charge *for our produce.* I believe that's the only way *to do business.*
   г. We operate by the natural *law of the market.* If you think *we have high prices, don't buy!*

9.1 Verb Conjugation — есть, пить

The verb **есть** — *to eat* is one of only four truly irregular verbs in Russian. Use it to talk about eating a certain food. To express *eat breakfast, eat lunch,* and *eat dinner,* use the verbs **за́втракать, обе́дать,** and **у́жинать.**

The verb **пить** — *to drink* has regular first-conjugation endings. But note the **ь** in the present-tense conjugation.

есть	(to eat)
я	ем
ты	ешь
он/она́	ест
мы	еди́м
вы	еди́те
они́	едя́т
past tense	ел, е́ла, е́ли

пить	(to drink)
я	пью
ты	пьёшь
он/она́	пьёт
мы	пьём
вы	пьёте
они́	пьют
past tense	пил, пила́, пи́ли

Упражне́ние

Соста́вьте предложе́ния. Make sentences by combining words from the columns below. Use the appropriate present-tense form of **есть** or **пить.**

я			мя́со
ты			ко́фе
мы	всегда́		чай
америка́нцы	никогда́ не	есть	суп
кто	ча́сто	пить	кра́сное вино́
де́ти	ре́дко		бе́лое вино́
ру́сские	ка́ждый день		о́вощи
вы			фру́кты
ма́ма			сала́т

➤ *Complete Oral Drills 1–2 and Written Exercises 2–4 in the Workbook.*

9.2 Instrumental Case

Мы с Анной ду́мали пойти́ в кафе́ «Мину́тка». Не хо́чешь пойти́ **с на́ми?**	*Anna and I* were thinking of going to the Minutka café . Wouldn't you care to go *with us?*
Дава́йте возьмём суп **с ры́бой.**	Let's order the soup *with fish.*
Я возьму́ ко́фе **с молоко́м.**	I'll take coffee *with milk.*
Мо́жно сде́лать пи́ццу **с колбасо́й** и́ли **с мя́сом.**	You can make pizza *with sausage* or *with meat.*

The instrumental case is used after the preposition **с** —*together with.*

So and so and I is almost always **мы с** + instrumental: **мы с Анной, мы с Макси́мом, мы с ва́ми,** etc.

The instrumental singular endings for most masculine and neuter phrases are **-ым** for adjectives and **-ом** for nouns:

NOMINATIVE	INSTRUMENTAL	
но́вый студе́нт	но́в**ым** студе́нт**ом**	*new student*
интере́сный профе́ссор	интере́сн**ым** профе́ссор**ом**	*interesting professor*
вку́сный лук	вку́сн**ым** лу́к**ом**	*good onion*
тома́тный со́ус	тома́тн**ым** со́ус**ом**	*tomato sauce*
холо́дное молоко́	холо́дн**ым** молоко́**м**	*cold milk*

The noun ending is spelled **-ем** instead of **-ом** if necessary to keep the stem soft:

NOMINATIVE	INSTRUMENTAL	
преподава́тель	преподава́тел**ем**	*teacher*
Юрий	Юри**ем**	*Yury*
пла́тье	пла́ть**ем**	*dress*

The adjective ending is spelled **-им** instead of **-ым** if necessary

a. to keep the stem soft:

NOMINATIVE	INSTRUMENTAL	
си́ний дива́н	си́н**им** дива́н**ом**	*dark blue couch*
мой оте́ц	мо**и́м** отцо́**м**	*my father*

б. or to avoid breaking the 7-letter spelling rule:

NOMINATIVE	INSTRUMENTAL	
хоро́ший преподава́тель	хоро́ш**им** преподава́тел**ем**	*good teacher*
наш брат	на́**шим** бра́т**ом**	*our brother*

The instrumental singular endings for most feminine phrases are -**ой** for adjectives and -**ой** for nouns:

NOMINATIVE	INSTRUMENTAL	
но́вая студе́нтка	но́в**ой** студе́нтк**ой**	*new [female] student*
интере́сная де́вушка	интере́сн**ой** де́вушк**ой**	*interesting young woman*
италья́нская колбаса́	италья́нск**ой** колбас**о́й**	*Italian sausage*
вку́сная ры́ба	вку́сн**ой** ры́б**ой**	*good fish*

The noun ending is -**ью** rather than -**ой** for feminine -**ь** nouns:

NOMINATIVE	INSTRUMENTAL	
соль	со́л**ью**	*salt*
морко́вь	морко́в**ью**	*carrot[s]*
мать	ма́тер**ью**	*mother*
дочь	до́чер**ью**	*daughter*

The noun ending is -**ей** rather than -**ой** for other soft-stem feminine nouns:

NOMINATIVE	INSTRUMENTAL	
Аня	Ан**ей**	*Anya*
деклара́ция	деклара́ци**ей**	*declaration*

The adjective ending is spelled -**ей** instead of -**ой** if necessary

a. to keep the stem soft:

NOMINATIVE	INSTRUMENTAL	
си́няя ма́йка	си́н**ей** ма́йкой	*dark blue T-shirt*
моя́ сестра́	мо**е́й** сестро́й	*my sister*

б. or to avoid breaking the 7-letter spelling rule:

NOMINATIVE	INSTRUMENTAL	
хоро́шая кни́га	хоро́ш**ей** кни́гой	*good book*
на́ша ма́ма	на́ш**ей** ма́мой	*our mom*

The instrumental plural endings for most phrases are -**ыми** for adjectives and -**ами** for nouns:

NOMINATIVE PLURAL	INSTRUMENTAL PLURAL	
но́вые студе́нты	но́в**ыми** студе́нт**ами**	*new students*
ста́рые магази́ны	ста́р**ыми** магази́н**ами**	*old stores*
вку́сные грибы́	вку́сн**ыми** гриб**а́ми**	*good mushrooms*
интере́сные пи́сьма	интере́сн**ыми** пи́сьм**ами**	*interesting letters*
у́мные сёстры	у́мн**ыми** сёстр**ами**	*smart sisters*

The noun ending is spelled -**ями** instead of -**ами** if necessary to keep a soft stem soft:

NOMINATIVE PLURAL	INSTRUMENTAL PLURAL	
преподава́тели	преподава́тел**ями**	*teachers*
бра́тья	бра́ть**ями**	*brothers*
общежи́тия	общежи́ти**ями**	*dormitories*
лаборато́рии	лаборато́ри**ями**	*laboratories*

The adjective ending is spelled -**ими** instead of -**ыми** if necessary

  a. to keep the stem soft:

NOMINATIVE PLURAL	INSTRUMENTAL PLURAL	
си́ние ма́йки	си́**ними** ма́йк**ами**	*dark blue T-shirts*
мои́ сёстры	мои́**ми** сёстр**ами**	*my sisters*

  б. or to avoid breaking the 7-letter spelling rule:

NOMINATIVE PLURAL	INSTRUMENTAL PLURAL	
хоро́шие кни́ги	хоро́ш**ими** кни́г**ами**	*good books*
на́ши ма́мы	на́ш**ими** ма́м**ами**	*our moms*

	INSTRUMENTAL CASE OF ADJECTIVES AND NOUNS			
	Masculine singular	**Neuter singular**	**Feminine singular**	**Plural**
Nominative	но́в**ый** студе́нт∅ (больш**о́й**)	но́в**ое** письмо́	но́в**ая** студе́нтка	но́в**ые** студе́нты
Instrumental	но́в**ым** студе́нт**ом**	но́в**ым** письм**о́м**	но́в**ой** студе́нтк**ой**	но́в**ыми** студе́нт**ами**

Notes

1. When stressed, -**ем** and -**ей** endings become -**ём** and -**ёй**; for example, **слова́рь →
    со словарём**.

2. The instrumental plurals are given in this chart for reference, but they are not
    drilled extensively until Book 2.

THE INSTRUMENTAL CASE OF PERSONAL PRONOUNS

Nominative case	c + Instrumental case
что	с чем
кто	с кем
я	со мно́й
ты	с тобо́й
он, оно́	с ним
она́	с ней
мы	с на́ми
вы	с ва́ми
они́	с ни́ми

Note

Do not confuse instrumental case of the personal pronouns with the nonchanging possessive modifiers **его́, её,** and **их**:

Мы бы́ли **с ней**.	We were *with her*.
Мы бы́ли **с её сестро́й**.	We were *with her sister*.

Упражнения

A. Put the words in parentheses into the instrumental case.

1. Мы возьмём ко́фе с (горя́чее молоко́).
2. Мы гото́вим пи́ццу со (специа́льный со́ус).
3. Дава́йте зака́жем суп с (капу́ста).
4. Хо́чешь, я тебе́ закажу́ мя́со с (карто́шка).
5. С (что) вы пьёте чай?

Б. Answer the question with the words supplied.

С кем вы идёте в рестора́н?
1. твоя́ сосе́дка по ко́мнате
2. их ста́рый друг
3. э́та ру́сская студе́нтка
4. его́ мла́дший брат
5. на́ши роди́тели
6. мой сосе́д
7. её ста́ршая сестра́
8. на́ши друзья́

B. **Как по-ру́сски?** Express the following in Russian.

1. your friend and I
2. you (**ты**) and I
3. she and I
4. he and I
5. they and I
6. you (**вы**) and I

➤ *Complete Oral Drills 3–5 and Written Exercises 5–7 in the Workbook.*

9.3 Additional Subjectless Expressions: нельзя́, невозмо́жно, тру́дно, легко́

In Unit 8 you learned how to express necessity and possibility with the words **на́до, ну́жно,** and **мо́жно.** Sentences with these words do not have a grammatical subject, and they are therefore called subjectless expressions. Here are examples of the subjectless expressions introduced in this unit:

— Я слы́шала, что попа́сть туда́ про́сто **невозмо́жно.**

"I heard that it's simply *impossible* to get in."

— Ве́чером попа́сть о́чень **тру́дно,** а днём **мо́жно.**

"In the evening *it's* very *difficult* to get in, but in the afternoon *it's possible.*"

Легко́ пригото́вить бутербро́д, а пригото́вить пельме́ни **тру́дно.**

It's easy to make a sandwich, but *hard* to make pelmeni (Ukrainian dumplings).

У него́ аллерги́я, **ему́ нельзя́** есть шокола́д.

He has an allergy; *he's not allowed* to eat chocolate.

The person is expressed in the dative case. The subjectless expression is followed by an infinitive:

кому́	+	легко́ мо́жно на́до ну́жно невозмо́жно нельзя́ тру́дно	+	*infinitive*

Упражнение

Соста́вьте предложе́ния. Make truthful and grammatically correct sentences by combining elements from the columns below. Be sure to put the person in the dative case. The question mark at the bottom of two of the columns indicates that you may substitute your own words.

мы	легко́	говори́ть по-ру́сски
ма́ма и па́па	мо́жно	чита́ть по-ру́сски
наш преподава́тель	на́до	чита́ть ру́сское меню́
?	ну́жно	гото́вить пи́ццу
	невозмо́жно	занима́ться в библиоте́ке
	нельзя́	у́жинать в рестора́не
	тру́дно	?

➤ *Complete Oral Drills 6–7 and Written Exercises 8–9 in the Workbook.*

9.4 Future Tense of быть

— Вы бы́ли до́ма вчера́?   "Were you at home yesterday?"
— Нет, но мы **бу́дем** до́ма за́втра.   "No, but *we will be* home tomorrow."

Although Russian does not express the verb *to be* in the present tense, it does so in the past and future tenses. As with many Russian verbs, the stem of the conjugated verb differs from the stem of the infinitive, but the endings are regular, first-conjugation endings.

быть	(to be)
я	бу́ду
ты	бу́дешь
он/она́	бу́дет
мы	бу́дем
вы	бу́дете
они́	бу́дут

Упражнения

A. Anna wrote this postcard during her vacation. What words have been obliterated by the ink marks?

> Здравствуй!
> Наша экскурсия очень интересная. Вчера
> наша группа ⬤ во Владимире. Сегодня
> мы в Санкт-Петербурге. Завтра мы ⬤
> в Москве. Там ⬤ экскурсия по Кремлю
> и центру города. Я ⬤ дома в субботу.
> Целую. Анна

Б. Say where the following people will be tomorrow.

Образец: моя сестра — школа   *Моя сестра завтра будет в школе.*

1. наш друг — ресторан
2. вы — кафетерий
3. ты — гастроном

4. наши соседи — рынок
5. мы — дом
6. я — ?

➤ *Complete Oral Drill 8 and Written Exercises 10–11 in the Workbook.*

9.5   The Future Tense

— Что вы **будете делать** сегодня?
— **Я буду заниматься.**

For all of the verbs you learned in Units 1 through 7, the future tense is formed by combining the conjugated form of **быть** with the infinitive.

Упражнения

A. Составьте диалоги. Make two-line dialogs as in the model.

Образец: Со́ня — чита́ть   — *Что Со́ня бу́дет де́лать за́втра?*
                               — *Она́ бу́дет чита́ть.*

1. Григо́рий Ви́кторович — писа́ть пи́сьма
2. мы — смотре́ть телеви́зор
3. на́ши друзья́ — отдыха́ть
4. Анна Никола́евна — рабо́тать
5. студе́нты — занима́ться в библиоте́ке
6. вы — ?
7. ты — ?

Б. Отве́тьте на вопро́сы. Answer the following questions.

1. Кто бу́дет отдыха́ть за́втра?
2. Кто не бу́дет занима́ться за́втра?
3. Кто бу́дет у́жинать в рестора́не в пя́тницу?
4. Кто бу́дет убира́ть кварти́ру за́втра?
5. Кто бу́дет смотре́ть телеви́зор сего́дня ве́чером?
6. Кто не бу́дет гото́вить у́жин за́втра?
7. Кто в суббо́ту не бу́дет за́втракать?

➤ *Complete Oral Drills 9–10 and Written Exercise 12 in the Workbook.*

9.6 Verbal Aspect — Introduction

Russian verbs encode both tense and aspect. Aspect tells something about *how* an action takes place. Do not confuse it with tense, which indicates *when* an action takes place.

Almost all Russian verbs belong either to the imperfective or perfective aspect. Usually imperfective and perfective verbs come in pairs. Their meaning is the same or very close, but they differ in aspect.

Perfective verbs are used to refer to complete, one-time actions, normally of short duration or with a result that is being emphasized. Perfective verbs have only two tenses: past and future.

Imperfective verbs are used in all other circumstances. For instance, they refer to repetitive actions, or to one-time actions in situations where the focus is not on the result but on the process or duration. Imperfective verbs have present, past, and future tenses.

Imperfective/perfective pairs

You have learned primarily verbs in the imperfective aspect. That's because your Russian has largely been limited to the present tense, which is expressed only in the imperfective. Now, more and more, you will see verbs listed in their aspectual pairs. The difference between perfective and imperfective is seen everywhere except the present tense: in the infinitive (**гото́вить/пригото́вить**), the future tense (**бу́ду гото́вить/пригото́влю**), the past tense (**гото́вил/пригото́вил**), and the imperative (**гото́вь/пригото́вь**).

Formation of the future tense

The **imperfective future** is a compound form: **бу́дем гото́вить.** The perfective future is formed by conjugating a perfective verb. When conjugated, perfective verbs have the same conjugation pattern as imperfective verbs. **Прочита́ть** is conjugated exactly like **чита́ть.** But conjugated perfective verbs have future meaning.

	PRESENT	**FUTURE**
Imperfective	я чита́ю я гото́влю я ем	я бу́ду чита́ть я бу́ду гото́вить я бу́ду есть
Perfective	∅	я прочита́ю я пригото́влю я съем

IMPERFECTIVE ASPECT

гото́вить
Мы **бу́дем гото́вить**
пи́ццу весь ве́чер.
We *will make* pizza all evening.

покупа́ть
Когда́ я бу́ду в Росси́и,
я **бу́ду покупа́ть**
газе́ту ка́ждый день.
When I'm in Russia, I *will buy*
a newspaper every day.

PERFECTIVE ASPECT

пригото́вить
Ве́чером мы **пригото́вим**
пи́ццу, а пото́м мы пойдём
в кино́.
Tonight we *will make* pizza and then
we'll go to the movies.

купи́ть
Я обы́чно не покупа́ю
газе́ту, но за́втра я
её **куплю́.**
I don't usually buy a newspaper,
but tomorrow I *will buy* one.

Use

The perfective is used to emphasize the *result* of a *one-time* action:
Мы пригото́вим пи́ццу (*We'll get the pizza made*).

In other instances, the imperfective is used. For example, when the amount of time the action will last is mentioned (*We will make pizza all evening*), the focus is on duration rather than result and the imperfective must be used: Мы **бу́дем гото́вить** пи́ццу весь ве́чер. When the action is repeated (*We will make pizza every day*), the imperfective must also be used: Мы **бу́дем гото́вить** пи́ццу ка́ждый день.

Since perfective verbs emphasize the result of a one-time action, some sentences with perfective verbs do not make sense without a direct object. Just as the English phrase *I will buy* begs for a direct object, so do the Russian phrases **Я куплю́...** (хлеб), **Я прочита́ю...** (кни́гу), **Я пригото́влю...** (у́жин), **Я съем...** (бутербро́д), **Я вы́пью...** (молоко́).

Formation of imperfective/perfective pairs

There are three patterns for aspectual pairs:

1. Prefixation:
    гото́вить/пригото́вить
    сове́товать/посове́товать
    де́лать/сде́лать
    чита́ть/прочита́ть
    писа́ть/написа́ть

Prefixed verbs are listed in the vocabulary like this: **гото́вить/при-**.

2. Change in the verb stem:

    покупа́ть/купи́ть

3. Separate verbs:

    брать (беру́, берёшь, беру́т) / взять (возьму́, возьмёшь, возьму́т)
    говори́ть / сказа́ть (скажу́, ска́жешь, ска́жут)

In the initial stages of your study of Russian you will have to memorize each pair individually.

The glossaries in this textbook list the imperfective verb first. If only one verb rather than a pair is given, its aspect is noted.

Упражнение

Which aspect would you use to express the italicized verbs in the following sentences?

1. I *will fix* pizza often. After all, I always fix pizza. (**бу́ду гото́вить/пригото́влю**)
2. We *will read* all evening. (**бу́дем чита́ть/прочита́ем**)
3. We *will read* through the paper now. (**бу́дем чита́ть/прочита́ем**)
4. Tomorrow evening I *will eat* and drink. (**бу́ду есть/съем**)
5. I *will eat* a hamburger. I always eat hamburgers. (**бу́ду есть/съем**)
6. We *will buy* milk here every week. (**бу́дем покупа́ть/ку́пим**)
7. We *will buy* the milk here. (**бу́дем покупа́ть/ку́пим**)

➤ *Complete Oral Drills 11–15 and Written Exercises 13–14 in the Workbook.*

Обзорные упражнения

 А. Разгово́ры.

Разгово́р 1. Пойдём в рестора́н.
> Разгова́ривают Алла, То́ля и Ке́вин.

1. For what occasion do Alla and Tolya invite Kevin to dinner?
2. What is Kevin's reaction?

Разгово́р 2. В рестора́не.
> Разгова́ривают Алла, Ке́вин и официа́нт.

1. What do Kevin and his friends order to drink?
2. In the list below, circle the foods that Kevin and his friends order.

заку́ски	пе́рвое	второ́е
мясно́й сала́т	борщ украи́нский	ро́стбиф
икра́	бульо́н	котле́ты по-ки́евски
мясно́е ассорти́	щи	лангет
сала́т из огурцо́в	овощно́й суп	ку́рица
сала́т из помидо́ров	рассо́льник	цыпля́та табака́

3. Why are Kevin and his friends dissatisfied with the meal?

Разгово́р 3. Бу́дем гото́вить шашлы́к.
> Разгова́ривают Оле́г и Эли́забет.

1. Where does Oleg invite Elizabeth?
2. Oleg asks Elizabeth if she's ever tried shishkebab. What is the Russian word for shishkebab?
3. Name some of the things they must buy.
4. Where will they go to buy these things?
5. When and where will they meet to go to the dacha?

 Б. Запи́ска. Write a note inviting a Russian friend to your place for dinner tomorrow at 7:00 p.m.

В. Письмо. Your Russian pen pal has asked you about your eating habits: do you like to cook, what foods do you like, where do you usually eat, etc. Write a short letter answering these questions and asking about your pen pal's eating habits. Use the letter below as a guide.

Здравствуй, Маша!
Получил (а) твоё письмо вчера. Ты спрашиваешь, люблю ли я готовить...

Ну, пока всё. Жду твоего письма.
Твой/ Твоя

Г. Интервью. Imagine that you will be interviewing a Russian visitor about Russian cuisine.

1. In preparation for the interview, write ten interesting questions about food. Find out who prepares the meals in the visitor's home, what are the favorite dishes, what ingredients are needed for one of the dishes, and whatever else interests you.

2. Using your prepared questions, conduct a class interview in Russian with a visitor, or with your teacher. Be sure to listen to other students' questions and to all the answers. Take notes so that you can reconstruct the information afterward.

3. Compare your notes with two or three other students. Did you understand the same things? Check with your teacher if you have questions.

4. Work with two or three other students to write one to two paragraphs in Russian about the information you learned during the interview.

Новые слова и выражения

NOUNS

пи́ща	**food**
апельси́н	orange
бана́н	banana
борщ	borsch
бу́блик	bagel
бу́лка	small white loaf of bread; roll
бульо́н	bouillon
бутербро́д	(open-faced) sandwich
виногра́д	grape(s)
вода́	water
минера́льная вода́	mineral water
заку́ски	appetizers
икра́	caviar
капу́ста	cabbage
карто́фель (карто́шка)	potato(es)
ка́ша	cereal, grain
колбаса́	sausage
котле́ты по-ки́евски	chicken Kiev
ко́фе (*masc., indecl.*)	coffee
ку́рица	chicken
ланге́т	fried steak
лимо́н	lemon
лимона́д	soft drink
лук	onion(s)
ма́сло	butter
молоко́	milk
моро́женое (*declines like an adjective*)	ice cream
морко́вь (*fem.*)	carrot(s)
мя́со	meat
мясно́е ассорти́	cold cuts assortment
напи́т(о)к	drink
о́вощи	vegetables
огур(е́)ц (*ending always stressed*)	cucumber
пельме́ни	pelmeni (*Ukrainian dumplings*)
пер(е)ц	pepper
пи́цца	pizza
помидо́р	tomato
пюре́ (*neuter, indecl.*)	creamy mashed potatoes
рассо́льник	fish (or meat) and cucumber soup
рис	rice
ро́стбиф	roast beef
ры́ба	fish

сала́т	salad, lettuce
сала́т из огурцо́в	cucumber salad
сала́т из помидо́ров	tomato salad
са́хар	sugar
сла́дкое (*declines like adjective*)	dessert
соль (*fem.*)	salt
со́ус	sauce
суп	soup
сыр	cheese
те́сто	dough
тома́тный со́ус	tomato sauce
фарш	chopped meat
фру́кты	fruit
хлеб	bread
цыпля́та табака́	a chicken dish from the Caucasus
чай	tea
чесно́к	garlic
шашлы́к	shishkebab
шокола́д	chocolate
щи	cabbage soup
я́блоко	apple
яи́чница	scrambled eggs
яйцо́ (*pl.* я́йца)	egg

магази́ны/рестора́ны	**stores/restaurants**
бакале́я	baking goods store
бу́лочная (*declines like an adjective*)	bakery
гастроно́м	grocery store
кафе́ [кафэ́] (*neuter, indecl.*)	café
кафете́рий	restaurant-cafeteria
столо́вая (*declines like adjective*)	cafeteria
универса́м	self-service grocery store

други́е существи́тельные	**other nouns**
аллерги́я	allergy
ба́нка (ба́ночка)	can
блю́до	dish (*food, not the physical plate*)
буты́лка	bottle
второ́е (*declines like an adjective*)	main course, entree
за́втрак	breakfast
коро́бка	box
ку́хня	cuisine, style of cooking
меню́ (*neuter, indecl.*)	menu

обéд	lunch
пéрвое *(declines like an adjective)*	first course *(always soup)*
пóрция	portion, order
продýкты *(pl.)*	groceries
ýжин	supper
чаевы́е *(pl., declines like an adjective)*	tip

ADJECTIVES

вкýсный	good, tasty
готóвый	prepared
минерáльный	mineral
молóчный	milk, dairy
мяснóй	meat
овощнóй	vegetable
продовóльственный магази́н	grocery store
томáтный	tomato

VERBS

быть (бýду, бýдешь, бýдут)	to be *(future tense conj.)*
брать/взять	to take
(берý, берёшь, берýт)	
(возьмý, возьмёшь, возьмýт)	
готóвить/при-	to prepare
(готóвлю, готóвишь, готóвят)	
дéлать/с- (дéлаю, дéлаешь, дéлают)	to do, to make
дýмать/по- (дýмаю, дýмаешь, дýмают)	to think
éхать/по- (éду, éдешь, éдут)	to go *(by vehicle)*
есть/съ-	to eat
(ем, ешь, ест, еди́м, еди́те, едя́т)	
зáвтракать/по-	to have breakfast
(зáвтракаю, зáвтракаешь, зáвтракают)	
закáзывать *(imperf.)*	to order
(закáзываю, закáзываешь, закáзывают)	
идти́/пойти́	to go *(on foot, or within city)*
(идý, идёшь, идýт)	
(пойдý, пойдёшь, пойдýт)	
обéдать/по-	to have lunch, dinner
(обéдаю, обéдаешь, обéдают)	
откры́ться *(perf.)*	to open up
(откры́лся, откры́лась, откры́лось, откры́лись) *(past)*	
писáть/на- (пишý, пи́шешь, пи́шут)	to write

пить/вы́пить	to drink
(пью, пьёшь, пьют; пил, пила́, пи́ли)	
(вы́пью, вы́пьешь, вы́пьют)	
покупа́ть/купи́ть	to buy
(покупа́ю, покупа́ешь, покупа́ют)	
(куплю́, ку́пишь, ку́пят)	
попа́сть (*perf.*)	to manage to get in
(попаду́, попадёшь, попаду́т; попа́л, -а, -и)	
слу́шать/про-	to listen
(слу́шаю, слу́шаешь, слу́шают)	
слы́шать/у- (слы́шу, слы́шишь, слы́шат)	to hear
смотре́ть/по-	to watch
(смотрю́, смо́тришь, смо́трят)	
сове́товать/по- (кому́)	to advise
(сове́тую, сове́туешь, сове́туют)	
у́жинать/по-	to have supper
(у́жинаю, у́жинаешь, у́жинают)	

ADVERBS

недалеко́	not far
пока́	meanwhile
про́сто	simply
стра́шно	terribly
то́лько что	just

SUBJECTLESS CONSTRUCTIONS

легко́ (кому́)	easy
невозмо́жно (кому́)	impossible
нельзя́ (кому́)	forbidden, not allowed
тру́дно (кому́)	difficult

PREPOSITIONS

без (чего́)	without
с (чем)	with

PHRASES AND OTHER WORDS

Бу́дьте добры́!	Could you please...?
Во-пе́рвых..., во-вторы́х...	In the first place..., in the second place...
Е́сли говори́ть о себе́, то...	If I use myself as an example, then...
Как называ́ется (называ́ются)...?	What is (are) ... called? (*said of things, not people*)
ко́фе с молоко́м	coffee with milk
Получи́те!	Take it! (*said when paying*)

Мы то́чно попадём.

We'll get in for sure.

Пошли́!

Let's go!

Принеси́те, пожа́луйста, меню́.

Please bring a menu.

Рассчита́йте (нас, меня́)!

Please give (us, me) the check.

С (кого́)...

Someone owes...

Смотря́...

It depends...

С одно́й стороны́..., с друго́й стороны́...

On the one hand..., on the other hand...

Что ещё ну́жно?

What else is needed?

Что вы (нам, мне) посове́туете взять?

What do you advise (us, me) to order?

PERSONALIZED VOCABULARY

_____

_____

_____

_____

Биография

Коммуникативные задания

◈ Talking more about yourself and your family
◈ Telling where your city is located
◈ Reading and listening to short biographies
◈ Giving an oral presentation on a Russian cultural figure

В помощь учащимся

◈ Expressing resemblance: **похо́ж (-а, -и) на кого́**
◈ Comparing ages: **моло́же/ста́рше кого́ на ско́лько лет**
◈ Expressing location: **на ю́ге (се́вере, восто́ке, за́паде) (от) чего́**
◈ Entering and graduating from school: **поступа́ть/поступи́ть куда́; око́нчить что**
◈ Time expressions: **в како́м году́, че́рез, наза́д**
◈ Verbal aspect: past tense
◈ **Ездил** vs. **пое́хал**
◈ Present tense in *have been doing* constructions
◈ **Workbook:** IC–4 in questions asking for additional information

Между прочим

◈ Location of some major Russian cities
◈ Russian educational system
◈ Andrei Dmitrievich Sakharov

О чём идёт речь?

А. **На кого́ вы похо́жи?**

Аня похо́жа на Вади́ма.

Вади́м похо́ж на па́пу.

Аня и Вади́м похо́жи на мать.

Indicate who looks like whom in your family, by combining elements from the two columns below. Then switch roles.

	ба́бушку
Я похо́ж(а) на...	де́душку
Сестра́ похо́жа на...	мать
Брат похо́ж на...	отца́
Оте́ц похо́ж на...	бра́та
Мать похо́жа на...	сестру́
	дя́дю
	тётю

Б.   Моло́же и́ли ста́рше?

Это мой мла́дший брат.
Он моло́же меня́ на́ год.

А э́то моя́ мла́дшая сестра́.
Она́ моло́же меня́ на два го́да.

Вот э́то мой ста́рший брат.
Он ста́рше меня́ на три го́да.

И наконе́ц, э́то моя́ ста́ршая сестра́.
Она́ ста́рше меня́ на пять лет.

Compare the ages of people in your family by combining elements from the columns below.

я		меня́		год
брат		его́		два го́да
сестра́	ста́рше	её		три го́да
мать	моло́же	бра́та	на	четы́ре го́да
оте́ц		сестры́		пять лет
		ма́тери		два́дцать лет
		отца́		два́дцать оди́н год

В. Разгово́ры.

Разгово́р 1. У Ча́рлза в гостя́х.
    Разгова́ривают Же́ня, Лю́да и Чарлз.

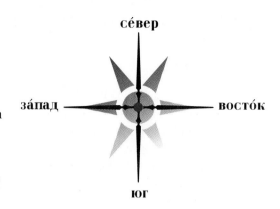

1. Luda says that she is from Irkutsk. Charles is not sure where Irkutsk is located. What is his guess?
2. According to Luda, in what part of Russia is Irkutsk in fact located?
3. Where was Luda born?
4. Where did she go to college?
5. How long did she work after graduating from college?
6. At what university will she be doing graduate work?

Ме́жду про́чим

Учёные сте́пени

Competition for entrance into Russian institutions of higher learning is intense. One who has graduated (**око́нчил университе́т, институ́т**) receives a **дипло́м**. Admission to graduate school (**аспиранту́ра**) is even more limited. To be eligible for the next degree (**кандида́тская сте́пень**), one must pass exams and write a dissertation. The highest degree (**до́кторская сте́пень**) requires years of research experience, published works, and a published dissertation. Law and medical degrees are taken at the undergraduate, not graduate, level.

Разгово́р 2. По́сле обе́да.
    Разгова́ривают Чарлз и Лю́да.

1. How old is Charles' sister?
2. Where does she go to college?
3. How much older than Charles is his brother?
4. Where does Charles' brother work?

Разгово́р 3. Америка́нцы ча́сто переезжа́ют.
    Разгова́ривают Чарлз и Лю́да.

1. How old was Charles when his family moved to Denver?
2. In what state did his family live before that?
3. Where did his family move after five years in Denver?
4. Based on this conversation, what do you think the verb **переезжа́ть/перее́хать** means?

Язык в действии

📼 Диалоги

1. Я поступа́ла в аспиранту́ру, но не поступи́ла.

— Здра́вствуй, Дэн! Познако́мься, э́то моя́ знако́мая Ка́тя.

— Очень прия́тно, Ка́тя!

— Ка́тя прие́хала из Перми́. Это на восто́ке от Москвы́.

— Как интере́сно! А вы роди́лись в Перми́?

— Нет, я вы́росла в Смоле́нске. Но учи́лась в Перми́. Три го́да наза́д я око́нчила университе́т. Я поступа́ла в аспиранту́ру, но не поступи́ла.

— Да. Я слы́шал, что у вас о́чень тру́дно попа́сть в аспиранту́ру.

— Ну вот. И я пошла́ рабо́тать. Рабо́тала два го́да, а пото́м поступи́ла в Моско́вский университе́т.

2. Дава́й перейдём на «ты»!

— Дэн, я ви́жу, что у тебя́ на столе́ фотогра́фии лежа́т. Это семья́?

— Да. Хоти́те, покажу́?

— Дэн, дава́й перейдём на «ты».

— Хорошо́, дава́й! Вот э́то фотогра́фия сестры́.

— Она́ о́чень похо́жа на тебя́. Ско́лько ей лет?

— Два́дцать. Она́ моло́же меня́ на два го́да.

— Она́ у́чится?

— Да, в Калифорни́йском университе́те. Она́ око́нчит университе́т че́рез год.

When referring to family members, do not use possessive pronouns.

3. Кто э́то на фотогра́фии?

— Кто э́то на фотогра́фии?

— Это я три го́да наза́д.

— Не мо́жет быть!

— Пра́вда, пра́вда. Мы тогда́ жи́ли в Теха́се.

— Ты тогда́ учи́лся в шко́ле?

— Да, в деся́том кла́ссе.

— Вы до́лго жи́ли в Теха́се?

— Нет, всего́ два го́да. Мы перее́хали, когда́ я был в оди́ннадцатом кла́ссе.

4. Америка́нцы ча́сто переезжа́ют?

— Ребе́кка, а э́то пра́вда, что америка́нцы ча́сто переезжа́ют?

— Да. Мы, наприме́р, переезжа́ли ча́сто. Когда́ мне бы́ло 10 лет, мы перее́хали в Кли́вленд.

— А до э́того?

— До э́того мы жи́ли в Чика́го.

— А пото́м?

— А пото́м че́рез пять лет мы перее́хали из Кли́вленда в Да́ллас.

— А у нас переезжа́ют ре́дко. Вот я роди́лся, вы́рос и учи́лся в Москве́.

5. Отку́да вы?

— Здра́вствуйте! Дава́йте познако́мимся. Меня́ зову́т Наза́рова Наде́жда Анато́льевна. Пожа́луйста, расскажи́те о себе́. Как вас зову́т? Отку́да вы?

— Меня́ зову́т Мише́ль. Я из Нью-Хэ́мпшира.

— Нью-Хэ́мпшир, ка́жется, на за́паде Аме́рики?

— Нет, на восто́ке.

— А вы живёте у роди́телей?

— Нет, ма́ма и па́па живу́т в друго́м шта́те, во Флори́де, на ю́ге страны́.

A. Немно́го о семье́. In five minutes, find out as much as you can from your classmates about who resembles whom in their families, by asking questions such as the following in Russian. Jot down what you learn, and be prepared to report several facts to the entire class.

1. Ты похо́ж(а) на ма́му и́ли на па́пу?
2. Твои́ бра́тья и сёстры похо́жи на роди́телей?
3. Кто похо́ж на твоего́ де́душку?
4. Кто похо́ж на тебя́?

Here are four accusative animate plurals you might find helpful as you discuss your family:

Он похо́ж на **бра́тьев.**
Она́ похо́жа на **сестёр.**
Кто похо́ж на **дете́й?**
Де́ти похо́жи на **роди́телей.**

Б. О бра́тьях и сёстрах. Find out from your classmates how old they and their siblings are and what year of school they are in. Be ready to report your findings to the class. Be sure to use **в (-ом) кла́ссе** for grades in grade school and high school, and **на (-ом) ку́рсе** for years in college or university.

В. Отку́да вы?

— Са́ра, отку́да вы?
— **Я из Ло́ндона.**

— Джим, отку́да вы?
— **Я из Та́мпы.**

— Ребя́та, отку́да вы?
— **Мы из Торо́нто.**

1. How would you ask the following people where they are from?
   а. преподава́тель
   б. большо́й друг
   в. мать подру́ги
   г. делега́ция Моско́вского университе́та

2. Find out where your classmates are from (by asking **Отку́да ты?**) and jot down their answers. Everyone asks and answers at the same time. The first person to be able to tell where everyone is from wins. Note that the word following **из** is in the genitive case.

Г. Родно́й го́род. Just as most Europeans and Americans would not know the location of **Хи́мки,** a major Moscow suburb familiar to many Russians, Russians may not know the location of your hometown. If you are not from a major city like New York, London, or Montreal, you will need to provide more than the name of your hometown. Here are some ways to do this.

Я из Са́нта-Мо́ники.

Это го́род в шта́те Калифо́рния.
Это го́род на ю́ге Калифо́рнии.
Это при́город Лос-Анджелеса.
Это го́род на за́паде от Лос-Анджелеса.

1. Practice telling in what states the following cities are located.
Олбани, Литл-Рок, Атланта, Тампа, Сан-Антонио, Балтимор, Анн-Арбор, Сэнт-Луис

2. Say where the following U.S. states are located.

Образец: Калифорния на западе Америки.
Где... Орегон, Мэн, Невада, Флорида, Миннесота, Мэриленд, Вермонт, Техас, Висконсин

3. Indicate where the following cities are in relation to Moscow. Consult the map if necessary.

Образец: — Где Ярославль?   — Он на севере от Москвы.
Где... Киев, Санкт-Петербург, Калининград, Архангельск, Тбилиси, Рига, Ереван, Иркутск, Смоленск

4. Working in small groups, tell where you are from.

It is important to provide a context for references to points of the compass. **На западе США (Америки)** — *in the western part of the U.S. (America);* **на западе от Кливленда** — *west of Cleveland.* If you leave out the context, most Russian listeners will assume you are speaking about the concepts "the West" or "the East" in broad general terms.

Давайте поговорим

А. Подготовка к разговору. Review the dialogs. How would you do the following?

1. Introduce someone.
2. Say where you were born (grew up).
3. Ask where someone was born (grew up, went to college).
4. Say you applied to college.
5. Say you entered college.
6. Say that you graduated from college one (two, four) years ago.
7. Say that you worked (lived) somewhere for two (three, five) years.
8. Suggest switching to **ты** with someone.
9. Say that someone's sister resembles him/her.
10. Say that your sister (brother) is two years younger (older) than you.
11. Say that you will graduate in one (three) years.
12. Say that your family moved somewhere (e.g., New York).
13. Say that you moved somewhere (e.g., Texas) when you were ten (thirteen).
14. Say that your family moved often (seldom).
15. Say that you moved from New York to Boston.

Б. Игровые ситуации.

1. You are in Russia on an exchange program and your group has been invited to a let's-get-acquainted meeting with Russian students. To get things started, everyone has been asked to say a little bit about themselves.
2. You are at a party in Russia and are anxious to meet new people. Strike up a conversation with someone at the party and make as much small talk as you can.
3. You were at a Russian friend's house and met someone who spoke English extremely well. Ask your friend about that person's background to find out how he or she learned English so well.
4. At a school in Russia, you have been asked to talk to students about getting into college in your country. Tell about your own experience.
5. Working with a partner, prepare and act out a situation of your own that deals with the topics of this unit.

В. О семье. With a partner, have a conversation in Russian in which you find out the following information about each other's families.

1. names, ages, and birthplaces of family members
2. where family members went to college
3. whether the family has moved often
4. where the family has lived

✧✧✧ **Г.   Устный перево́д.** A Russian friend has come to visit your family. Everyone is interested in your friend's background. Serve as the interpreter.

ENGLISH SPEAKER'S PART

1. Sasha, are you from Moscow?
2. Vladivostok is in the north, isn't it?
3. Were you born there?
4. And you're in Moscow now? Where do you go to school?
5. Where did you stay?
6. When will you graduate?
7. So in two years, right?

✧✧✧ **Д.   О себе́.** Tell your partner as much as you can about yourself and your family in two minutes. Then, to work on fluency, do it again, but try to say everything in one minute.

✧✧✧ **Е.   Два́дцать вопро́сов.** One person in the group thinks of a famous contemporary person. The others ask up to twenty yes-no questions to figure out the person's identity. Here are some good questions to get you started: **Вы мужчи́на** (*man*)**? Вы же́нщина** (*woman*)**? Вы родили́сь в Росси́и? Вы америка́нец? Вы писа́тель?**

🎵 Давайте почитаем

На́ши а́вторы. On the following page is a reference listing of famous Russian authors. Read it to find answers to the following questions:

1. What is the purpose of this article?
2. Supply the information requested for each of the authors:
   Author, birth place and year, education (if given), and current place of residence
3. How many of the authors listed are women?
4. Which authors have lived abroad? How many still live in Russia? How many are dead?
5. The descriptions mention the forebears of some of the authors. What did you find out?
6. Which authors appear not to have graduated with a literature major? What brings you to this conclusion?
7. Which author do you find the most interesting and why?
8. Name one thing that you learned about the kinds of things each of the authors writes.

Historical present. Russian often relies on the historical present tense (the use of the present tense to narrate past events). How many instances of the historical present can you find in the text?

НАШИ АВТОРЫ

ВОЗНЕСЕНСКАЯ Юлия. Родилась в 1940 г. в Ленинграде, поступила в театральный институт, но была исключена после третьего курса. Она была участницей нелегального культурного движения. За своё участие в неофициальном женском клубе «Мария» Вознесенская была арестована и сослана в Сибирь. В 1980 г. Вознесенская была вынуждена эмигрировать из СССР. Сегодня живёт в Мюнхене. Вознесенская известна как поэт и публицист. Некоторые критики рассматривают её «Женский Декамерон» как одно из первых феминистских произведений новейшей русской литературы. Среди других публикаций — «Звезда Чернобыль» и «Записки из рукава».

ЕРОФЕЕВ Венедикт. Родился в 1938 г. в Карелии. В 1955 г. поступил на филологический факультет МГУ, но был исключён из университета за участие в неофициальном студенческом кружке. В 1959 и 1961 гг. Ерофеев поступил в два отдельных педагогических института, но вскоре был исключён из обоих. В 1960—70 гг. живёт в ряде городов, работает на строительстве. Первые литературные произведения написаны ещё в студенческие годы, печатаются в «самиздате» и за рубежом в 1970—80 гг. Первые произведения изданы в СССР в 1990 г. Ерофеев — абсурдист в традиции Гоголя или Кафки. Романы: «Москва—Петушки», «Василий Розанов глазами эксцентрика». Пьеса «Вальпургиева ночь или Шаги командора». Ерофеев скончался в 1990 г.

ЛИМОНОВ Эдуард. Лимонов — псевдоним Эдуарда Савенко. Родился в 1943 г. в Дзержинске, сын комиссара НКВД. Вырос в Харькове. В 1967 г. переезжает в Москву, где начинает сочинять стихи, которые появляются только в «самиздате». В 1974 г. Лимонов эмигрирует в Нью-Йорк, а затем в 1983 г. в Париж. Произведения Лимонова сугубо автобиографические. Первый его роман «Это я Эдичка» шокировал русских читателей своими откровенными описаниями интимной жизни эмигранта. Другие его романы — «Палач» и «Подросток Савенко». Лимонов автор сборника стихов: «Русское». Живёт в Париже и в Москве.

ТОКАРЕВА Виктория. Родилась в 1937 г. в Ленинграде. В 1963 г. окончила Ленинградское музыкальное училище, а в 1969 г. ВГИК. Член СП с 1971 г. Главные темы — рутина семейной жизни, скука, безнадёжность и разочарование жизнью — автор преподносит в лёгкой тональности, которая, по мнению критиков, напоминает Чехова или Зощенко. Токарева — автор ряда рассказов, пьес и киносценариев. Романы: «О том, чего не было», «Когда стало немножко теплее», «Летающие качели», «Ничего особенного», «Первая попытка». Живёт в Москве.

ТОЛСТАЯ Татьяна. Родилась в 1951 г. в Ленинграде, пра-праплемянница Льва Толстого и внучка А.Н. Толстого. Окончила филологический факультет ЛГУ в 1974 г. Первые рассказы опубликованы в 1983 г. в ленинградском журнале «Аврора». Главные темы автора — негативные аспекты психологического облика людей. В её тематике особое место занимают старики и дети. Другие рассказы автора напечатаны в журналах «Октябрь» и «Синтаксис». Толстая прожила 1990—91 гг. в США, преподавала русскую литературу в американских вузах. Сейчас живет в Москве.

Какой Толстой?

Everyone knows Tolstoy as the author of *War and Peace*. But which Tolstoy? Russia has three famous Tolstoys, two of which are mentioned on p. 309. **Лев Николаевич** (1828–1910) was the most famous, author of **Война и мир** and **Анна Каренина. Алексей Константинович** (1817–75) is remembered for his historical trilogy covering the czars of the sixteenth century. **Алексей Николаевич** (1883–1945) wrote sweeping historical novels, among them **Пётр Первый** and **Иван IV**.

Словарь

ВГИК — Всероссийский государственный институт кинематографии

главный — *main*

жениться (на ком) — *to marry (a woman)*

занимать — *to occupy*

затем — потом

исключён, исключена (из чего) — *was expelled from*

НКВД — Народный комиссариат внутренних дел — *Soviet secret police under Stalin*

облик — *(psychological) portrait* or *profile*

откровенные описания — *frank depictions*

печататься в «самиздате» — *to be published in samizdat (underground publishing in Soviet times).*

произведение — *work* (of art or literature)

пьеса — *stage play*

сочинять — *to compose.* What then is **сочинение?**

СП — Союз Писателей — *Union of Writers.* What then is **член?**

строительство — *construction*

участие — *participation*

Вы уже знаете эти слова! The boldface words below are related to English words. What do they mean?

1. участница **нелегального культурного** движения — *participant in a . . . movement*
2. была **арестована** и сослана в **Сибирь** — *was . . . and exiled to . . .*
3. **неофициальный студенческий** кружок — *. . . club*
4. **моральная** неустойчивость — *. . . unreliability*
5. **абсурдист в традиции** Гоголя или Кафки — *an . . . in the . . . of Gogol or Kafka*
6. **сатирическое документальное** сочинение — *a . . . composition*
7. Лимонов — **псевдоним** Эдуарда Савенко — *Limonov is a . . . for Eduard Savenko*
8. Лимонов **эмигрирует** в Нью-Йорк — *Limonov . . . to New York*
9. произведения Лимонова **автобиографические** — *Limonov's literary works are . . .*
10. его роман **шокировал** русских читателей — *his novel . . . Russian readers*
11. главные **темы** — **рутина** семейной жизни — *the main . . . are the . . . of family life*
12. автор рассказов и **киносценариев** — *author of short stories and . . .*
13. Первые рассказы **опубликованы** в 1983 г. — *the first stories were . . . in 1983*
14. Главные темы автора — **негативные аспекты психического** облика людей — *The author's main themes are . . . of people's . . . profile*

⬛ Давайте послушаем

You are about to hear two short biographies. The first is about Dr. Martin Luther King, Jr., and the other is about Andrei Dmitrievich Sakharov.

You probably know that both became famous for their defense of human rights.

How much more do you know? Most Russians have heard about King, but are unfamiliar with the details of his life. Similarly, many Americans have a vague notion of who Sakharov was, but know little more.

You are not expected to understand either of the passages word for word. However, keeping in mind the background knowledge you already possess and listening for key phrases will allow you to get the main ideas.

For both passages you will need these new words:

права́ — *rights*
защи́та гражда́нских прав — *defense of civil rights*
защи́та прав челове́ка — *defense of human rights*
расшире́ние экономи́ческих прав — *expansion of economic rights*
вопро́с прав челове́ка — *problem of human rights*
де́ятельность — *activity*
обще́ственная де́ятельность — *public activity*
полити́ческая де́ятельность — *political activity*

A. Ма́ртин Лю́тер Кинг

1. List five things you know about King. Then check to see whether any of them are mentioned in the biography.
2. Listen to the passage again. Pay special attention to the cognates below. Can you identify them? (Note the words in this list are given in the nominative singular. They may appear in other forms in the passage. Do not let the unfamiliar endings throw you off!)
   семина́рия, бойко́т городско́го тра́нспорта, бапти́стский па́стор, ра́совая гармо́ния
3. Listen to the passage once again, paying special attention to the following phrases. Then use context to figure out the meanings of the boldface words.
   филосо́фия **ненаси́льственности** Га́нди
   Но́белевская **пре́мия** ми́ра
   война́ во Вьетна́ме
   «У меня́ есть **мечта́**».

Б. Андре́й Дми́триевич Са́харов

1. Before listening to the passage, read the following new words aloud.

    ми́рное сосуществова́ние — *peaceful coexistence*

    свобо́да — *freedom*

    свобо́да мышле́ния — *freedom of thought*

    он был лишён конта́кта — *he was deprived of contact*

    Съезд наро́дных депута́тов — *Congress of People's Deputies*

    у́мер — *he died* (**он у́мер, она́ умерла́, они́ у́мерли.**)

2. Look up Sakharov in a recent encyclopedia or read the thumbnail sketch below.

    САХАРОВ Андрей Дмитриевич. (1921—89), физик-теоретик, общественный деятель[1]. «Отец» водородной бомбы в СССР (1953). Опубликовал труды[2] по магнитной гидродинамике, физике плазмы, управляемому термоядерному синтезу, астрофизике, гравитации. С конца 60-х по начало 70-х гг. один из лидеров правозащитного движения[3]. После публикации работы «Размышления о прогрессе, мирном сосуществовании и интеллектуальной свободе» (1968) Сахаров отстранён[4] от секретных работ. В январе 1980 г. был сослан[5] в г. Горький. Он возвращён[6] из ссылки в 1986 г. В 1989 г. избран народным депутатом СССР. Нобелевская премия мира (1975).

    [1]обще́ственный де́ятель—*public figure* [2]*studies* [3]правозащи́тного движе́ния—*of the human-rights movement* [4]*was removed from* [5]*exiled* [6]*was brought back*

    Armed with your background knowledge, listen to the passage about Sakharov with these questions in mind.

    a. What sort of work did Sakharov do when he was young?

    б. What sorts of questions did Sakharov become concerned with later?

    в. What award did Sakharov receive in 1975?

    г. What was one of the things that Sakharov managed to do during his seven-year exile in Gorky (now called Nizhniy Novgorod)?

    д. To what governmental body was Sakharov elected in 1989?

3. Use context to figure out the meaning of the boldface words.

    Он **защити́л** кандида́тскую диссерта́цию.

    термоя́дерная реа́кция

    конта́кт **с за́падными** корреспонде́нтами

10.1 Expressing Resemblance: похо́ж на кого́

The word **похо́ж (похо́жа, похо́жи)** — *looks like* is always used with the preposition **на** followed by the accusative case.

Сын похо́ж на отца́.	*The son looks like his father.*
Дочь похо́жа на ба́бушку.	*The daughter looks like her grandmother.*
Де́ти похо́жи на мать.	*The children look like their mother.*

Упражнения

А. Use the correct form of the words in parentheses.

1. — На (кто) похо́ж Анто́н?
   — Он похо́ж на (брат).

2. — На (кто) похо́жа Анна?
   — Она́ похо́жа на (оте́ц).

3. — На (кто) похо́ж Гри́ша?
   — Он похо́ж на (ма́ма).

4. — На (кто) похо́жи твои́ бра́тья?
   — Они́ похо́жи на (па́па).

5. — На (кто) похо́жа Со́ня?
   — Она́ похо́жа на (сестра́).

6. — На (кто) похо́ж Ви́тя?
   — Он похо́ж на (сёстры).

7. — На (кто) похо́жа Ла́ра?
   — Она́ похо́жа на (бра́тья).

8. — На (кто) похо́жи де́ти?
   — Они́ похо́жи на (роди́тели).

Б. Как по-ру́сски? Don't translate the words in brackets.

1. Vanya looks like [his] brother.
2. Katya and Tanya look like [their] parents. That means Katya looks like Tanya.
3. "Whom do you look like?"
   "My mother thinks I look like her, but my father thinks I look like him."

➤ *Complete Oral Drills 1–2 and Written Exercise 1 in the Workbook.*

10.2 Comparing Ages: ста́рше/моло́же кого́ на ско́лько лет

To say one person is older (or younger) than another, use **ста́рше** (or **моло́же**) followed by the genitive case:

Оте́ц **ста́рше ма́тери.**	My father is *older than my mother.*
Сестра́ **моло́же бра́та.**	My sister is *younger than my brother.*

Learn these genitive plural forms: **сестёр, бра́тьев, роди́телей.**

To indicate the age difference, use **на** followed by the time expression (1 **год,** 2–4 **го́да,** 5–20 **лет**).

Оте́ц ста́рше ма́тери **на пять лет.**	My father is *five years* older than my mother.
Сестра́ моло́же бра́та **на три го́да.**	My sister is *three years* younger than my brother.

Упражне́ние

Соста́вьте предложе́ния. Make truthful and grammatically correct sentences by combining words from the columns below. Do not change word order, but remember to put the nouns after **ста́рше** and **моло́же** into the genitive case. Use the proper form of **год** after the numbers.

па́па		я	1	год
ма́ма		па́па		
сестра́		ма́ма	2	
брат		сестра́	3	} го́да
ба́бушка		брат	4	
де́душка	моло́же	ба́бушка	на	
сосе́д	ста́рше	де́душка	5	
сосе́дка		сосе́д	10	} лет
друг		сосе́дка	50	
двою́родный брат		дя́дя		
двою́родная сестра́		тётя		

➤ *Complete Oral Drills 3–4 and Written Exercise 2 in the Workbook.*

10.3 Expressing Location: на ю́ге/се́вере/восто́ке/за́паде (от) чего́

Да́ча на ю́ге Москвы́.

Да́ча на ю́ге от Москвы́.

The points of the compass are **на** words. To provide a context, use either **от** + the genitive case, or the genitive case alone.

Теха́с **на ю́ге США.**	Texas is *in the south of the USA.*
Ме́ксика **на ю́ге от США.**	Mexico is *south of the USA.*

Abbreviations that are pronounced as letters, like **США,** are indeclinable.

Упражнения

А. Соста́вьте предложе́ния. Make truthful and grammatically accurate sentences by combining words from the columns below. Do not change word order or add extra words, but do put the words in the last column in the genitive case.

Атла́нта		
Владивосто́к	се́вере	Кана́да
Ванку́вер	ю́ге	Росси́я
Монреа́ль на	за́паде	США
Санкт-Петербу́рг	восто́ке	
Сан-Франци́ско		

Б. Соста́вьте предложе́ния. Make truthful and grammatically accurate sentences by combining words from the columns below. Do not change word order or add extra words, but do put the words following the preposition **от** in the genitive case.

Берли́н			Берли́н
Бонн	се́вере		Бонн
Ло́ндон	ю́ге		Ло́ндон
Мадри́д на	за́паде от		Мадри́д
Осло	восто́ке		Осло
Пари́ж			Пари́ж
Хе́льсинки			Хе́льсинки

➤ *Complete Written Exercise 3 in the Workbook.*

10.4 Entering and Graduating from School: поступа́ть/поступи́ть куда́, око́нчить что

Ка́тя говори́т: «Три го́да наза́д я **око́нчила университе́т. Я поступа́ла** в аспиранту́ру, но не **поступи́ла**».

Katya says, "Three years ago I *graduated from the university*. I *applied* to graduate school, but didn't *begin* it.

поступа́ть/поступи́ть {
в институ́т
в университе́т
в аспиранту́ру

око́нчить {
шко́лу
институ́т
университе́т
аспиранту́ру

Упражнения

A. Запо́лните про́пуски. Fill in the blanks with the preposition **в** where needed.

1. Ма́ша уже́ око́нчила _____ шко́лу.
2. Когда́ она́ посту́пит _____ университе́т?
3. Когда́ Са́ша око́нчит _____ университе́т, он посту́пит _____ аспиранту́ру?
4. Вы не зна́ете, когда́ он око́нчит _____ аспиранту́ру?

Б. Как по-ру́сски?

1. Masha graduated from school and entered the university.
2. When did she finish high school?
3. When will she graduate from college?
4. Will she go to graduate school?

➤ *Complete Oral Drills 7–9 and Written Exercise 4.*

10.5 Indicating the Year in Which an Event Takes (Took) Place: в каком году?

To answer the question **В каком году?** — *in what year?*, use **в** followed by the prepositional case of the ordinal number, plus **году** (which is a special prepositional case form of **год**).

> — **В каком году** вы были в Европе?
> — Мы там были **в семьдесят третьем году.**

For teens, drop **-ь** and add the prepositional **-ом** ending:

в	(тысяча девятьсот)	тринадцатом четырнадцатом пятнадцатом	году

If the year is a compound number, only the last word in the number will have the prepositonal adjective ending (**-ом**). If context makes the century clear, the "18," "19," or "20" may be omitted:

в	(тысяча девятьсот) (тысяча восемьсот)	двадцать тридцать сорок пятьдесят шестьдесят семьдесят восемьдесят девяносто	первом втором третьем четвёртом пятом шестом седьмом восьмом девятом	году

If the year is not a compound but rather one of the "tens," it may have a different stress and/or an additional syllable not present in the cardinal number:

в	(тысяча девятьсот) (тысяча восемьсот)	десятом двадцатом тридцатом сороковом пятидесятом шестидесятом семидесятом восьмидесятом девяностом	году

What you need to be able to do:

LISTENING. You should be able to understand the years when they are spoken at normal speed.

WRITING. Only rarely are years written out as words. It is more common to abbreviate as follows: **Мы были в Европе в 74-ом году.** Note that the prepositional ending and either the abbreviation **г.** or the word **году** are written, even when the year is written as numerals rather than as words. You should be able to do this.

SPEAKING. You should learn to pronounce with confidence the correct answers to the following questions:

В каком году вы родились?

В каком году родились ваши родители?

В каком году родились ваши братья и сёстры?

В каком году родилась ваша жена (родился ваш муж)?

В каком году родились ваши дети?

Strategy: If you are asked other **Когда?** or **В каком году?** questions, you will probably find it easier to answer them using **через** or **назад** (see 10.6).

Упражнение

Read the following sentences aloud.

1. Петя родился в 1989-ом г.
2. Аля родилась в 1972-ом г.
3. Ира родилась в 1990-ом г.
4. Ваня родился в 1980-ом г.
5. Вадим поступил в университет в 1993-ем г.
6. Оксана окончила университет в 1994-ом г.

➤ *Review Числительные in the Workbook; Complete Oral Drill 10 and Written Exercise 7 in the Workbook.*

10.6   Time Expressions with че́рез and наза́д

To indicate that something took place (or will take place) after a certain amount of time, use **че́рез** followed by the time expression.

Оля сказа́ла, что она́ пригото́вит обе́д в 6 часо́в. Сейча́с 4 часа́.
Зна́чит она́ пригото́вит обе́д **че́рез 2 часа́.**

Olya said she would make dinner at 6 o'clock. It's now 4 o'clock. That means she'll make dinner *in two hours.*

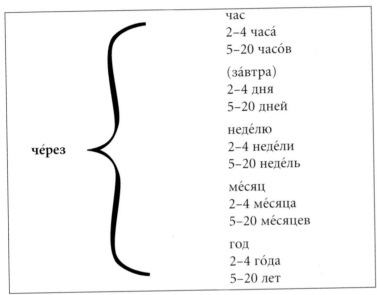

че́рез {
час
2–4 часа́
5–20 часо́в

(за́втра)
2–4 дня
5–20 дней

неде́лю
2–4 неде́ли
5–20 неде́ль

ме́сяц
2–4 ме́сяца
5–20 ме́сяцев

год
2–4 го́да
5–20 лет

To indicate that something took place a certain amount of time ago, use the time expression followed by **наза́д.**

Сейча́с 6 часо́в. Пе́тя пришёл в 4 часа́. Зна́чит он пришёл **2 часа́ наза́д.**
It's 6 o'clock. Petya came over at 4 o'clock. That means he came over *two hours ago.*

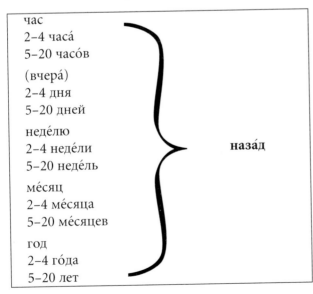

час
2–4 часа́
5–20 часо́в

(вчера́)
2–4 дня
5–20 дней

неде́лю
2–4 неде́ли
5–20 неде́ль

ме́сяц
2–4 ме́сяца
5–20 ме́сяцев

год
2–4 го́да
5–20 лет
} наза́д

оди́н ме́сяц = четы́ре неде́ли
одна́ неде́ля = семь дней

Упражнения

А.   Как по-ру́сски? Express the following in Russian.

Alla graduated from high school a week ago. In three months she'll start university.

Б.   ** Answer the following questions truthfully, using time expressions with **че́рез or **наза́д.** Pay attention to the tense of the verbs.

1.   Когда́ вы поступи́ли в университе́т?
2.   Когда́ вы око́нчите университе́т?
3.   Когда́ вы посту́пите в аспиранту́ру?
4.   Когда́ ва́ши бра́тья и сёстры око́нчили шко́лу?
5.   Когда́ вы е́дете в Росси́ю?
6.   Когда́ вы е́здили в Нью-Йо́рк?
7.   Когда́ вы ходи́ли в кино́?

➤   *Complete Oral Drill 11 and Written Exercise 8 in the Workbook.*

10.7   Verbal Aspect — Past Tense

The difference in meaning between imperfective and perfective verbs in the future applies to the past tense as well. Perfective verbs refer to complete one-time actions, normally of short duration or with an emphasis on the result. Imperfective verbs, on the other hand, are used when the action itself, and not its completion or end result, is emphasized. Imperfective verbs are also used to describe actions in progress and actions that are repeated frequently. All verbs, perfective and imperfective, take the usual past tense endings: **-л, -ла, -ло, -ли.**

REPEATED ACTIONS: *imperfective verbs*

If the action described took place more than once, it is expressed with an imperfective verb. Often the repetitive nature of the action is signaled by an adverb such as **всегда́, всё вре́мя, обы́чно, ча́сто, ре́дко, ка́ждый день,** or **ра́ньше.**

Когда́ Ва́ня был в Аме́рике, он ка́ждый день **чита́л** газе́ту.

Когда́ я учи́лась в институ́те, я ре́дко **отдыха́ла.** Я всё вре́мя **занима́лась.**

Sometimes English signals repetition in the past by *used to: used to read, used to rest,* etc. Such *used to* expressions are always imperfective in Russian.

Упражнение

Select the verbs of the needed aspect. Which of these sentences requires an imperfective verb because the action is repeated?

1. Когда́ Жéня учи́лась в Вашингто́не, она́ ка́ждый день (**слу́шала/послу́шала**) ра́дио.
2. Мы ра́ньше (**покупа́ли/купи́ли**) газе́ты на ру́сском языке́.
3. Серафи́ма Дени́совна, вы уже́ (**писа́ли/написа́ли**) письмо́ дире́ктору?
4. Ма́ма всё вре́мя (**говори́ла/сказа́ла**) ребёнку, что не на́до опа́здывать.
5. Извини́те, что вы (**говори́ли/сказа́ли**)? Я вас не расслы́шала.
6. Ва́ня, почему́ ты сего́дня (**опа́здывал/опозда́л**) на уро́к? Ты ведь ра́ньше не (**опа́здывал/опозда́л**).

ONE-TIME ACTIONS

Both perfective and imperfective verbs can be used to convey one-time actions. However, perfective verbs are used to emphasize the *result* of an action.

A. Emphasis on result: *perfective verbs*

The people answering the questions in the captioned pictures below emphasize that they have completed one-time actions by using perfective verbs.

— Мо́жно? Или вы ещё пи́шете?
— Нет, уже́ всё **написа́л.** Пожа́луйста.

— Яи́чницу бу́дешь?
— Нет, спаси́бо. Я уже́ **поза́втракала.**

— Вы ещё чита́ете газе́ту?
— Я её уже́ **прочита́л.** Бери́те.

Б. Lack of emphasis on result: *imperfective verbs*

Sometimes an action is complete and has a result, but the speaker does not emphasize its completion or result. In such cases, imperfective verbs are used. This is most common with verbs denoting extended activities, such as **читáть, слýшать, смотрéть,** and **дéлать.**

— Что ты вчерá **дéлал?**
— **Я отдыхáл, смотрéл** телевúзор.

"What *did you* do yesterday?"
"I *relaxed* and *watched* television."

The question *What did so-and-so do?* is always imperfective.

— Ты **читáла** «Отцóв и детéй»?
— Да, **читáла** в прóшлом годý.

"*Have you read Fathers and Sons?*"
"Yes, I *read* it last year."

The speaker is interested in whether this activity has ever taken place, not whether it was completed.

Упражнение

Are the boldfaced verbs perfective or imperfective? Why?

1. — Тáня, ты хóчешь есть?
    — Нет, спасúбо. Я ужé **пообéдала.**

2. — Вúтя, где ты был вчерá вéчером?
    — Я был в цéнтре. **Обéдал** в нóвом ресторáне.

3. — Что вы **дéлали** вчерá?
    — Мы **занимáлись.**

4. — Волóдя ещё **покáзывает** слáйды?
    — Нет, ужé всё **показáл.** Мóжет быть, он тебé покáжет их зáвтра.

5. — Ты **читáла** «Áнну Карéнину»?
    — Да, я её **читáла,** когдá ещё учúлась в инститýте.

6. В срéду Áнна **купúла** нóвое плáтье.

7. Мы дóлго **читáли** э́тот ромáн. Наконéц мы егó **прочитáли.**

8. — Что вы **дéлали** в суббóту?

Duration. Imperfective verbs are used when the speaker focuses on the length of time an action took place. Often this is conveyed through the use of time expressions such as **весь день, всё у́тро, три часа́.** English allows speakers to focus on process through the use of the past progressive (for example, *was buying, were doing*). Such expressions in the past progressive are always imperfective in Russian.

Мы весь день **покупа́ли** проду́кты.

Студе́нты **де́лали** уро́ки всю ночь.

Упражнение

Pick the best Russian equivalent for the verbs in the sentences below.

1. Some students were playing cards all night. (**игра́ли в ка́рты/ сыгра́ли в ка́рты**)
   Others read their assignments for the next day. (**чита́ли/прочита́ли**)

2. Do you want to get something to eat? Or have you already had lunch? (**обе́дали/пообе́дали**)

3. Some students spent the hour eating lunch. (**обе́дали/пообе́дали**)

4. "Did your parents manage to order the plane tickets yesterday?" (**зака́зывали/заказа́ли**)
   "Yes, they spent all morning ordering those tickets." (**зака́зывали/заказа́ли**)

5. "Did you manage to write your term paper?" (**писа́ли/написа́ли**)
   "Yes, but I wrote all night." (**писа́л(а)/написа́л(а)**)

6. We spent four hours fixing dinner. (**гото́вили/пригото́вили**)

Others read their assignments for the next day. (**чита́ли/прочита́ли**)

2. Do you want to get something to eat? Or have you already had lunch?
(**обе́дали/пообе́дали**)

3. Some students spent the hour eating lunch. (**обе́дали/пообе́дали**)

4. "Did your parents manage to order the plane tickets yesterday?"
(**зака́зывали/заказа́ли**)
"Yes, they spent all morning ordering those tickets."
(**зака́зывали/заказа́ли**)

5. "Did you manage to write your term paper?" (**писа́ли/написа́ли**)
"Yes, but I wrote all night." (**писа́л(а)/написа́л(а)**)

6. We spent four hours fixing dinner. (**гото́вили/пригото́вили**)

B.   Consecutive vs. simultaneous events

Мы **прочита́ли** газе́ту и **поза́втракали.**
We *read* the paper and then *had
breakfast.*

Since one action must be finished before
the next can begin in a series of events,
perfective verbs are usually used to

Мы **чита́ли** газе́ту и **за́втракали.**
We *were reading* the paper while we were
having breakfast.

Two or more actions occurring
simultaneously are normally described with
imperfective verbs.

Г. Different meanings

In some instances imperfective and perfective Russian verb partners have different English equivalents.

> Анна **поступа́ла** в аспиранту́ру, но не **поступи́ла.**
> Anna *applied* to graduate school, but *did not enroll (get in)*.

> Анна и Вади́м до́лго **реша́ли,** что де́лать, и наконе́ц **реши́ли.**
> Anna and Vadim *considered* what to do for a long time, and finally *decided*.

The oral and written exercises in this unit give you a chance to learn and practice the perfective partners of a number of verbs you already know in the imperfective, as well as of a number of new verbs. Refer to the vocabulary lists at the end of this unit and Unit 9.

Упражнение

Read Masha's description of what she did last night. Then help her complete it by selecting the best verb choice for each pair of past tense verbs given. Pay attention to context.

> Вчера́ ве́чером я (**смотре́ла/посмотре́ла**) телеви́зор. Я (**смотре́ла/посмотре́ла**) одну́ переда́чу, а пото́м пошла́ в центр. Там я до́лго (**реша́ла/реши́ла**), что де́лать. Наконе́ц я (**реша́ла/реши́ла**) пойти́ в кафе́. Там сиде́ли мои́ друзья́ Со́ня и Ко́стя. Ра́ньше мы ча́сто (**обе́дали/пообе́дали**) вме́сте, а тепе́рь мы ре́дко ви́дим друг дру́га. Мы до́лго (**сиде́ли/посиде́ли**) в кафе́, (**обе́дали/пообе́дали**), (**спра́шивали/спроси́ли**) друг дру́га об университе́те и о рабо́те и (**расска́зывали/рассказа́ли**) о се́мьях. Когда́ мы обо всём уже́ (**расска́зывали/рассказа́ли**), мы (**говори́ли/сказа́ли**) «До свида́ния» и пошли́ домо́й. Я о́чень по́здно пришла́ домо́й.

➤ *Complete Oral Drill 12 and Written Exercises 9–12 in the Workbook.*

10.8 Went — ездил vs. поехал

In references to a single trip that went beyond the borders of one city, *went* is normally expressed by **ездил** or **поехал.**

In describing an entire trip that is already over, use a form of **ездил** :

> — Где была́ Ма́ша?
> — Она́ **е́здила** в Москву́.

В про́шлом году́ Ма́ша **е́здила** в Москву́.

Use a form of **поехал** when the motion being described is in one direction, for example,

■ the person has set out for a destination but has not returned:

> — Где Ма́ша?
> — Она́ **пое́хала** в Москву́.

■ the speaker is focusing on the point of departure rather than on the entire trip:

В суббо́ту мы **пое́хали** в Москву́. Там мы ви́дели интере́сные места́.

■ the speaker mentions a trip in one direction as an element in a series of one-time actions:

Мы купи́ли проду́кты и **пое́хали** на да́чу.

Review the similar uses of **ходи́л** and **пошёл,** which are normally used for trips within the confines of one city. See p. 248.

Упражнения

A.   Pick the correct form of the verb based on the context of the sentence.

1.   — Где роди́тели?
     — Их нет. Они́ (**е́здили/пое́хали**) на дачу. Они́ бу́дут до́ма ве́чером.

2.   — Анна была́ в Сиби́ри?
     — Да, она́ (**е́здила/пое́хала**) в Сиби́рь ме́сяц наза́д. Хо́чешь, она́ тебе́ всё расска́жет.

3.   — Где вы бы́ли год наза́д?
     — Мы (**е́здили/пое́хали**) на юг отдыха́ть.
     — Каки́е места́ вы ви́дели?
     — Из Москвы́ мы (**е́здили/пое́хали**) в Со́чи. А из Со́чи мы (**е́здили/пое́хали**) в Волгогра́д. Пото́м из Волгогра́да мы (**е́здили/пое́хали**) в Астрахань.

Б. Как по-ру́сски?

1. "Where did you go last year?"
   "We went to New York."

2. "Where is Pavel?"
   "He's gone to St. Petersburg."

3. "Where was Anya this morning?"
   "She went to a lecture."

4. "The students had dinner at a restaurant and went home."

➤ *Complete Written Exercise 13 in the Workbook.*

10.9   Have Been Doing — Present Tense

Russian normally uses present-tense verbs for actions that began in the past and continue into the present:

Мы давно́ **живём** в Нью-Йо́рке.	We *have been living* in New York for a long time.
А мы здесь **живём** то́лько четы́ре ме́сяца.	We *have been living* here for only four months.

Упражне́ние

Как по-ру́сски? Express the following questions in Russian. Then answer them.

1. Where do you live?
2. How long (**ско́лько вре́мени**) have you lived there?
3. How long have you been a student at this university?
4. How long have you been studying Russian?
5. What other foreign languages do you know?
6. How long have you studied . . . language?

➤ *Complete Written Exercises 14–15 in the Workbook.*

Обзорные упражнения

А. Интервью. You have been asked to write a feature article for your local newspaper about a visiting Russian musician.

1. In preparation for the interview, write out the questions you plan to ask. The musician knows only Russian.

2. Compare your questions with those of another class member. Help each other determine the appropriateness and accuracy of each other's questions.

3. Conduct the interview. Your teacher or a visitor will play the role of the musician. Be sure to take notes!

4. On the basis of your interview notes, write the newspaper article in English. This will allow you and your teacher to evaluate how much of the interview you were able to understand.

Б. Выступление. Consult a Russian encyclopedia.

1. Find basic information on a Russian cultural figure (e.g., where he or she was born, grew up, lived, and worked). You may pick someone from the list below, or someone else.

   Николай Бердяев, Юрий Гагарин, Александр Герцен, Ольга Книппер, Александра Коллонтай, Надежда Крупская, Вера Панова, Майя Плисецкая, Валентина Терешкова, Лев Толстой, Пётр Чайковский, Антон Чехов

2. Present your findings to the class. Remember to use what you know, not what you don't.

3. Take notes as your classmates give their presentations.

B. Перепи́ска. Read the following letter to find answers to the questions that follow.

1. To whom is this letter written?
2. In what newspaper did Larisa Ivanovna find out that the organization Carol heads was looking for Russian penpals?
3. What is Larisa Ivanovna's nationality?
4. Where does she live?
5. She mentions two things she loves. What are they?
6. What did she study at the university?
7. What is her daughter studying?
8. In what language does she want to correspond?

Дорогая Кэрол!

Из мой любимой газеты „Известия" я узнала, что члены Вашей организации хотят переписываться с русскими женщинами.

Несколько слов о себе: зовут меня Лариса, я грузинка, живу в Тбилиси, столице Грузии. Очень люблю свою родину – Грузию.

Мне 47 лет, окончила Тбилисский государственный университет, филологический факультет, замужем, дочь – студентка первого курса медицинского института.

К сожалению, я не владею английским языком. Если кто-либо из членов Вашей организации владеет русским, я бы хотела переписываться на русском языке. Если нет, то я найду себе переводчика. Главное, чтобы разборчиво писали.

С уважением,
Лариса Ивановна.

 Answer Larisa Ivanovna's letter. Include as much information as you can about yourself and your family, as well as two or three questions about her.

Г. Семья́ и карье́ра. Boris Gorbunov lives in Smolensk with his wife Tanya. Boris is a programmer who dreams of moving to Moscow to work for Microsoft. Tanya, a teacher in the local pedagogical institute, is happy in Smolensk, where they have recently managed to get a cozy apartment. Today Boris received a fax from the Moscow division of Microsoft. Scan the fax.

Многоуважаемый г-н Горбунов!
    Позвольте мне от имени "Microsoft" предложить Вам ставку "старший программист" в нашем Московском представительстве.
    Я Вас прошу внимательно просмотреть условия, предложенные в прилагаемом документе. Если они Вас устраивают, подтвердите Ваше согласие личной подписью и пришлите этот бланк нам. (Вы можете прислать бланк по указанному факсу.)
    Как мы договорились по телефону, мы надеемся, что Вы сможете начать работу у нас не позже, чем 01.09 с.г.
    Если у Вас окажутся какие-либо вопросы, прошу обратиться сразу ко мне лично.
    Примите все мои добрые пожелания! Welcome to Microsoft!

 Now listen to the conversation between Boris and Tanya to find out whether the statements given below are true or false.

ДА и́ли НЕТ?

1. Бо́ря пригото́вил у́жин для Та́ни.
2. Та́не не нра́вится ланге́т с шампиньо́нами.
3. Бо́ря и Та́ня живу́т с роди́телями Бо́ри.
4. Бо́ря — оди́н из бли́зких знако́мых Би́лла Ге́йтса.
5. Та́ня давно́ хо́чет име́ть ребёнка.
6. Та́ня ра́ньше не зна́ла, что Бо́ря получи́л предложе́ние от большо́й америка́нской фирмы.
7. Та́ня хо́чет жить в Смоле́нске, потому́ что у неё там хоро́шая рабо́та.
8. Та́ня не хо́чет перее́хать в Москву́, потому́ что у неё там нет знако́мых.
9. Та́ня гото́ва пойти́ на компроми́сс, е́сли э́то зна́чит, что Бо́ря бу́дет зараба́тывать бо́льше де́нег.
10. Бо́ря не понима́ет, почему́ Та́ня не хо́чет перее́хать в Москву́.
11. В конце́ разгово́ра Та́ня понима́ет, что лу́чше жить в Москве́.

Новые слова и выражения

NOUNS

аспиранту́ра	graduate school
восто́к (на)	east
за́пад (на)	west
знако́мый (declines like an adjective)	acquaintance, friend
класс	class, year of study in grade school or high school
курс (на)	class, year of study in institution of higher education
ме́сяц (2–4 ме́сяца, 5 ме́сяцев)	month
неде́ля (2–4 неде́ли, 5 неде́ль)	week
при́город	suburb
се́вер (на)	north
страна́	country, nation
юг (на)	south

ADJECTIVES

друго́й	other, another
ка́ждый	every
моло́же кого́ на . . . лет	younger than someone by x years
похо́ж (-а, -и) на кого́	resemble, look like someone
ста́рше кого́ на . . . лет	older than someone by x years

VERBS

вы́расти (perfective)	to grow up
вы́рос, вы́росла, вы́росли (past tense)	
зака́зывать/заказа́ть	to order
(зака́зываю, зака́зываешь, зака́зывают)	
(закажу́, зака́жешь, зака́жут)	
име́ть ребёнка	to have a child
око́нчить (perfective)	to graduate from (requires direct object)
(око́нчу, око́нчишь, око́нчат)	
переезжа́ть/перее́хать куда́	to move, to take up a new living place
(переезжа́ю, переезжа́ешь, переезжа́ют)	
(перее́ду, перее́дешь, перее́дут)	
писа́ть/на- (пишу́, пи́шешь, пи́шут)	to write
пойти́ рабо́тать куда́ (perfective)	to begin to work, to begin a job
(пойду́, пойдёшь, пойду́т; пошёл, пошла́, пошли́)	
пока́зывать/показа́ть	to show
(пока́зываю, пока́зываешь, пока́зывают)	
(покажу́, пока́жешь, пока́жут)	

поступа́ть/поступи́ть *куда́*	to apply to, to enroll in
(поступа́ю, поступа́ешь, поступа́ют)	
(поступлю́, посту́пишь, посту́пят)	
приезжа́ть/прие́хать	to arrive *(by vehicle)*
(приезжа́ю, приезжа́ешь, приезжа́ют)	
(прие́ду, прие́дешь, прие́дут)	
расска́зывать/рассказа́ть	to tell, narrate
(расска́зываю, расска́зываешь, расска́зывают)	
(расскажу́, расска́жешь, расска́жут)	
реша́ть/реши́ть	to decide
(реша́ю, реша́ешь, реша́ют)	
(решу́, реши́шь, реша́т)	
чита́ть/про- (чита́ю, чита́ешь, чита́ют)	to read

ADVERBS

давно́ (+ *present tense verb*)	for a long time
до́лго (+ *past tense verb*)	for a long time
наза́д	ago
пото́м	then, afterwards
ре́дко	rarely
тогда́	then, at that time
ча́сто	frequently

PREPOSITIONS

из *чего́*	from
че́рез *что*	in, after

PHRASES AND OTHER WORDS

в про́шлом году́	last year
Дава́й перейдём на ты.	Let's switch to **ты.**
до э́того	before that
ка́жется	it seems
на ю́ге (на се́вере, на восто́ке, на за́паде) страны́	in the south (north, east, west) of the country
Отку́да вы (ты)?	Where are you from?
Ребя́та!!	Guys! *(conversational term of address)*
у роди́телей	at (one's) parents' (house)

PERSONALIZED VOCABULARY

_____

_____

_____

_____

мы - we

мы с (+ *instrumental*: **мы с ма́мой, мы с бра́том,** *etc.*) - So-and-so and I (*See 9.2*)

мясно́й - meat: **мясно́е ассорти́** - cold cuts assortment

мя́со - meat

Н

на (+ *accusative*) - to (*See 5.6*)

на (+ *prepositional*) - in, on, at (*See 4.2*)

наве́рное - probably

на́до (*with dative + infinitive*) - it is necessary (*See 8.6*)

Кому́ на́до рабо́тать? - Who has to work?

наза́д - ago

наконе́ц - finally

нале́во - on the left

написа́ть (*perf.; see* **писа́ть**) - to write

напи́т(о)к - drink

напра́во - on the right

наприме́р - for example, for instance

национа́льность (*fem.*) - nationality

по национа́льности - by nationality

наш (**на́ше, на́ша, на́ши**) - our (*See 2.4*)

Не хо́чешь (хоти́те) пойти́ (пое́хать)...? - Would you like to go…?

не - not (*negates following word*)

невозмо́жно (+ *dative*) - impossible (*See 9.3*)

неда́вно - recently

недалеко́ - not far

неде́ля (**две, три, четы́ре неде́ли, пять неде́ль**) - week

нельзя́ (*with dative + infinitive*) - forbidden, not allowed (*See 8.6, 9.3*)

Мне нельзя́ пить. - I'm not allowed to drink.

не́м(е)ц/не́мка - German (person; *see 3.6*)

неме́цкий - German (*See 3.5, 3.6*)

немно́го (**немно́жко**) - a bit, a little

Немно́го о себе́. - A bit about myself (yourself).

неплóхо - pretty well

неплохóй - pretty good

нет (+ *genitive*) - there is no(t) (*See 6.5, 8.3*)

Здесь нет университе́та. - There's no university here.

нет - no

ни... ни... - neither... nor...

У нас нет ни га́за ни горя́чей воды́ - We have neither gas nor hot water.

ни́зкий - low

никогда́ (**не**) - never

ничего́ (**не**) - nothing

Я ничего́ не зна́ю. - I don't know anything.

но - but (*See 3.8*)

но́вый - new

но́мер - number (*as in* №, *not* numeral)

Упражне́ние но́мер пять (**Упражне́ние №5**) - Exercise No. 5

норма́льно - in a normal way

носки́ (*pl.*) - socks

ночь (*fem.*) - night

но́чью - at night

Споко́йной но́чи! - Good night!

ну - well…

ну́жно (*with dative + infinitive*) - it is necessary (*See 8.6*)

Кому́ ну́жно рабо́тать? - Who has to work?

Что ещё ну́жно? - What else is needed?

Нью-Йо́рк - New York

О

о (+ *prepositional*), **об** (*before words beginning with the vowels* **а, э, и, о,** *or* **у**) - about (*See 7.9*)

обе́д - lunch

обе́дать/по- (**обе́да-ю, -ешь, -ют**) - to have lunch

образова́ние - education

вы́сшее образова́ние - higher education

о́бувь (*fem.*) - footwear

общежи́тие - dormitory

обыкнове́нный (**не-**) - ordinary (unusual)

обы́чно - usually

о́вощи - vegetables

овощно́й - vegetable

огро́мный - huge

Огро́мное спаси́бо! - Thank you very much!

огур(е́)ц - cucumber

одева́ться (**одева́-юсь, -ешься, -ются**) - to get dressed оде́жда - clothing

оди́н (одно́, одна́, одни́) - one
Одну́ мину́точку! - Just one moment!

ой - oh

окно́ (*pl.* о́кна) - window

око́нчить (*perf.;* око́нч-у, -ишь, -ат + университе́т, шко́лу, *etc.*) - to graduate from (*requires direct object; see 10.4*)

он - he, it (*See 2.3*)

она́ - she, it (*See 2.3*)

они́ - they (*See 2.3*)

оно́ - it (*See 2.3*)

опа́здывать (опа́здыва-ю, -ешь, -ют)/ опозда́ть (опозда́-ю, -ешь, -ют) - to arrive late
Я не опозда́л(а)? - Am I late?

от(е́)ц (*all endings stressed*) - father

отвеча́ть (отвеча́-ю, -ешь, -ют)/отве́тить (отве́ч-у, отве́т-ишь, -ят) - to answer

отде́л - department

отдыха́ть (отдыха́-ю, -ешь, -ют) - to relax

открыва́ть (открыва́-ю, -ешь, -ют)/откры́ть (откро́-ю, -ешь, -ют) - to open
Откро́й(те)! - Open (it)!

откры́ться (*perf. past:* откры́лся, откры́лась, откры́лось, откры́лись) - to be opened up

отку́да - where from
Отку́да вы (ты)? - Where are you from?
Отку́да вы зна́ете ру́сский язы́к? - How do you know Russian?

отли́чно - excellent

отноше́ние - relation(ship)
междунаро́дные отноше́ния - international affairs

о́тчество - patronymic (*See 1.2*)
Как ва́ше о́тчество? - What's your patronymic?

о́чень - very, very much

очки́ (*pl.*) - eyeglasses

П

пальто́ (*indecl.*) - overcoat

па́па - dad

па́ра - (double) class period (= 90 minutes)

парфюме́рия - cosmetics (*store or department*)

па́спорт (*pl.* паспорта́) - passport

В па́спорте стои́т... - In my passport it says…

педаго́гика - education (*a subject in college*)

пельме́ни - pelmeni (Ukrainian dumplings)

пе́нсия - pension
Они́ на пе́нсии. - They're retired.

пе́р(е)ц - pepper

пе́рвое (*adj. decl.*) - first course (*always soup*)

пе́рвый - first

переезжа́ть (переезжа́-ю, -ешь, -ют)/ перее́хать (перее́д-у, -ешь, -ут) *куда́* - to move, to take up a new living place

перча́тки (*pl.*) - gloves

пиджа́к - suit jacket

писа́тель - writer

писа́ть/на- (пиш-у́, пи́ш-ешь, -ут) - to write

пи́сьменный - writing
пи́сьменный стол - desk

письмо́ (*pl.* пи́сьма) - letter

пить (пь-ю, -ёшь, -ют; пил, пила́, пи́ли)/вы́- (вы́пь-ю, вы́пь-ешь, вы́пь-ют) - to drink

пи́цца - pizza

пи́ща - food

пла́вки (*pl.*) - swimming trunks

пласти́нка - phonograph record

плат(о́)к (*endings always stressed*) - (hand)kerchief

плати́ть/за- (плач-у́, пла́т-ишь, -ят) (за + *accusative*) - to pay (for something)
Кто запла́тит за кни́гу? - Who will pay for the book?
Плати́те в ка́ссу. - Pay the cashier.

пла́тье - dress

пле́ер: CD [СиДи́]-пле́ер - CD player

племя́нник - nephew

племя́нница - niece

плёнка - photo film

плита́ (*pl.* пли́ты) - stove

пло́хо - poorly

плохо́й - bad

по - by means of, in, according to (*See 8.6*)
по телефо́ну - by phone
сосе́д/ка по ко́мнате - roommate
экза́мен по ру́сскому языку́ - Russian exam
Кто вы по национа́льности (по профе́ссии)? - What's your nationality (profession)?

по- (+ *name of language with no* **-й**: **по-английски, по-русски, по-французски,** *etc.*) - in (English, Russian, French, etc. *See 3.5*)

пода́р(о)к - gift, present
    Я хочу́ сде́лать пода́рок (+ *dative*). - I want to give (someone) a present.

подари́ть (*perf.; see* **дари́ть**) - to give

подва́л - basement

поду́мать(*perf.; see* **ду́мать**) - to think
    Сейча́с поду́маю - I'll think, let me think

пое́хать (*perf.; see* **е́хать**) - to go (*by vehicle*)
    Пое́дем... - Let's go! (*by vehicle*)

пожа́луйста - please; you're welcome

поза́втракать (*perf.; see* **за́втракать**) - to eat breakfast

по́здно - late

пойти́ (*perf.; see* **идти́**) - to go
    пойдём - let's go
    пойти́ рабо́тать *куда́* (*perf.*) - to begin to work, to begin a job
    Пошли́! - Let's go!

пока́ - meanwhile
    Ты иди́ в магази́н, а я пока́ пригото́влю со́ус. - You go to the store, and meanwhile I'll fix the sauce.

пока́зывать (**пока́зыва-ю, -ешь, - ют**)/**показа́ть** (**покаж-у́, пока́ж-ешь, -ут**) - to show
    Покажи́(те)! - Could you please show me...

покупа́ть (**покупа́-ю, -ешь, -ют**)/**купи́ть** (**куп-лю́, ку́п-ишь, -ят**) - to buy

пол (**на полу́**; *ending always stressed*) - floor (as opposed to ceiling)

поликли́ника - health clinic

полити́ческий - political

политоло́гия - political science

получа́ть (**получа́-ю, -ешь, -ют**)/**получи́ть** (**получ-у́, полу́ч-ишь, -ат**) - to receive
    Получи́те! - Take it! (*said when paying*)

помидо́р - tomato

понеде́льник - Monday (*See 5.1*)

понима́ть (**понима́-ю, -ешь, -ют**)/**поня́ть** (*past* **по́нял, поняла́, по́няли**) - to understand
    Я не по́нял (поняла́). - I didn't catch (understand) that.

поня́тно - understood

пообе́дать (*perf.; see* **обе́дать**) - to have lunch

попа́сть (*perf.* **попаду́, -ёшь, -у́т**; **попа́л, -а, -и**) - to manage to get in
    Мы то́чно попадём. - We'll get in for sure.

по́рция - portion, order

послу́шать (*perf.; see* **слу́шать**) - to listen
    Послу́шай(те)! - Listen! Hey!

посмотре́ть (*perf.; see* **смотре́ть**) - to look; to watch
    Посмо́трим. - Let's see.

посове́товать (*perf.; see* **сове́товать**) - to advise

поступа́ть (**поступа́-ю, -ешь, -ют**)/**поступи́ть** (**поступ-лю́, поступ-ишь, -ят**) *куда́* - to apply to, to enroll in (*See 10.4*)

потол(о́)к (*ending always stressed*) - ceiling

пото́м - then, afterwards, later

потому́ что - because

поу́жинать (*perf.; see* **у́жинать**) - to have dinner

похо́ж (**-а, -и**) **на** (+ *accusative*) - resemble, look like (*See 10.1*)

почему́ - why

Пошли́! - Let's go!

пра́вда - truth
    Пра́вда? - Really?

пра́во - law (study of)

пра́ктика - practice
    ча́стная пра́ктика - private practice

преподава́тель - teacher in college
    преподава́тель ру́сского языка́ - Russian language teacher

при́город - suburb

пригото́вить (*perf.; see* **гото́вить**) - to prepare

прие́зд: С прие́здом! - Welcome! (*to someone from out of town*)

приезжа́ть (**приезжа́-ю, -ешь, -ют**)/**прие́хать** (**прие́д-у, -ешь, -ут**) - to arrive (*by vehicle*)

Принеси́те, пожа́луйста, меню́. - Please bring a menu.

принима́ть (**принима́-ю, -ешь, -ют**) (**душ**) - to take (a shower)

при́нтер - printer

прия́тно - nice
    Очень прия́тно (с ва́ми / с тобо́й) познако́миться. - Pleased to meet you.

программи́ст - computer programmer

продав(е́)ц (*all endings stressed*) - salesperson (man)

продава́ть (прода-ю́, прода-ёшь, прода-ю́т)/прода́ть (прода́м, прода́шь, прода́ст, продади́м, продади́те, продаду́т) - to sell

продавщи́ца - salesperson (woman)

продово́льственный магази́н - grocery store

проду́кты (*pl.*) - groceries

прослу́шать (*perf.; see* слу́шать) - to listen

Прости́те! - Excuse me.

про́сто - simply

профе́ссия - profession

Кто по профе́ссии... - What is …'s profession?

Проходи́(те)! - Come on in; Go on through.

прочита́ть (*perf.; see* чита́ть) - to read

психоло́гия - psychology

пюре́ (*neut., indecl.*) - creamy mashed potatoes

пя́тница - Friday (*See 5.1*)

пя́тый - fifth

Р

рабо́та (на) - work, job

рабо́тать (рабо́та-ю, -ешь, -ют) - to work

ра́дио (радиоприёмник) - radio

разме́р - size

Разреши́те предста́виться! - Allow me to introduce myself.

ра́но - early

ра́ньше - previously

расска́зывать (расска́зыва-ю, -ешь, -ют)/рассказа́ть (расскаж-у́, -расска́ж-ешь, -ут) - to tell, narrate

Расскажи́(те) (мне)... - Tell (me)… (*request for narrative, not just a piece of factual information*)

рассо́льник - fish (or meat) and cucumber soup

Рассчита́йте (нас, меня́)! - Please give (us, me) the check.

ребён(о)к (*pl.* де́ти) - child(ren); baby (-ies): дво́е, тро́е, че́тверо, пять дете́й (*See 7.5*)

име́ть ребёнка - to have a child

Ребя́та! - Guys (*conversational term of address*)

ре́дко - rarely

рем(е́)нь (*endings always stressed*) - belt (man's)

реша́ть (реша́-ю, -ешь, -ют)/реши́ть (реш-у́, -и́шь, -а́т) - to decide

рис - rice

роди́тели - parents

роди́ться (*perf. past* роди́лся, родила́сь, роди́лись) - to be born (*See 7.3*)

ро́дственник - family relative

росси́йский - Russian (*See Unit 3, Давайте почитаем, p. 72*)

Росси́я - Russia

россия́нин (*pl.* россия́не)/россия́нка - Russian (citizen; *see 3.6*)

ро́стбиф - roast beef

руба́шка - shirt

рубль (два рубля́, пять рубле́й) - ruble (*See 7.5*)

ру́сский / ру́сская (*adj. decl.*) - Russian (*person and adjective; see 3.6*)

русско-англи́йский - Russian-English

ры́ба - fish

ры́н(о)к (на) - market

кни́жный ры́н(о)к - book mart

ря́дом - alongside

С

с (+ *genitive*) ... - from; someone owes ...

Ско́лько с нас? - How much do we owe?

с одно́й стороны́..., с друго́й стороны́... - on the one hand..., on the other hand...

с (+ *instrumental*) - with (*See 9.2*)

ко́фе с молоко́м - coffee with milk

С днём рожде́ния! - Happy birthday!

С прие́здом! - Welcome! (*to someone from out of town*)

С удово́льствием! - With pleasure!

мы с (+ *instrumental*: мы с ма́мой, мы с бра́том, *etc.*) - So-and-so and I

сала́т - salad; lettuce

сала́т из огурцо́в - cucumber salad

сала́т из помидо́ров - tomato salad

сам (само́, сама́, са́ми) - -self

Она́ сама́ зна́ет. - She herself knows.

са́мый + *adjective* - the most + *adjective*

са́мый люби́мый - most favorite

са́мый нелюби́мый - least favorite

Санкт-Петербу́рг - St. Petersburg

санкт-петербу́ргский - (of) St. Petersburg

сантиме́тр - centimeter

сапоги́ (*pl.*) - boots

са́хар - sugar

сви́тер (*pl.* **свитера́**) - sweater

свобо́ден (**свобо́дна, свобо́дны**) - free, not busy

свобо́дно - fluently, freely

свой (**своё, своя́, свои́**) - one's own

　Она́ лю́бит свою́ рабо́ту. - She loves her work.

се́вер (**на**) - north (*See 10.3*)

сего́дня - today

сейча́с - now

секрета́рь (*all endings stressed*) - secretary

семья́ (*pl.* **се́мьи**) - family

се́рый - gray

серьёзный (**не-**) - serious (not)

сестра́ (*pl.* **сёстры, две сестры́, пять сестёр**) - sister

　двою́родная сестра́ - female cousin

симпати́чный (**не-**) - nice (not)

си́ний - dark blue (*See 6.2*)

сказа́ть (*perf.; see* **говори́ть**) - to say

　Вы не ска́жете - Could you tell me?

　Да как сказа́ть? - How should I put it?

　Как ты сказа́л(а) / Как вы сказа́ли? - What did you say? (*informal*)

　Скажи́те, пожа́луйста - Could you tell me?

ско́лько (+ *genitive*) - how much, how many

　Ско́лько воды́? - How much water?

　Ско́лько (сейча́с) вре́мени? - What time is it (now)?

　Ско́лько дете́й? - How many children?

　Ско́лько (+ *dative*) **лет?** - How old is …? (*See 7.4, 8.6*)

　Ско́лько сто́ит? - How much does it cost?

　Ско́лько у вас ко́мнат? - How many rooms do you have?

　Во ско́лько? - At what time?

ско́ро - soon

сла́дкое (*adj. decl.*) - dessert

слова́рь (*stress always on ending; pl.* **словари́**) - dictionary

сло́во (*pl.* **слова́**) - word

слу́шать/по- *or* **про-** (**слу́ша-ю, -ешь, -ют**) (+

accusative) - to listen to

　Слу́шай(те)! *or* **Послу́шай(те)!** - Listen! Hey!

слы́шать/у- (**слы́ш-у, -ишь, -ат**) - to hear

смотре́ть/по- (**смотр-ю́, смо́тр-ишь, -ят**) - to look, to watch

　Посмо́трим. - Let's see.

смотря́… (*Must be used with a question word, as in the expressions below*) - it depends…

　смотря́ что - it depends on what

　смотря́ где (куда́) - it depends on where

　смотря́ как - it depends on how

снача́ла - to begin with, at first

сове́товать/по- (**сове́ту-ю, -ешь, -ют**) (+ *dative*) - to advise

　Что вы (нам, мне) посове́туете взять? - What do you advise (us, me) to order?

совсе́м - completely

　совсе́м не - not at all

соль (*fem.*) - salt

сосе́д (*pl.* **сосе́ди**) / **сосе́дка** - neighbor

　сосе́д(ка) по ко́мнате - roommate

со́ус - sauce

социоло́гия - sociology

спа́льня - bedroom

спаси́бо - thank you

　большо́е спаси́бо *or* **огро́мное спаси́бо** - thank you very much

специа́льность (*fem.*) - major

спорт (*always singular*) - sports

спра́шивать (**спра́шива-ю, -ешь, -ют**)/
спроси́ть (**спрош-у́, спро́с-ишь, -ят**) - to inquire; to ask (*a question, not a favor*)

среда́ (**в сре́ду**) - Wednesday (on Wednesday; *see 5.1*)

стадио́н (**на**) - stadium

стажёр - a student in a special course not leading to degree, used for foreign students doing work in Russian

ста́рше (+ *genitive*) **на … лет** - older (than someone) by … years (*See 10.2*)

ста́рший - older

ста́рый - old

стена́ (*pl.* **сте́ны**) - wall

сто́ить (**сто́ит, стоя́т**) - to cost

стол (*ending always stressed*) - table

　пи́сьменный стол - desk

столо́вая (*declines like adj.*) - dining room, cafeteria

стоя́ть (**стои́т, стоя́т**) - to be standing

В спа́льне стои́т крова́ть - There's a bed in the bedroom.

В па́спорте стои́т… - In my passport it says…

страна́ - country, nation

странове́дение - area studies

ру́сское странове́дение - Russian area studies

стра́шно - terribly

студе́нт/ка - student

стул (*pl.* **сту́лья**) - (hard) chair

суббо́та - Saturday (*See 5.1*)

сувени́р - souvenir

суп - soup

суперма́ркет - supermarket

США - U.S.

съесть (*perf.; see* **есть**) - to eat

сын (*pl.* **сыновья́, два сы́на, пять сынове́й** - son (*See 7.5*)

сыр - cheese

сюрпри́з - surprise

Т

так - so

тако́й - such, so (*used with nouns and long-form adjectives*)

тако́й же - the same kind of

та́кже - also, too (*see 4.6*)

там - there

тамо́жня - customs

твой (**твоё, твоя́, твои́**) - your (*informal; see 2.4*)

теа́тр - theater

телеви́зор - television

телеста́нция (**на**) - television station

тепе́рь - now (*as opposed to some other time*)

те́сто - dough

тётя - aunt

те́хника - gadgets, technology

това́р - goods

тогда́ - then, in that case, at that time

то́же - also, too (*see 4.6*)

то́лько - only

то́лько что - just now

тома́тный - tomato

тома́тный со́ус - tomato sauce

тот (**то, та, те**) - that, those (*as opposed to* **э́тот**)

то́чно - precisely, exactly, for sure

Мы то́чно попадём. - We'll get in for sure.

тради́ция - tradition

тре́тий (**тре́тье, тре́тья, тре́тьи**) - third

тро́е: тро́е дете́й - three kids (*in a family; see 7.5*)

тру́дно (+ *dative*) - difficult (*See 9.3*)

тру́дный - difficult

туале́т - bathroom

туда́ - there (*answers* **куда́**; *see 5.5, 5.6*)

туристи́ческий - tourist, travel

тут - here (*answers* **где**; *see 5.5, 5.6*)

ту́фли - shoes

ты - you (*informal, singular; see 1.1*)

У

у (+ *genitive*) - near; at (somebody's) house (*See 2.7, 6.4, 6.5, 6.8*)

у (+ *genitive* + **есть** + *nominative*) - (someone) has (something) (*See 2.7, 6.4, 8.3*)

У ма́мы есть маши́на. - Mom has a car.

у (+ *genitive* + **нет** + *genitive*) - (someone) doesn't have (something) (*See 6.5, 8.3*)

У ма́мы нет маши́ны. - Mom doesn't have a car.

убира́ть (**убира́-ю, -ешь, -ют**) (**дом, кварти́ру, ко́мнату**) - to clean (house, apartment, room)

удово́льствие: С удово́льствием. - With pleasure.

уже́ - already

у́жин - supper

у́жинать/по- (**у́жина-ю, -ешь, -ют**) - to eat dinner

у́зкий - narrow

узна́ть (*perf.* **узна́-ю, -ешь, -ют**) - to find out

украи́н|(е)ц/ка - Ukrainian (person; *see 3.6*)

украи́нский (**язы́к**) - Ukrainian (*See 3.5, 3.6*)

у́лица (**на**) - street

у́мный - intelligent

универма́г - department store
универса́м - self-service grocery store
университе́т - university
уро́к (на) - class, lesson (*practical*)
   уро́к ру́сского языка́ - Russian class
у́тро - morning
   До́брое у́тро! - Good morning!
   у́тром - in the morning
уче́бник - textbook
учёный (*declines like an adjective*) - scholar, scientist
учи́тель (*pl.* **учителя́**) - school teacher (man)
учи́тельница - school teacher (woman)
учи́ться (**уч-у́сь, у́ч-ишься, -атся**) - to study, be a student (*cannot have direct object; see 4.1, 4.3, 5.3*)
учрежде́ние - office
ую́тный - cozy, comfortable (*about room or house*)

Ф

факульте́т (на) - department
фами́лия - last name (*See 1.2*)
   Как ва́ша фами́лия? - What's your last name?
фарш - chopped meat
фе́рма (на) - farm
фи́зика - physics
филологи́ческий - philological (*relating to the study of language and literature*)
филоло́гия - philology (*study of language and literature*)
филосо́фия - philosophy
фина́нсы - finance
фи́рма - company, firm
   комме́рческая фи́рма - trade office, business office
   юриди́ческая фи́рма - law office
фотоаппара́т - camera
фотогра́фия (на) - photograph
францу́з/францу́женка - French (person; *see 3.6*)
францу́зский (язы́к) - French (*See 3.5, 3.6*)
фру́кты - fruit
футбо́лка - jersey

Х

хи́мия - chemistry
хлеб - bread
ходи́ть (**хож-у́, хо́д-ишь, -ят**) - to go (back and forth) on foot; (*See 8.4, 10.8*)
холоди́льник - refrigerator
хоро́ший - good
хорошо́ - well, good, fine, okay
хоте́ть (**хочу́, хо́чешь, хо́чет, хоти́м, хоти́те, хотя́т**) - to want
   Хо́чешь посмотре́ть? - Would you like to see (it, them)?
худо́жник - artist

Ц

цвет (*pl.* **цвета́**) - color; **Како́го цве́та...?** - What color...?
цветно́й - color
цент (**два це́нта, пять це́нтов**) - cent (*See 7.5*)
центр - downtown
цирк - circus
цыпля́та табака́ - a chicken dish from the Caucasus

Ч

чаевы́е (*pl.; adj. decl.*) - tip
чай - tea
час (**два часа́, пять часо́в**) - o'clock (*See 5.1, 7.5*)
ча́стный - private (*business, university, etc.*)
ча́сто - frequently
часы́ (*pl.*) - clock, watch
чей (**чьё, чья, чьи**) - whose (*See 2.4*)
чек - check, receipt
челове́к (*pl.* **лю́ди**) - person
чемода́н - suitcase
черда́к (на) (*ending always stressed*) - attic
че́рез (*+ accusative; often used with time expressions*) - in, after (*See 10.6*)
   че́рез год (**че́рез два го́да, че́рез пять лет**) - in (after) a year (two years, five years)
чёрно-бе́лый - black and white
чёрный - black
четве́рг - Thursday (*See 5.1*)

четверо: четверо детей - four kids (*in a family; see 7.5*)

четвёртый - fourth

читáть/про- (**читá-ю, -ешь, -ют**) - to read

что - what; that (*relative conjunction*) (*See 2.6*)

Я дýмаю, что это интерéсная кнúга. - I think that that's an interesting book.

Чтó вы (**ты**)! - What do you mean? (*Often a response to a compliment*)

Что это такóе? - (Just) what is that?

чулкú - stockings

Ш

шáпка - cap, fur hat, knit hat

шашлы́к (*ending always stressed*) - shishkebab

широ́кий - wide

шкатýлка - painted or carved wooden box (*souvenir*)

шкаф (**в шкафý**) (*ending always stressed*) - cabinet, wardrobe, free-standing closet

шкóла - school (*primary or secondary, not post-secondary*)

шля́па - hat (e.g., business hat)

шоколáд - chocolate

штат - state

щи (*pl.*) - cabbage soup

Э

экономика - economics

экономи́ческий - economics

энерги́чный (**не-**) - energetic (not)

этáж (**на**) (*ending always stressed*) - floor, story (in a building)

это - this is, that is, those are, these are (*See 2.7*)

этот (**это, эта, эти**) - this (*See 2.7*)

Ю

ю́бка - skirt

юг (**на**) - south (*See 10.3*)

юриди́ческий - legal, law

юриспрудéнция - law (*study of*)

юри́ст - lawyer; judge

Я

я - I

я́блоко (*pl.* **я́блоки**) - apple

язы́к (*ending always stressed*) - language

яи́чница - scrambled eggs

яйцó (*pl.* **я́йца**) - egg

япóн|(**е**)**ц/ка** - Japanese (person; *see 3.6*)

япóнский (**язы́к**) - Japanese (*See 3.5, 3.6*)

Англо-русский словарь

A

able to - **мочь** (**мог-у́, мо́ж-ешь, мо́г-ут; мог, могла́, могли́**)

about - **о** (+ *prepositional*), **об** (*before words beginning with the vowels* **а, э, и, о,** *or* **у**; *see 7.9*)

accessories (*in a men's store or department*) - **галантере́я**

according to - **по** (*See 8.6*)

accountant - **бухга́лтер**

acquaintance - **знако́мый** (*adj. declension*)

advise - **сове́товать/по-** (**сове́ту-ю, -ешь, -ют**) (+ *dative*)

after all - **ведь** *never stressed* [**вить**] (*filler word*)

afternoon - **д(е)нь**
  Good afternoon! - **До́брый день!**

afterwards - **пото́м**

ago - **наза́д**

allergy - **аллерги́я**

alongside - **ря́дом**

already - **уже́**

also - **та́кже; то́же** (*see 4.6*)

always - **всегда́**

America (the U.S.) - **Аме́рика**

American - **америка́н|(е)ц/ка** (person); **америка́нский** (*See 3.5, 3.6*)

and - **и; а** (*often used to begin questions or statements in continuing conversation; see 3.8*)

another - **друго́й**

answer - **отвеча́ть** (**отвеча́-ю, -ешь, -ют**)/**отве́тить** (**отве́ч-у, отве́т - ишь, -ят**)

anthropology - **антрополо́гия**

apartment - **кварти́ра**
  apartment building - **дом** (*pl.* **дома́**)

appetizers - **заку́ски**

apple - **я́блоко** (*pl.* **я́блоки**)

apply to - **поступа́ть** (**поступа́-ю, -ешь, -ют**)/**поступи́ть** (**поступ-лю́, поступ-ишь, -ят**) **куда́** (*See 10.4*)
  I'm applying to college. - **Я поступа́ю в университе́т.**

Arab - **ара́б/ка** (*See 3.6*)

Arabic - **ара́бский** (**язы́к**; *see 3.5*)

architect - **архите́ктор**

architecture - **архитекту́ра**

area studies - **странове́дение**

armchair - **кре́сло**

Armenian - **армя́н|и́н** (*pl.* **армя́не**)**/ка** (*See 3.6*)

arrive (*by vehicle*) - **приезжа́ть** (**приезжа́-ю, -ешь, -ют**)/**прие́хать** (**прие́д-у, -ешь, -ут**)

arrive late - **опа́здывать** (**опа́здыва-ю, -ешь, -ют**)/**опозда́ть** (**опозда́-ю, -ешь, -ют**)

art - **иску́сство**

artist - **худо́жник**

ask (a question, not a favor) - **спра́шивать** (**спра́шива-ю, -ешь, -ют**)/**спроси́ть** (**спрош-у́, спро́с-ишь, -ят**)

at - **в; на** (+ *accusative case for location; see 4.2, 5.6*); at (an hour of the day) - **в**, e.g., **в пять часо́в** (*See 5.1*)
  At what time? - **Во ско́лько?**
  at (someone's house *or* office) - **у** (+ *genitive; see 2.7, 6.4, 6.5, 6.8* at Sasha's house - **у Са́ши**)
  at night - **но́чью**

athletic shoes - **кроссо́вки** (*pl.*)

attic - **черда́к** (**на**) (*ending always stressed*)

aunt - **тётя**

avant-garde artist - **авангарди́ст**

await - **ждать** (**жд-у, жд-ёшь, жд-ут**)

B

baby - **ребён(о)к** (*pl.* **де́ти: дво́е, тро́е, че́тверо дете́й, пять дете́й;** *see 7.5*)
  have a baby - **име́ть ребёнка**

bad - **плохо́й; пло́хо** (*adv.*: badly *or* that's bad)

bagel - **бу́блик**

bakery - **бу́лочная** (*adj. decl.*)

banana - **бана́н**

bank - **банк** (*financial establishment*)

basement - **подва́л**

bathing suit - **пла́вки** (*pl.*; for men); **купа́льник** (for women) bathroom - **ва́нная** (bath/shower; no toilet *adj. decl.*); **туале́т** (toilet only)

be - **быть** (**бу́д-у, -ешь, -ут; был, была́, бы́ло, бы́ли** (*future and past tense conj.; see 1.7, 8.2*)

because - **потому́ что**

bed - **крова́ть** (*fem.*)

bedroom - **спа́льня**

before - **до** (+ *genitive*) before that - **до э́того**

begin a job - **пойти́ рабо́тать** *куда́* (*perf.*)

believer - **ве́рующий** (*adj. decl.*)

belt (man's) - **рем(е́)нь** (*endings always stressed*)

better - **лу́чше**

biology - **биоло́гия**

birthday - **день рожде́ния**
  Happy birthday! - **С днём рожде́ния!**

black and white - **чёрно-бе́лый**

black - **чёрный**

blouse - **блу́зка**

blue - **си́ний** (*See 6.2*); light blue - **голубо́й**

book mart - **кни́жный ры́н(о)к**

book - **кни́га**

book(ish) - **кни́жный**

boots - **сапоги́** (*pl.*)

born: be born - **роди́ться** (*perf. past* **роди́лся, родила́сь, роди́лись;** *see 7.3*)

borsch - **борщ** (*ending always stressed*)

bottle - **буты́лка**

bouillon - **бульо́н**

box - **коро́бка; шкату́лка** (*Russian souvenir box*)

boy - **ма́льчик**

bread - **хлеб**

breakfast - **за́втрак**

breakfast: eat breakfast - **за́втракать/по- (за́втрака-ю, -ешь, -ют)**

bring: Please bring a menu. - **Принеси́те, пожа́луйста, меню́.**

brother - **брат** (*pl.* **бра́тья, два бра́та, пять бра́тьев;** *see 7.5*)

brown - **кори́чневый**

bureau - **бюро́** (*indecl.*)

businessperson - **бизнесме́н/ка; коммерса́нт**

but - **но** (*See 3.8*)

butter - **ма́сло**

buy - **покупа́ть** (**покупа́-ю, -ешь, -ют**)/ **купи́ть** (**куп-лю́, ку́п-ишь, -ят**)

by: by way of - **по** (*See 8.6*)
  by phone - **по телефо́ну**
  by nationality - **по национа́льности**

C

cabbage - **капу́ста**
  cabbage soup - **щи** (*pl.*)

cabinet - **шкаф** (**в шкафу́**) (*ending always stressed*)

cafeteria - **столо́вая** (*declines like adj.*)

café - **кафе́** [**кафэ́**] (*neut.; indecl.*)

camera (still, photo) - **фотоаппара́т**

can (jar) - **ба́нка**

can - **мочь** (**мог-у́, мо́ж-ешь, мо́г-ут; мог, могла́, могли́**)

Canada - **Кана́да**

Canadian (*See 3.6*) - **кана́д|(е)ц/ка**

cap - **ша́пка**

car - **маши́на**

card - **ка́рточка**

carrot(s) - **морко́вь** (*fem., always sing.*)

cash register - **ка́сса**
  Pay at the register. - **Плати́те в ка́ссу!**

cassette player - **кассе́тный магнитофо́н** (**кассе́тник**)

cassette - **кассе́та**

caviar - **икра́**

CD - **CD** [**СиДи́**]
  CD player - **CD-пле́ер**

ceiling - **потол(о́)к,** (*ending always stressed*)

cent - **цент** (**два це́нта, пять це́нтов**) (*See 7.5*)

centimeter - **сантиме́тр**

cereal (porridge) - **ка́ша**

chair - **стул** (*pl.* **сту́лья**)

cheap - **дешёвый**

check - **чек**
  Please give (us, me) the check. - **Рассчита́йте (нас, меня́)!**

cheerful - **весёлый**

cheese - **сыр**

chemistry - **хи́мия**

chicken - **ку́рица**
  chicken dish from the Caucasus - **цыпля́та табака́**
  chicken Kiev - **котле́ты по-ки́евски**

child(ren) - **ребён(о)к** (*pl.* **де́ти: дво́е, тро́е, че́тверо дете́й, пять дете́й**; *see 7.5*)
  have a child - **име́ть ребёнка**
Chinese - **кита́(е)ц** (*pl.* **кита́йцы**)/**китая́нка** (*person; see 3.6*); **кита́йский (язы́к)** (*See 3.5, 3.6*)
chocolate - **шокола́д**
choice - **вы́бор**
cinema - **кино́** (*industry; indecl.*); **кинотеа́тр** (*building*)
circus - **цирк**
city - **го́род** (*pl.* **города́**)
class - **заня́тие (на)** (*usually plural:* **заня́тия**); **уро́к (на)** (*lesson in language, music, etc.*); **ле́кция (на)** (*lecture class*); **па́ра** (*90-minute class period in Russian universities*); **курс (на)** (*college course*)
  Were you in class(es)? - **Ты был на заня́тиях?**
  Are you going to class(es)? - **Ты идёшь на заня́тия?**
  I like this math class. - **Я люблю́ э́тот курс по матема́тике.**
classroom - **аудито́рия**
clean up (*straighten a house, apartment, or room, not wash*) - **убира́ть (убира́-ю, -ешь, -ют)** (**дом, кварти́ру, ко́мнату**)
clock - **часы́** (*pl.*)
close - **закрыва́ть (закрыва́-ю, -ешь, -ют)**/**закры́ть (закро́-ю, -ешь, -ют)**
  Close (it)! - **Закро́й(те)!**
close by - **недалеко́**
closed - **закры́т (-а, -о, -ы)**
closet (*free-standing*) - **шкаф (в шкафу́)** (*ending always stressed*)
clothing - **оде́жда**
coffee - **ко́фе** (*masc., indecl.*)
  coffee with milk - **ко́фе с молоко́м**
  black coffee - **чёрный ко́фе**
cold cuts assortment - **мясно́е ассорти́**
color - **цвет** (*pl.* **цвета́**); **цветно́й** (*adj.*)
  What color is/are...? - **Како́го цве́та...?**
Come on in! - **Проходи́(те)!**
comfortable (*about room or house*) - **ую́тный**
commercial - **комме́рческий**
compact disk - **компа́кт-ди́ск** *or* **CD** [**СиДи́**]
company - **фи́рма** (*commercial firm*)

completely - **совсе́м**
computer - **компью́тер**
  computer programmer - **программи́ст**
  computer science - **компью́терная те́хника**
corridor - **коридо́р**
cosmetics (*store or department*) - **парфюме́рия**
cost - **сто́ить (сто́ит, сто́ят)**
couch - **дива́н**
country - **страна́** (*pl.* **стра́ны**)
course (*in college*) - **курс**
  Russian course - **курс ру́сского языка́**
cousin - **двою́родный брат**/**двою́родная сестра́**
cozy (*about room or house*) - **ую́тный**
credit card - **креди́тная ка́рточка**
cucumber - **огур(е́)ц**
  cucumber salad - **сала́т из огурцо́в**
cuisine - **ку́хня (на)**
customs (*inspection*) - **тамо́жня**
  customs declaration - **деклара́ция**

D

dacha - **да́ча (на)**
dad - **па́па**
dairy - **моло́чный**
daughter - **дочь** (*gen., dat., prep. sg., and nom. pl.* **до́чери**; *instr. sg.* **до́черью, пять дочере́й**) (*See 7.5*)
day - **д(е)нь**
  all day - **весь день**
  every day - **ка́ждый день**
  What day is it? - **Како́й сего́дня день?**
decide - **реша́ть (реша́-ю, -ешь, -ют)**/**реши́ть (реш-у́, -и́шь, -а́т)**
dentist - **зубно́й врач** (*all endings stressed*)
department - **факульте́т (на), ка́федра (на)** (*in a college or university*); **отде́л** - (*in a store or office*)
department store - **универма́г**
depends: it depends... - **смотря́...** (*Must be used with a question word, as in the following expressions*: it depends on how - **смотря́ как**; it depends on what - **смотря́ что**; it depends on where - **смотря́ где (куда́)**)

desk - **пи́сьменный стол**

dessert - **сла́дкое** (*adj. decl.*)

dictionary - **слова́рь** (*stress always on ending; pl.* **словари́**)

difficult - **тру́дный**; **тру́дно** (*+ dative; see 9.3*)
It's difficult for me to read here. - **Мне здесь тру́дно чита́ть.**

dining room - **столо́вая** (*declines like adj.*)

dish (*food, not the physical plate*) - **блю́до**

do - **де́лать/с-** (**де́ла-ю, -ешь, -ют**)

doctor (physician) - **врач** (*all endings stressed*)

document - **докуме́нт**

doll: Russian nested doll - **матрёшка**

dollar - **до́ллар** (**два до́ллара, пять до́лларов;** *see 7.5*)

door - **дверь** (*fem.*)

dormitory - **общежи́тие**

dough - **те́сто**

downtown - **центр**

dress - **пла́тье** (*woman's garment*); **одева́ться** (**одева́-юсь, -ешься, -ются**)(*get dressed*)

drink - **напи́т(о)к; пить** (**пь-ю, -ёшь, -ют; пил, пила́, пи́ли**)/**вы́-** (**вы́пью, вы́пьешь, вы́пьют**)
soft drink - **лимона́д**

E

each - **ка́ждый**

earlier - **ра́ньше**

early - **ра́но**

east - **восто́к** (**на**)

easy (*See 9.3*) - **легко́** (*+ dative*)

eat - **есть/съ-** (**ем, ешь, ест, еди́м, еди́те, едя́т; ел**)
eat breakfast - **за́втракать/по-** (**за́втрака-ю, -ешь, -ют**)
eat lunch - **обе́дать/по-** (**обе́да-ю, -ешь, -ют**)
eat supper - **у́жинать/по-** (**у́жина-ю, -ешь, -ют**)

economics - **эконо́мика; экономи́ческий** (*adj.*)

education - **образова́ние; педаго́гика** (*a subject in college*)
higher education - **вы́сшее образова́ние**

egg - **яйцо́** (*pl.* **я́йца**)

else (*as in* What else?) - **ещё: Что ещё?**

energetic - **энерги́чный**

engineer - **инжене́р**

England - **Англия**

English - **англича́н|ин** (*pl.* **англича́не**)/**ка** (person); **англи́йский (язы́к)** (*See 3.5, 3.6*)
English department - **ка́федра англи́йского языка́**
English-Russian - **англо-ру́сский**

enroll in - **поступа́ть** (**поступа́-ю, -ешь, -ют**)/**поступи́ть** (**поступ-лю́, посту́п-ишь, -ят**) *куда́* (*See 10.4*)

entree - **второ́е** (*adj. decl.*)

European - **европе́йский**

even (*as in* Even they know that.) - **да́же: Да́же они́ э́то зна́ют.**

evening - **ве́чер**
in the evening - **ве́чером**
Good evening! - **До́брый ве́чер!**

every - **ка́ждый**

everybody - **все** (*always plural*)

everything - **всё** (*always singular, neuter*)

exactly - **то́чно**

example: for example - **наприме́р**

excellent - **отли́чно**

Excuse me - **Извини́те!; Прости́те!**
Excuse me, sir! - **Молодо́й челове́к!**

expensive - **дорого́й**

eyeglasses - **очки́** (*pl.*)

F

factory - **заво́д** (**на**)

family - **семья́** (*pl.* **се́мьи**)

far away - **далеко́**

farm - **фе́рма** (**на**)

father - **от(е́)ц** (*all endings stressed*)

favorite - **люби́мый**; least favorite - **са́мый нелюби́мый**

fifth - **пя́тый**

film - **плёнка** (*for photography*); **фильм** (**на**) (motion picture)

finally - **наконе́ц**

finance(s) - **фина́нсы**

find out - **узна́ть** (*perf.* **узна́-ю, -ешь, -ют**)

fine - **хорошо́** (*adv.*)

firm - **фи́рма**

first name - **и́мя** (*See 1.2*)

first - **пе́рвый**

    at first - **снача́ла**

    In the first place..., in the second place... - **Во-пе́рвых..., во-вторы́х...**

fish - **ры́ба**

floor - **пол** (as opposed to ceiling; **на полу́**; *ending always stressed*); **эта́ж** (story in a building)**(на)** (*ending always stressed*)

fluently - **свобо́дно**

food - **пи́ща**

footwear - **о́бувь** (*fem.*)

forbidden - **нельзя́** (+ *dative; see 8.6, 9.3*)

    I'm forbidden from drinking. - **Мне нельзя́ пить.**

foreign - **иностра́нный**

foreigner - **иностра́н|ец/ка** (*See 3.6*)

forget - **забыва́ть** (**забыва́-ю, -ешь, -ют**)/ **забы́ть** (**забу́д-у, -ешь, -ут**)

four - **четы́ре**

    four kids (*in a family*) - **че́тверо дете́й** (*See 7.5*)

fourth - **четвёртый**

free (not busy) - **свобо́ден** (**свобо́дна, свобо́дны**)

freely - **свобо́дно**

French - **францу́з/францу́женка** (person; *see 3.6*); **францу́зский (язы́к)** (*See 3.5, 3.6*)

frequently - **ча́сто**

Friday - **пя́тница** (*See 5.1*)

fried steak - **ланге́т**

from - **из** (+ *genitive*)

    I'm from Moscow. - **Я из Москвы́.**

fruit - **фру́кты**

furniture - **ме́бель** (*fem., always sing.*)

further - **да́льше**

G

gadgets - **те́хника**

garage - **гара́ж** (*ending always stressed*)

gas (natural gas) - **газ**

German - **не́м(е)ц/не́мка** (person; *see 3.6*); **неме́цкий (язы́к)** (*See 3.5, 3.6*)

get in - **попа́сть** (*perf.* **попад-у́, -ёшь, -у́т; попа́л, -а, -и**)

We'll get in for sure. - **Мы то́чно попадём.**

get up - **встава́ть** (**встаю́, -ёшь, -ю́т**)

gift - **пода́р(о)к**

    I want to give (someone) a present. - **Я хочу́ сде́лать пода́рок** (+ *dative*)

girl - **де́вочка** (*up till about age 12*); **де́вушка** (*young woman*)

give a present - **дари́ть/по-** (**дар-ю́, да́р-ишь, -ят**)

glasses (eyeglasses) - **очки́** (*pl.*)

gloves - **перча́тки** (*pl.*)

go - **ходи́ть** (**хож-у́, хо́д-ишь, -ят;** *multidirectional: back and forth on foot*); **идти́** (**ид-у́, -ёшь, -у́т**)/**пойти́** (**пойд-у́, -ёшь, -у́т; пошёл, пошла́, пошли́** *unidirectional on foot*); **е́здить** (**е́зж-у, е́зд-ишь, -ят;** *multidirectional: back and forth by vehicle*); **е́хать/по-** (**е́д-у, -ешь, -ут**) (*unidirectional by vehicle*) (*See 5.4, 5.5, 5.6, 8.4, 10.8*)

    Go! (*imperative*) - **Иди́(те)!**

    Go on through! - **Проходи́(те)!**

    Let's go! - **Пойдём!; Пошли́!** (*by foot*); **Пое́дем!** (*by vehicle*)

    go to bed - **ложи́ться** (**лож-у́сь, -и́шься, -а́тся**) **спать**

good - **хоро́ший; хорошо́** (*adv.*); **вку́сный** (tasty)

    That's good! - **Хорошо́!**

    pretty good - **неплохо́й; непло́хо**

    Good afternoon! - **До́брый день!** Good evening - **До́брый ве́чер!** Good morning - **До́брое у́тро!** Good night! - **Споко́йной но́чи!** Good-bye - **До свида́ния!**

    Good show! (*lit. Good fellow, but used for both sexes*) - **Молоде́ц! (Како́й ты [он, она́, etc.]) молоде́ц!)**

goods - **това́ры**

graduate from - **око́нчить** (*perf.;* **око́нч-у, -ишь, -ат** + **университе́т, шко́лу,** *etc. — requires direct object; see 10.4*)

graduate school - **аспиранту́ра**

graduate student - **аспира́нт/ка**

granddaughter - **вну́чка**

grandfather - **де́душка**

grandmother - **ба́бушка**

grandson - **внук**

grapes - **виногра́д** (*always sing.*)

gray - **се́рый**
green - **зелёный**
groceries - **проду́кты** (*pl.*)
grocery store - **универса́м** (self-service);
 гастроно́м; продово́льственный магази́н
grow up - **вы́расти** (*perf. past* **вы́рос,
 вы́росла, вы́росли;** *see 7.3*)
Guys! (*conversational term of address*) - **Ребя́та!**

H

hallway - **коридо́р**
handkerchief - **плат(о́)к** (*endings always
 stressed*)
handsome - **краси́вый**
hang: to be hanging - **висе́ть** (**виси́т, вися́т**)
 There are pictures on the wall. - **На стене́
 вися́т фотогра́фии.**
Happy birthday! - **С днём рожде́ния!**
hat - **ша́пка** (knit or fur); **шля́па** (business hat)
 hats (headgear) - **головно́й убо́р**
have: *requires a construction with* **у** + *genitive:*
 (someone) has (something) (*See 2.7, 6.4, 8.3*)
 - **у** (+ *genitive* + **есть** + *nominative*)
 Mom has a car. - **У ма́мы есть маши́на.**
 (someone) doesn't have (something) (*See 6.5,
 8.3*) - **у** (+ *genitive* + **нет** + *genitive*)
 Mom doesn't have a car. - **У ма́мы нет
 маши́ны.**
have to (do something: *requires a* **ну́жно** *or*
 на́до *expression with dative; see 8.6*)
 I have to study - **Мне ну́жно занима́ться.**
he - **он** (*See 2.3*)
health clinic - **поликли́ника**
healthy - **здоро́вый**
hear - **слы́шать/у-** (**слы́ш-у, -ишь, -ат**)
hello - **здра́вствуй(те); алло́** (*on the phone
 only*)
here is… - **вот…**
 Here is your book. - **Вот ва́ша кни́га.**
here - **здесь** *or* **тут** (*answers* **где**); **сюда́** (*answers*
 куда́) (*See 5.5, 5.6*)
hers - **её** (*See 2.4*)
Hey! - **Слу́шай(те)!** *or* **Послу́шай(те)!**
high - **высо́кий**
his - **его́** (*See 2.4*)

history - **исто́рия**
home - **дом** (*pl.* **дома́**)
 (at) home (*answers* **где;** *see 5.5, 5.6*) - **до́ма**
 (to) home (*answers* **куда́;** *see 5.5, 5.6*) - **домо́й**
hospital - **больни́ца**
hot (*of things, not weather*) - **горя́чий**
housewife - **домохозя́йка**
how - **как**
 How are you? (*informal*) - **Как ты?**
 How do you know Russian? - **Отку́да вы
 зна́ете ру́сский язы́к?**
 How do you say … in Russian? - **Как по-
 ру́сски …?**
 How should I put it? - **Да как сказа́ть?**
 how much (how many) - **ско́лько**
 (+ *genitive*)
 How many children? - **Ско́лько дете́й?**
 How many rooms do you have? - **Ско́лько у
 вас ко́мнат?**
 How much water? - **Ско́лько воды́?**
 How much do we owe? - **Ско́лько с нас?**
 How much does it cost? - **Ско́лько сто́ит?**
 How old is…? - **Ско́лько** (+ *dative*) **лет?** (*See
 7.4, 8.6*)
huge - **огро́мный**
husband - **муж** (*pl.* **мужья́**)

I

I - **я**
 So-and-so and I - **мы с** (+ *instrumental:* **мы
 с ма́мой, мы с бра́том,** *etc.; see 9.2*)
ice cream - **моро́женое** (*adj. decl.*)
icon (religious) - **ико́на**
identification (ID document) - **докуме́нт**
if - **е́сли**
 If I use myself as an example, then … - **Если
 говори́ть о себе́, то…**
impossible - **невозмо́жно** (+ *dative; see 9.3*)
impressionist - **импрессиони́ст**
in - **в; на** (+ *prepositional case for location; see 4.2, 5.6*)
 in (English, Russian, French, etc.) - **по-** (+ *name
 of language with no* -й: **по-англи́йски, по-
 ру́сски, по-францу́зски,** *etc.; see 3.5*)
 in (a week, a year, two years, etc.) - **че́рез**
 (+ *accusative; often used with time expressions*

че́рез год (че́рез два го́да, че́рез пять лет);
see 10.6)
in (the morning, afternoon, evening, late night) -
у́тром, днём, ве́чером, но́чью
inquire - спра́шивать (спра́шива-ю, -ешь,
-ют)/спроси́ть (спрош-у́, спро́с-ишь, -ят)
institute (institution of post-secondary education)
- институ́т
Institute of Foreign Languages - Институ́т
иностра́нных языко́в
intelligent - у́мный
interesting - интере́сный; интере́сно
international - междунаро́дный
international affairs - междунаро́дные
отноше́ния
introduce: Allow me to introduce myself. -
Разреши́те предста́виться!
Irkutsk (city in Siberia) - Ирку́тск
it - он; оно́; она́ (See 2.3)
Italian - италья́н|(е)ц/ка (person; see 3.6);
италья́нский (язы́к) (See 3.5, 3.6)

jacket - пиджа́к (suit); ку́ртка (short coat)
Japanese - япо́н|(е)ц/ка (person; see 3.6);
япо́нский (язы́к) (See 3.5, 3.6)
jeans - джи́нсы (pl.)
jersey - футбо́лка
job - рабо́та (на)
journalism - журнали́стика
journalist - журнали́ст
just:
Just a moment! - Одну́ мину́точку!
just now - то́лько что

kitchen - ку́хня (на)
know - знать (зна́-ю, -ешь, -ют)
kopeck - копе́йка (две копе́йки, пять копе́ек)

laboratory - лаборато́рия
lamp - ла́мпа

language - язы́к (ending always stressed);
филологи́ческий (adj.: relating to an
institution or academic issue having to do with
languages)
филологи́ческий факульте́т - language
department (of a university)
large - большо́й
late - по́здно
late: Am I late? - я не опозда́л(а)?
late: to be late - опа́здывать (опа́здыва-ю,
-ешь, -ют)/опозда́ть (опазда́-ю, -ешь,
-ют)
later - пото́м
law - пра́во; юриспруде́нция (study of);
юриди́ческий (adj.: having to do with the
legal system)
law office - юриди́ческая фи́рма
lawyer - юри́ст
lecture - ле́кция (на)
lemon - лимо́н
lemonade - лимона́д
let's - дава́й + future tense
Let's switch to ты. - Дава́й(те) перейдём на
ты.
Let's get acquainted. - Дава́й(те)
познако́мимся!
Let's go - Пойдём!; Пошли́! (by foot);
Пое́дем! (by vehicle)
Let's see… - Посмо́трим; Зна́чит так (pause
word)
letter - письмо́ (pl. пи́сьма)
lettuce - сала́т
librarian - библиоте́карь
library - библиоте́ка
lie (on the floor) - лежа́ть (лежи́т, лежа́т)
light blue - голубо́й
listen to - слу́шать/по- or про- (слуша-ю,
-ешь, -ют) (+ accusative)
Listen! - Слу́шай(те)! or Послу́шай(те)!
literature - литерату́ра
little: a little - немно́го; немно́жко
A little about myself (yourself). - Немно́го о
себе́.
live - жить (жив-у́, -ёшь, -у́т; жил, жила́,
жи́ли)
living conditions - жили́щные усло́вия

living room - **гости́ная** (*adj. decl.*)

loaf of bread - **бу́лка**

London - **Ло́ндон**

long (for a long time) - **до́лго** (+ *past tense verb*)

look like - **похо́ж** (**-а, -и**) **на** (+ *accusative; see 10.1*)

look - **смотре́ть/по-** (**смотр-ю́, смо́тр-ишь, -ят**)

Los Angeles - **Лос-Анджелес**

love - **люби́ть** (**люб-лю́, лю́б-ишь, -ят**)

low - **ни́зкий**

lunch - **обе́д**
   eat lunch - **обе́дать/по-** (**обе́да-ю, -ешь, -ют**)

M

magazine - **журна́л**

major (subject in college) - **специа́льность** (*fem.*)

make - **де́лать/с-** (**де́ла-ю, -ешь, -ют**)

manage to get in - **попа́сть** (*perf.* **попад-у́, -ёшь, -у́т**; **попа́л, -а, -и**)
   We'll manage to get in for sure. - **Мы то́чно попадём.**

manager - **ме́неджер**

map - **ка́рта**

market - **ры́н(о)к** (**на**)

mathematics - **матема́тика**

may (I do something?: *requires a subjectless* **мо́жно** *expression with dative; see 8.6*)
   May I look at the apartment? - (**Мне**) **мо́жно посмотре́ть кварти́ру?**

maybe - **мо́жет быть**

mean - **зна́чит**

meanwhile - **пока́**

meat - **мя́со; мясно́й** (*adj.*)

meat: chopped meat - **фарш**

medicine - **медици́на**

melancholy - **невесёлый**

men's - **мужско́й** (*adj.*)

menu - **меню́** (*neuter; indecl.*)

meter - **метр**

Mexican - **мексика́н|(е)ц/ка** (person; *see 3.6*); **мексика́нский** (*adj.; see 3.5, 3.6*)

milk - **молоко́**

mineral - **минера́льный** (*adj.*)
   mineral water - **минера́льная вода́**

mittens - **ва́режки** (*pl.*)

mom - **ма́ма**

Monday - **понеде́льник** (*See 5.1*)

money - **де́ньги** (*always plural*)

month - **ме́сяц** (**два, три, четы́ре ме́сяца, пять ме́сяцев**) (*See 7.5*)

morning - **у́тро**
   in the morning - **у́тром**
   Good morning! - **До́брое у́тро!**

Moscow - **Москва́; моско́вский** (*adj.*)

most (*superlative degree*: most beautiful, most expensive, etc.) - **са́мый** + *adjective*: **са́мый краси́вый, са́мый дорого́й**, etc.

mother - **мать** (*gen., dat., prep. sg., and nom. pl.* **ма́тери**; *instr. sg.* **ма́терью, пять матере́й**)

move (to a new house or apartment) - **переезжа́ть** (**переезжа́-ю, -ешь, -ют**)/ **перее́хать** (**перее́д-у, -ешь, -ут**) *куда́*

movie theater - **кинотеа́тр**

movies - **кино́** (*indecl.*)

museum - **музе́й**

music - **му́зыка**

musician - **музыка́нт**

must - **до́лжен** (**должна́, должны́**) + *infinitive* (*See 5.7*)

my - **мой** (**моё, моя́, мои́**) (*See 2.4*)

N

name - **и́мя** (first name); **фами́лия** (last name); **и́мя-о́тчество** (first name and patronymic)
   what is ...'s name? - **Как зову́т** (+ *accusative*):
   What's your name? - **Как вас зову́т** *or* **Как ва́ше и́мя** (**ва́ше о́тчество, ва́ша фами́лия**)? (*See 7.7*)
   What is (it) named? - **Как называ́ется** (**называ́ются**) ...? (*applies to inanimate things only.*)

narrow - **у́зкий**

nationality - **национа́льность** (*fem.*)

nationality: What is ...'s nationality? - **Кто ... по национа́льности?**

natural gas - **газ**

near (by or next to) - **у** (+ *genitive; see 2.7, 6.4, 6.5, 6.8*)

    near (next to) the window - **у окна́**

necessary: it is necessary - **на́до** *or* **ну́жно** *with dative + infinitive (See 8.6)*

need (to do something: *requires a subjectless* **ну́жно** *or* **на́до** *expression with dative; see 8.6*)

    I need to study. - **Мне ну́жно занима́ться.**

neighbor - **сосе́д** (*pl.* **сосе́ди**) / **сосе́дка**

neither ... nor ... - **ни... ни... не(т)**

    We have neither gas nor hot water. - **У нас нет ни га́за ни горя́чей воды́.**

nephew - **племя́нник**

never - **никогда́** (**не**)

    They never work. - **Они́ никогда́ не рабо́тают.**

New York - **Нью-Йо́рк**

new - **но́вый**

newspaper - **газе́та**

nice - **прия́тный, прия́тно; симпати́чный**

    Very nice to meet you. - **Очень прия́тно (познако́миться).**

niece - **племя́нница**

night - **ночь** (*fem.*; usually refers to after midnight; for earlier use **ве́чер**)

    at night (after midnight) - **но́чью**

    Good night! - **Споко́йной но́чи!**

no - **нет**

normally - **норма́льно**

north - **се́вер** (**на**; *see 10.3*)

not - **не** (*negates following word*)

    not at all ... - **совсе́м не**

    not far - **недалеко́**

nothing - **ничего́** (**не**)

    I know nothing. - **Я ничего́ не зна́ю.**

now - **сейча́с; тепе́рь** (*as opposed to some other time*)

number - **но́мер** (*as in* №, *not* numeral)

nurse - **медбра́т** (male; *pl.* **медбра́тья**); **медсестра́** (female; *pl.* **медсёстры**)

O

o'clock - **час** (**два часа́, пять часо́в**; *see 5.1, 7.5*)

of course - **коне́чно**

office - **кабине́т** (study); **учрежде́ние** (bureau; government agency)

    law office - **юриди́ческая фи́рма**

oh - **ой**

okay - **ла́дно; хорошо́; Договори́лись.** (We've agreed.)

old - **ста́рый**

    x years old (*dative*) (*See 7.4, 8.6*) - (*dative*) ... **год** (**го́да, лет**): I am 21 years old. - **Мне два́дцать оди́н год.**

older (*non-comparative adjective as in* my older sister, *not* My sister is two years older.) - **ста́рший**; older than (someone) by *x* years - **ста́рше** (+ *genitive*) **на ... лет** (*See 10.2*)

on - **на** (+ *prepositional case for location; see 4.2, 5.6*)

    on (a day of the week) - **в** (+ *accusative case of days of week:* **во вто́рник, в суббо́ту**, *etc.; see 5.1*)

    on the one hand..., on the other hand... - **с одно́й стороны́..., с друго́й стороны́...**

    on the left - **нале́во**

    on the right - **напра́во**

one - **оди́н** (**одно́, одна́, одни́**)

one's own - **свой** (**своё, своя́, свои́**)

    She loves her work. - **Она́ лю́бит свою́ рабо́ту.**

onion(s) - **лук** (*sing. only*)

only - **то́лько; еди́нственный** (*adj. as in* the only child - **еди́нственный ребёнок**)

Open (it)! - **Откро́й(те)!**

open - **открыва́ть(ся)** (**открыва́-ю, -ешь, -ют(ся)**)/**откры́ть(ся)** (**откро́-ю, -ешь, -ют(ся)**)

    Where did they open a new department? - **Где откры́ли но́вый отде́л?**

    Where did a new department open (itself)? - **Где откры́лся но́вый отде́л?**

or - **и́ли**

orange - **апельси́н** (fruit, not color)

order - **зака́зывать** (**зака́зыва-ю, -ешь, -ют**)/**заказа́ть** (**закаж-у́, зака́ж-ешь, -ут**)

ordinary - **обыкнове́нный**

other - **друго́й**

our - **наш** (**на́ше, на́ша, на́ши**; *see 2.4*)

overcoat - **пальто́** (*neut., indecl.*)
owe: (someone) owes ... - **с** (+ *genitive*) ...
    How much do I owe? - **Ско́лько с меня́?**

P

pants - **брю́ки** (*pl.*)
pantyhose - **колго́тки** (*pl.*)
parents - **роди́тели**
passport - **па́спорт** (*pl.* **паспорта́**)
patronymic - **о́тчество** (*See 1.2*)
pay (for something) - **плати́ть/за-** (**плач-у́, пла́т-ишь, -ят**)(**за** + *accusative*)
    Who will pay for the book? - **Кто запла́тит за кни́гу?**
    Pay the cashier. - **Плати́те в ка́ссу.**
pelmeni (Ukrainian dumplings) - **пельме́ни**
pension - **пе́нсия**
pepper - **пе́р(е)ц**
person - **челове́к** (*pl.* **лю́ди**)
philological (*relating to the study of language and literature*) - **филологи́ческий**
philology (*study of language and literature*) - **филоло́гия**
philosophy - **филосо́фия**
photograph - **фотогра́фия** (**на**)
physician - **врач** (*all endings stressed*)
physics - **фи́зика**
piece - **кусо́к; кусо́чек**
pizza - **пи́цца**
place - **ме́сто** (*pl.* **места́**)
    place of work - **ме́сто рабо́ты**
please - **пожа́луйста; Бу́дьте добры́!**
    please: Could you please show me... - **Покажи́(те)!**
    Pleased to meet you. - **Очень прия́тно (с ва́ми/с тобо́й) познако́миться.**
pleasure - **удово́льствие**
    with pleasure - **с удово́льствием**
political science - **политоло́гия**
pool (swimming) - **бассе́йн**
poorly - **пло́хо**
portion - **по́рция**
possible: it is possible - **мо́жно** (*with dative + infinitive*) (*See 8.6*)

potato(es) - **карто́фель** (**карто́шка**)
potatoes: creamy mashed potatoes - **пюре́** (*neut., indecl.*)
practice - **пра́ктика**
precisely - **то́чно**
prepare - **гото́вить/при-** (**гото́в-лю, -ишь, -ят**)
prepared - **гото́вый**
present - **пода́р(о)к**
    I want to give (someone) a present. - **Я хочу́ сде́лать пода́рок** (+ *dative*).
pretty - **краси́вый** (good looking); **дово́льно** (quite)
previously - **ра́ньше**
printer - **при́нтер**
private (business, university, etc.) - **ча́стный**
    private practice - **ча́стная пра́ктика**
probably - **наве́рное**
profession - **профе́ссия**
    What is …'s profession? - **Кто по профе́ссии ...?**
programmer - **программи́ст**
psychology - **психоло́гия**

Q

Quebec - **Квебе́к**
quickly - **бы́стро**
quite - **дово́льно**

R

radio - **ра́дио** (**радиоприёмник**)
rarely - **ре́дко**
read - **чита́ть/про-** (**чита́-ю, -ешь, -ют**)
ready - **гото́в** (**-а, -о, -ы**)
    Lunch is ready. - **Обе́д гото́в.**
real estate agency - **бюро́ недви́жимости**
Really? - **Пра́вда?; Вот как?!** (You don't say!)
receipt - **чек**
receive - **получа́ть** (**получа́-ю, -ешь, -ют**)/ **получи́ть** (**получ-у́, получ-ишь, -ат**)
recently - **неда́вно**
record (phonograph) - **грампласти́нка; пласти́нка**
recording - **за́пись** (*fem.*)

red - **кра́сный**
refrigerator - **холоди́льник**
relation(ship) - **отноше́ние**
  international relations - **междунаро́дные отноше́ния**
relative (in a family) - **ро́дственник**
relax - **отдыха́ть (отдыха́-ю, -ешь, -ют)**
resemble - **похо́ж (-а, -и) на** (+ *accusative; see 10.1*)
rest - **отдыха́ть (отдыха́-ю , -ешь, -ют)**
restaurant - **рестора́н**
restaurant-cafeteria - **кафете́рий**
retired - **на пе́нсии**
rice - **рис**
roast beef - **ро́стбиф**
roll (bread) - **бу́лка**
roommate - **сосе́д/ка по ко́мнате**
ruble - **рубль (два рубля́, пять рубле́й;** *see 7.5*)
rug - **ков(ё)р** (*ending always stressed*)
Russia - **Росси́я**
Russian - **россия́нин** (*pl.* **россия́не**)/ **россия́нка** (citizen; *see 3.6*); **ру́сский/ ру́сская** (person and adjective; *see 3.6*); **росси́йский** (of or about the Russian Federation; *see Unit 3, Дава́йте почита́ем, p. 72*)
  Russian area studies - **ру́сское странове́дение**
  Russian class - **уро́к ру́сского языка́**
  Russian department - **ка́федра ру́сского языка́**
  Russian-English - **ру́сско-англи́йский**
  Russian exam - **экза́мен по ру́сскому языку́**
  Russian language teacher - **преподава́тель ру́сского языка́**

S

salad - **сала́т**
  cucumber salad - **сала́т из огурцо́в**
salesperson (man) - **продав(е́)ц** (male; *all endings stressed*); **продавщи́ца** (female)
salt - **соль** (*fem.*)

same: the same kind of - **тако́й же**
sandwich (open-faced) - **бутербро́д**
Saturday - **суббо́та** (*See 5.1*)
sauce - **со́ус**
sausage - **колбаса́**
say - **говори́ть (говор-ю́, -и́шь, -я́т)/сказа́ть (скаж-у́, ска́ж-ешь, -ут)**
  They say that ... - **Говоря́т, что...**
scholar - **учёный** (*adj. decl.*)
school (*primary or secondary, not post-secondary*) - **шко́ла**
scientist - **учёный** (*declines like an adjective*)
scrambled eggs - **яи́чница**
second - **второ́й**
secretary - **секрета́рь** (*all endings stressed*)
see - **ви́деть (ви́ж-у, ви́д-ишь, -ят)**
  Let's see… - **Посмо́трим; Зна́чит так** (*pause word*)
seems - **ка́жется**
selection - **вы́бор**
-self - **сам (само́, сама́, са́ми)**
  She herself knows. - **Она́ сама́ зна́ет.**
sell - **продава́ть (прода-ю́, -ёшь, -ют)/ прода́ть (прода́м, прода́шь, прода́ст, продади́м, продади́те, продаду́т)**
serious - **серьёзный**
she - **она́**
shirt - **руба́шка**
shishkebab - **шашлы́к** (*ending always stressed*)
shoes - **ту́фли**
show - **пока́зывать (пока́зыва-ю, -ешь, -ют)/показа́ть (покаж-у́, пока́ж-ешь, -ут)**
  Could you please show me... - **Покажи́(те)!**
simply - **про́сто**
sister - **сестра́** (*pl.* **сёстры, две сестры́, пять сестёр**)
size (of clothing) - **разме́р**
skirt - **ю́бка**
slowly - **ме́дленно**
small - **ма́ленький**
smart - **у́мный**
so - **так; зна́чит** (*in other words*); **тако́й** (*used with nouns and long-form adjectives*)
sociology - **социоло́гия**

socks - **носки́** (*pl.*)

sometimes - **иногда́**

son - **сын** (*pl.* **сыновья́, два сы́на, пять сынове́й;** *see 7.5*)

soon - **ско́ро**

soup - **суп; пе́рвое** (as the first course in a restaurant); **рассо́льник** (fish or meat and cucumber soup)

south - **юг** (**на;** *see 10.3*)

souvenir - **сувени́р**

Spanish (person) - **испа́н|(е)ц/ка**

Spanish - **испа́нский** (**язы́к**) (*See 3.5*)

speak - **говори́ть** (**говорю́, -и́шь, -я́т**)/**сказа́ть** (**скаж-у́, ска́ж-ешь, -ут**)
Speak more slowly. - **Говори́те ме́дленнее.**

sports - **спорт** (*always singular*)

St. Petersburg - **Санкт-Петербу́рг; санкт-петербу́ргский** (*adj.*)

stadium - **стадио́н** (**на**)

stairway - **ле́стница**

stand - **стоя́ть** (**стои́т, стоя́т**)

start a job - **пойти́ рабо́тать**

state - **штат** (one of the 50 U.S. states); **госуда́рственный** (publicly controlled, e.g., state university) Moscow State University - **Моско́вский госуда́рственный университе́т**

steak (fried) - **ланге́т**

still - **ещё**

stockings - **чулки́**

store - **магази́н**
baking goods store - **бакале́я**
department store - **универма́г**
food store - **гастроно́м**
grocery store (self-service) - **универса́м**

stove - **плита́** (*pl.* **пли́ты**)

street - **у́лица** (**на**)

student - **студе́нт/ка**
foreign study student - **стажёр** (*applies to any student in a non-degree program, but usually used for* foreign exchange students)

study - **учи́ться** (**уч-у́сь, у́ч-ишься, -атся;** be in school: *cannot have direct object; see 4.1, 4.3, 5.3*); **изуча́ть** (**изуча́-ю, -ешь, -ют** + *accusative;* take a subject; *must have a direct*

object; see 4.1); **занима́ться** (**занима́-юсь, -ешься, -ются** + *instrumental;* do homework; *see 5.3*)
Я учу́сь в университе́те. - I'm in college.
Я изуча́ю литерату́ру. - I take literature.
Я занима́юсь. - I'm doing homework.

suburb - **при́город**

such (a) - **тако́й**

sugar - **са́хар**

suit - **костю́м**

suitcase - **чемода́н**

summer home - **да́ча** (**на**)

Sunday - **воскресе́нье**

supermarket - **суперма́ркет**

supper - **у́жин**

supper: eat supper - **у́жинать/по-** (**у́жина-ю, -ешь, -ют**)

surprise - **сюрпри́з**

sweater - **сви́тер** (*pl.* **свитера́**)

swimming pool - **бассе́йн**

Т

table - **стол** (*ending always stressed*)

take (a shower) - **принима́ть** (**принима́-ю, -ешь, -ют**) (**душ**)

take - **брать** (**бер-у́, -ёшь, -у́т**)/**взять** (**возьм-у́, -ёшь, -у́т**)
Take it! (*said when paying*) - **Получи́те!**

talk - **говори́ть** (**говор-ю́, -и́шь, -я́т**)/**сказа́ть** (**скаж-у́, ска́ж-ешь, -ут**)

tall - **высо́кий**

tape recorder - **магнитофо́н**

tasty - **вку́сный**

tea - **чай**

teacher - **учи́тель** (male in pre-college; *pl.* **учителя́**); **учи́тельница** (female in pre-college); **преподава́тель** (college level instructor)

technology - **те́хника**

television station - **телеста́нция** (**на**)

television - **телеви́зор**

tell - **говори́ть** (**говор-ю́, -и́шь, -я́т**)/**сказа́ть** (**скаж-у́, ска́ж-ешь, -ут**); **расска́зывать** (**расска́зыва-ю, -ешь, -ют**)/**рассказа́ть** (**расскаж-ý, расскáж-ешь, -ут**) (narrate a story)

Tell (me)… (*request for narrative, not just a piece of factual information*) - **Расскажи́(те) (мне)…**

Could you tell me…? - **Вы не ска́жете…?**

Please tell me… - **Скажи́те, пожа́луйста!**

terribly - **стра́шно**

textbook - **учéбник**

thank you - **спаси́бо**

thank you very much - **большо́е спаси́бо** *or* **огро́мное спаси́бо**

that - **тот** (**то, та, те;** that, those *as opposed to* **э́тот**); **э́то** (that is, this is, these are, those are) (*See 2.7*); **что** (*conjunction; see 2.6*)

That's (not at all) expensive! - **Это (совсéм не) до́рого!**

That's impossible! - **Не мо́жет быть!**

I think that that's an interesting book. - **Я ду́маю, что э́то интере́сная кни́га.**

theater (movie theater) - **кинотеа́тр**

theater - **теа́тр**

their(s) - **их** (*See 2.4*)

then - **пото́м** (afterwards); **тогда́** (in that case; at that time)

there - **там** (*answers* **где**); **туда́** (*answers* **куда́** *see 5.5, 5.6*)

there is… - **вот** … There is your book. - **Вот ва́ша кни́га.**

there is - **есть** + (*nominative; see 2.7, 6.4, 8.3*) There's a book here. - **Здесь есть кни́га.**

There's a bed in the bedroom. - **В спа́льне стои́т крова́ть.** There's a rug on the floor. - **На полу́ лежи́т ковёр**

there is no(t) - **нет** (*see 6.5, 8.3*) There's no university here. - **Здесь нет университе́та.**

they (*See 2.3*) - **они́**

thing - **вещь** (*fem.*)

think - **ду́мать/по-** (**ду́ма-ю, -ешь, -ют**)

third - **тре́тий** (**тре́тье, тре́тья, тре́тьи**)

this is (that is, these are, those are) - **э́то**

this - **э́тот** (**э́то, э́та, э́ти**) (*See 2.7*)

three - **три**

three kids (*in a family*) - **тро́е дете́й** (*See 7.5*)

Thursday - **четве́рг** (*See 5.1*)

tie - **га́лстук**

time - **вре́мя** (*gen., dat., prep.* **вре́мени**; *instr. sg.* **вре́менем**)

What time is it? - **Ско́лько сейча́с вре́мени?**

for a long time - **давно́** (+ *present tense verb*)

What time is it (now)? - **Ско́лько (сейча́с) вре́мени?**

tip - **чаевы́е** (*pl.; adj. decl.*)

to - **в; на** (+ *accusative case for direction; see 4.2, 5.6*)

today - **сего́дня**

together - **вме́сте**

tomato - **помидо́р; тома́тный** (*adj.*)

tomato sauce - **тома́тный со́ус**

tomato salad - **сала́т из помидо́ров**

tomorrow - **за́втра**

too - **та́кже; то́же** (*See 4.6*)

tourist, travel - **тури́ст/ка; туристи́ческий** (*adj.*)

travel agency - **туристи́ческое аге́нство; туристи́ческое бюро́**

toys - **игру́шки**

tradition - **тради́ция**

truth - **пра́вда**

T-shirt - **ма́йка**

Tuesday - **вто́рник** (*See 5.1*)

two - **два/две** (*See 6.7*)

two kids (*in a family*) - **дво́е: дво́е дете́й** (*See 7.5*)

U

U.S. - **США**

ugly - **некраси́вый**

Ukrainian - **украи́н|(е)ц/ка** (person *see 3.6*); **украи́нский (язы́к)** (*See 3.5, 3.6*)

uncle - **дя́дя**

understand - **понима́ть** (**понима́-ю, -ешь, -ют**)/**поня́ть** (*past* **по́нял, поняла́, по́няли**)

understood - **поня́тно**

university - **университе́т**

until - **до** (+ *genitive*)

until then - **до э́того**

unusual - **необыкнове́нный**

usually - **обы́чно**

V

vegetable - **óвощ; овощнóй** (*adj.*)
very - **óчень**
video cassette recorder - **видеомагнитофóн**
video cassette - **видеокассéта**
visa - **ви́за**

W

wait - **ждать** (**жд-у, -ёшь, -ут**); Wait! -
Подожди́(те)!
wall - **стена́** (*pl.* **стéны**)
want - **хотéть** (**хочу́, хóчешь, хóчет, хоти́м,
хоти́те, хотя́т**)
watch (wristwatch) - **часы́** (*pl.*); **смотрéть**
(**смотр-ю́, -ишь, -ят**)/**по-**
water - **вода́**
we - **мы**
Wednesday - **среда́** (**в срéду;** *see 5.1*)
week - **недéля** (**две, три, четы́ре недéли, пять
недéль**)
Welcome! (*to someone from out of town*) - **С
приéздом!; пожáлуйста** (you're welcome)
well … - **ну** (*pause word*); **хорошó** (*adv.*)
pretty well - **неплóхо**
west - **зáпад** (**на;** *see 10.3*)
what - **что**
(Just) what is that? - **Что э́то такóе?**
What did you say? (*informal*) - **Как ты
сказáл(а)/Как вы сказáли?**
What do you do for a living? - **Кто вы (по
профéссии)?**
What do you mean? (*often a response to a
compliment* - **Чтó вы (ты)!**
What else? - **Что ещё?**
What is (are) … called? (*said of things, not
people*) - **Как называ́ется (называ́ются) …?;**
What's …'s name? - **Как зову́т** (+ *accusative;
see 7.7*); **Как вáше и́мя (вáше óтчество,
вáша фами́лия)?**
What is …'s nationality? - **Кто … по
национáльности?**

What is …'s profession? - **Кто ... по
профéссии?**
what kind of - **какóй** (*See 2.6*)
What language(s) do you speak? - **На какóм
языкé (каки́х языкáх) вы говори́те?**
What day is it? - **Какóй сегóдня день?**
What time is it (now)? - **Скóлько (сейчас)
врéмени?**
when - **когда́**
where (at) - **где** (*See 5.5, 5.6*)
Where do you live? - **Где вы живёте?**
where (to) - **куда́** (*See 5.5, 5.6*)
where from - **откýда**
Where are you from? - **Откýда вы (ты)?**
which - **какóй** (*See 2.6*)
Which languages do you speak? - **На каки́х
языкáх вы говори́те?**
white - **бéлый**
who - **кто**
whose - **чей** (**чьё, чья, чьи;** *see 2.4*)
why - **почемý**
wide - **широ́кий**
wife - **жена́** (*pl.* **жёны**)
window - **окнó** (*pl.* **óкна**)
with - **с** (+ *instrumental; see 9.2*)
with pleasure - **с удовóльствием**
without - **без** (+ *genitive*)
women's - **жéнский**
wonder: I wonder… - **интерéсно...**
word - **слóво** (*pl.* **словá**)
work - **рабóта** (**на**); **рабóтать** (**рабóта-ю,
-ешь, -ют**)
would: Would you like (to do something) …?
- **Не хóчешь (хоти́те)...?** Would you like
to go …? - **Не хóчешь (хоти́те) пойти́
(поéхать)...?** Would you like to see
(it, them)? - **Хóчешь (хоти́те)
посмотрéть?**
write - **писáть** (**пиш-у́, пи́ш-ешь, -ут**)/**на-**
Write! (I'm awaiting your letter.) - **Жду
письма́.**
writer - **писáтель**
writing - **пи́сьменный**

Y

year - **год** (**два, три, четы́ре го́да, пять лет**; *see 7.5, 8.6*); **курс** (*year in college*)
last year (*See 10.5*) - **в про́шлом году́**
I'm in my sophomore year. - **Я на второ́м ку́рсе.**

yellow - **жёлтый**

Yerevan (*capital of Armenia*) - **Ерева́н**

yes - **да**

yet - **ещё**

you - **ты** (*informal, singular*); **вы** (*formal and plural*) (*See 1.1*)

young - **молодо́й**

younger - **мла́дший** (*non-comparative adjective as in* my younger sister, *not* my sister is two years younger); younger than (*someone*) by *x* years - **моло́же** (+ *genitive*) **на ... лет** (*See 10.2*)

your - **ваш** (**ва́ше, ва́ша, ва́ши** *formal or plural*); **твой** (**твоё, твоя́, твои** *informal*) (*See 2.4*)

Appendix A: Nouns and Modifiers

Hard Stems vs. Soft Stems

Every Russian noun and modifier has either a *hard* (nonpalatalized) or a *soft* (palatalized) stem. *When adding endings to hard-stem nouns and modifiers, always add the basic (hard) ending. When adding endings to soft-stem nouns and modifiers, always add the soft variant of the ending.*

However, if the stem of a modifier or noun ends in one of the velars (г к х), or one of the hushing sounds (ш щ ж ч ц), do not worry about whether the stem is hard or soft. Rather, always attempt to add the *basic* ending, then apply the spelling rule if necessary (see Appendix B).

One can determine whether a noun or modifier stem is hard or soft by looking at the first letter in the word's ending. For the purposes of this discussion, й and ь are considered to be endings.

Hard Stems	Soft Stems
Have one of these letters or nothing as the first letter in the ending	Have one of these letters as the first letter in the ending
а	я
(э)*	е
о	ё
у	ю
ы	и
no vowel (∅)	ь
	й

*The letter э does not play a role in grammatical endings in Russian. In grammatical endings, the soft variants of о are ё (when accented) and е (when not accented).

Appendix B: Spelling Rules

The spelling rules account for the endings to be added to stems that end in velars (**г к х**), and hushing sounds (**ш щ ж ч ц**).

For words whose stem ends in one of these letters, do not worry about whether the stem is hard or soft. Rather, always attempt to add the *basic* ending, then apply the spelling rule if necessary.

Never break a spelling rule when adding endings to Russian verbs or nouns!

8-Letter Spelling Rule			
After the letters	**г к х**	**ш щ ж ч** **ц**	do not write **-ю,** write **-у** instead
			do not write **-я,** write **-а** instead
7-Letter Spelling Rule			
After the letters	**г к х**	**ш щ ж ч**	do not write **-ы,** write **-и** instead
5-Letter Spelling Rule			
After the letters		**ш щ ж ч** **ц**	do not write **unaccented -о,** write **-е** instead

Use

The 8-letter spelling rule is used in second-conjugation verbs.
The 7- and 5-letter spelling rules are used in the declension of modifiers and nouns.

Appendix C: Declensions

Nouns

Masculine Singular Nouns			
	HARD	**SOFT**	
N	стол ∅	портфе́ль	музе́й
A	Inanimate like nominative; animate like genitive		
	стол ∅	музе́й	
	студе́нта	преподава́теля	
G	стола́	преподава́теля	музе́я
P	столе́	преподаве́теле	музе́е
			кафете́рии[1]
D	столу́	преподава́телю	музе́ю
I	столо́м[2]	преподава́телем[3]	музе́ем

1. Prepositional case does not permit nouns ending in **-ие.** Use **-ии** instead.
2. The five-letter spelling rule applies to words ending in **ц, ж, ч, ш,** and **щ** followed by unstressed endings: e.g., **отцо́м** but **америка́нцем.**
3. When stressed the soft instrumental ending is **-ём:** секретарём, Кремлём.

Masculine Plural Nouns			
	HARD	**SOFT**	
N	столы́[1]	преподава́тели	музе́и
A	Inanimate like nominative; animate like genitive		
	столы́[1]	музе́и	
	студе́нтов	преподава́телей	
G	столо́в[2]	преподава́телей[2]	музе́ев[2]
P	стола́х	преподава́телях	музе́ях
D	стола́м	преподава́телям	музе́ям
I	стола́ми	преподава́телями	музе́ями

1. The seven-letter spelling rule requires **-и** for words whose stems end **к, г, х, ж, ч, ш,** and **щ:** па́рки, гаражи́, карандаши́, etc.
2. The genitive plural is treated fully in Book 2.

Feminine Singular Nouns

	HARD	SOFT -я	SOFT ...ия	SOFT -ь
N	газе́та	неде́ля	пе́нсия	две́рь
A	газе́ту	неде́лю	пе́нсию	две́рь
G	газе́ты[1]	неде́ли	пе́нсии	две́ри
P	газе́те	неде́ле	пе́нсии[2]	две́ри
D	газе́те	неде́ле	пе́нсии[2]	две́ри
I	газе́той[3]	неде́лей[4]	пе́нсией[4]	две́рью

1. The seven-letter spelling rule requires -и for words whose stems end к, г, х, ж, ч, ш, and щ: кни́ги, студе́нтки, ру́чки, etc.
2. Dative and prepositional case forms do not permit nouns ending in -ие. Use -ии instead.
3. The five-letter spelling rule applies to words ending in ц, ж, ч, ш, and щ followed by unstressed endings: e.g., Са́шей.
4. When stressed the soft instrumental ending is -ёй: семьёй.

Feminine Plural Nouns

	HARD	SOFT -я	SOFT ...ия	SOFT -ь
N	газе́ты[1]	неде́ли	пе́нсии	две́ри
A	Inanimate like nominative; animate like genitive			
	газе́ты[1] жён ∅	неде́ли	пе́нсии	две́ри
G	газе́т ∅[2]	неде́ль[2]	пе́нсий[2]	двере́й[2]
P	газе́тах	неде́лях	пе́нсиях	дверя́х
D	газе́там	неде́лям	пе́нсиям	дверя́м
I	газе́тами	неде́лями	пе́нсиями	дверя́ми or дверьми́

1. The seven-letter spelling rule requires -и for words whose stems end к, г, х, ж, ч, ш, and щ: кни́ги, студе́нтки, ру́чки, etc.
2. The genitive plural is treated fully in Volume 2.

Neuter Singular Nouns

	HARD	SOFT -е	SOFT ...ие
N	окно́	мо́ре	общежи́тие
A	окно́	мо́ре	общежи́тие
G	окна́	мо́ря	общежи́тия
P	окне́	мо́ре	общежи́тии
D	окну́	мо́рю	общежи́тию
I	окно́м	мо́рем	общежи́тием

Neuter Plural Nouns

	HARD	SOFT -е	SOFT ...ие
N	о́кна[1]	моря́[1]	общежи́тия
A	о́кна	моря́	общежи́тия
G	о́к(о)н $\varnothing$[2]	море́й[2]	общежи́тий[2]
P	о́кнах	моря́х	общежи́тиях
D	о́кнам	моря́м	общежи́тиям
I	о́кнами	моря́ми	общежи́тиями

1. Stress in neuter nouns consisting of two syllables almost always shifts in the plural:
   окно́ → о́кна   мо́ре → моря́.
2. The genitive plural is treated fully in Volume 2.

Irregular Nouns

Singular Nouns

N	и́мя	вре́мя	мать	дочь
A	и́мя	вре́мени	мать	дочь
G	и́мени	вре́мени	ма́тери	до́чери
P	и́мени	вре́мени	ма́тери	до́чери
D	и́мени	вре́мени	ма́тери	до́чери
I	и́менем	вре́менем	ма́терью	до́черью

Plural Nouns

N	имена́	времена́	ма́тери	до́чери
A	имена́	времена́	матере́й	дочере́й
G	имён	времён	матере́й	дочере́й
P	имена́х	времена́х	матеря́х	дочеря́х
D	имена́м	времена́м	матеря́м	дочеря́м
I	имена́ми	времена́ми	матеря́ми	дочеря́ми дочерьми́

Nouns with Irregular Plurals

N	друг друзья́	сосе́д сосе́ди	сын сыновья́	брат бра́тья	сестра́ сёстры
A	друзе́й	сосе́дей	сынове́й	бра́тьев	сестёр
G	друзе́й	сосе́дей	сынове́й	бра́тьев	сестёр
P	друзья́х	сосе́дях	сыновья́х	бра́тьях	сёстрах
D	друзья́м	сосе́дям	сыновья́м	бра́тьям	сёстрам
I	друзья́ми	сосе́дями	сыновья́ми	бра́тьями	сёстрами

Declension of Adjectives

Hard-Stem Adjectives

	MASCULINE	NEUTER	FEMININE	PLURAL
N	но́вый	но́вое	но́вая	но́вые
	молодо́й[1]	молодо́е		
A	nom./gen.*		но́вую	nom./gen.*
G	но́вого		но́вой	но́вых
P	но́вом		но́вой	но́вых
D	но́вому		но́вой	но́вым
I	но́вым		но́вой	но́выми

1. Adjectives whose masculine singular form ends in **-ой** always have stress on the ending.

Soft-Stem Adjectives

	MASCULINE	NEUTER	FEMININE	PLURAL
N	си́ний	си́нее	си́няя	си́ние
A	nom./gen.*		си́нюю	nom./gen.*
G	си́него		си́ней	си́них
P	си́нем		си́ней	си́них
D	си́нему		си́ней	си́ним
I	си́ним		си́ней	си́ними

* Modifying inanimate noun—like nominative; modifying animate noun—like genitive.

Adjectives Involving the Five- and Seven-Letter Spelling Rules

(Superscript numbers indicate which spelling rule applies.)

	MASCULINE	NEUTER	FEMININE	PLURAL
N	хоро́ший[7] большо́й ру́сский[7]	хоро́шее[5] большо́е ру́сское	хоро́шая[5] больша́я ру́сская	хоро́шие[7] больши́е[7] ру́сские[7]
A	nom./gen.* больш**у́ю** ру́сск**ую**		хоро́ш**ую**	nom./gen.*
G	хоро́шего[5] большо́го ру́сского		хоро́шей[5] большо́й ру́сской	хоро́ших[7] больши́х[7] ру́сских[7]
P	хоро́шем[5] большо́м ру́сском		хоро́шей[5] большо́й ру́сской	хоро́ших[7] больши́х[7] ру́сских[7]
D	хоро́шему[5] большо́му ру́сскому		хоро́шей[5] большо́й ру́сской	хоро́шим[7] больши́м[7] ру́сским[7]
I	хоро́шим[7] больши́м[7] ру́сским[7]		хоро́шей[5] большо́й ру́сской	хоро́шими[7] больши́ми[7] ру́сскими[7]

Special Modifiers

	MASC. NEUTER	FEM.	PLURAL
N	мой моё	моя́	мои́
A	nom./gen.*	мою́	nom./gen.*
G	моего́	мое́й	мои́х
P	моём	мое́й	мои́х
D	моему́	мое́й	мои́м
I	мои́м	мое́й	мои́ми

	MASC. NEUTER	FEM.	PLURAL
	твой твоё	твоя́	твои́
	nom./gen.*	твою́	nom./gen.*
	твоего́	твое́й	твои́х
	твоём	твое́й	твои́х
	твоему́	твое́й	твои́м
	твои́м	твое́й	твои́ми

* Modifying inanimate noun—like nominative; modifying animate noun—like genitive.

		MASC.	NEUTER	FEM.	PLURAL
N		наш	на́ше	на́ша	на́ши
A		nom./gen.*		на́шу	nom./gen.*
G		на́шего		на́шей	на́ших
P		на́шем		на́шей	на́ших
D		на́шему		на́шей	на́шим
I		на́шим		на́шей	на́шими

MASC.	NEUTER	FEM.	PLURAL
ваш	ва́ше	ва́ша	ва́ши
nom./gen.*		ва́шу	nom./gen.*
ва́шего		ва́шей	ва́ших
ва́шем		ва́шей	ва́ших
ва́шему		ва́шей	ва́шим
ва́шим		ва́шей	ва́шими

		MASC.	NEUTER	FEM.	PLURAL
N		чей	чьё	чья	чьи
A		nom./gen.*		чью	nom./gen.*
G		чьего́		чьей	чьих
P		чьём		чьей	чьих
D		чьему́		чьей	чьим
I		чьим		чьей	чьи́ми

		MASC.	NEUTER	FEM.	PLURAL
N		э́тот	э́то	э́та	э́ти
A		nom./gen.*		э́ту	nom./gen.*
G		э́того		э́той	э́тих
P		э́том		э́той	э́тих
D		э́тому		э́той	э́тим
I		э́тим		э́той	э́тими

MASC.	NEUTER	FEM.	PLURAL
весь	всё	вся	все
nom./gen.*		всю	nom./gen.*
всего́		всей	всех
всём		всей	всех
всему́		всей	всем
всем		всей	все́ми

		MASC.	NEUTER	FEM.	PLURAL
N		оди́н	одно́	одна́	одни́
A		nom./gen.*		одну́	nom./gen.*
G		одного́		одно́й	одни́х
P		одно́м		одно́й	одни́х
D		одному́		одно́й	одни́м
I		одни́м		одно́й	одни́ми

MASC.	NEUTER	FEM.	PLURAL
тре́тий	тре́тье	тре́тья	тре́тьи
nom./gen.*		тре́тью	nom./gen.*
тре́тьего		тре́тьей	тре́тьих
тре́тьем		тре́тьей	тре́тьих
тре́тьему		тре́тьей	тре́тьим
тре́тьим		тре́тьей	тре́тьими

* Modifying inanimate noun—like nominative; modifying animate noun—like genitive.

Question Words and Personal Pronouns

N	кто	что	я	ты	мы	вы	он, онó	онá	они́
A	когó	что	меня́	тебя́	нас	вас	(н)егó	(н)её	(н)их
G	когó	чегó	меня́	тебя́	нас	вас	(н)егó	(н)её	(н)их
P	ком	чём	мне	тебé	нас	вас	нём	ней	них
D	комý	чемý	мне	тебé	нам	вам	(н)емý	(н)ей	(н)им
I	кем	чем	мной	тобóй	нáми	вáми	(н)им	(н)ей	(н)и́ми

Forms for **он, онá, онó,** and **они́** take an initial **н** if preceded by a preposition. For example, in the genitive case, the initial **н** is required in the sentence: **У неё** есть кни́га.

But not in the sentence: **Её** здесь нет.

Appendix D: Numbers

	Cardinal (one, two, three)	Ordinal (first, second, third)
1	оди́н, одна́, одно́	пе́рвый
2	два, две	второ́й
3	три	тре́тий
4	четы́ре	четвёртый
5	пять	пя́тый
6	шесть	шесто́й
7	семь	седьмо́й
8	во́семь	восьмо́й
9	де́вять	девя́тый
10	де́сять	деся́тый
11	оди́ннадцать	оди́ннадцатый
12	двена́дцать	двена́дцатый
13	трина́дцать	трина́дцатый
14	четы́рнадцать	четы́рнадцатый
15	пятна́дцать	пятна́дцатый
16	шестна́дцать	шестна́дцатый
17	семна́дцать	семна́дцатый
18	восемна́дцать	восемна́дцатый
19	девятна́дцать	девятна́дцатый
20	два́дцать	двадца́тый
21	два́дцать оди́н	два́дцать пе́рвый
30	три́дцать	тридца́тый
40	со́рок	сороково́й
50	пятьдеся́т	пятидеся́тый (пятьдеся́т пе́рвый)
60	шестьдеся́т	шестидеся́тый (шестьдеся́т пе́рвый)
70	се́мьдесят	семидеся́тый (се́мьдесят пе́рвый)
80	во́семьдесят	восьмидеся́тый (во́семьдесят пе́рвый)
90	девяно́сто	девяно́стый (девяно́сто пе́рвый)
100	сто	со́тый
200	две́сти	
300	три́ста	
400	четы́реста	
500	пятьсо́т	
600	шестьсо́т	
700	семьсо́т	
800	восемьсо́т	
900	девятьсо́т	
1000	ты́сяча	
2000	две ты́сячи	
5000	пять ты́сяч	

Collectives

дво́е, тро́е, че́тверо (детей; *see* 7.5)

Index